企业
资本创新

QIYE ZIBEN CHUANGXIN

邱金辉 / 著

企业管理出版社
ENTERPRISE MANAGEMENT PUBLISHING HOUSE

图书在版编目（CIP）数据

企业资本创新 / 邱金辉著. -- 北京：企业管理出版社, 2020.11
ISBN 978-7-5164-2106-2

Ⅰ.①企… Ⅱ.①邱… Ⅲ.①企业管理—资本经营—研究 Ⅳ.① F275.6

中国版本图书馆 CIP 数据核字 (2020) 第 027818 号

书　　名：	企业资本创新
作　　者：	邱金辉
选题策划：	周灵均
责任编辑：	张　羿　周灵均
书　　号：	ISBN 978-7-5164-2106-2
出版发行：	企业管理出版社
地　　址：	北京市海淀区紫竹院南路 17 号　　邮编：100048
网　　址：	http://www.emph.cn
电　　话：	编辑部（010）68456991　发行部（010）68701073
电子信箱：	emph003@sina.cn
印　　刷：	金都启航印刷（山东）有限公司
经　　销：	新华书店
规　　格：	170 毫米 ×240 毫米　16 开本　21.25 印张　260 千字
版　　次：	2020 年 11 月第 1 版　2020 年 11 月第 1 次印刷
定　　价：	88.00 元

版权所有　翻印必究·印装有误　负责调换

领航资本之路

当今，企业的资本化如火如荼，不论是国有企业的资产变资本的改革，还是民营企业的规范与上市，企业的资本化已经成为众多企业的必然选择。但是，在具体的企业资本化的探索之旅中，有的已经到达了彼岸，有的仍在苦苦求索；有的已经找到门径，有的仍在迂回徘徊。已经上市的成功者总结经验："没有不能上市的企业，只有不懂筹划的老板。"仍在资本征途中跋涉的企业家又是另一番感慨："关山难越，谁悲失路之人。"这是为什么？

究其根本，是因为资本是一门科学，是经济学科这一皇冠上的"明珠"，我们需要掌握资本本质、寻找资本方法、优化资本路径，只有这样，我们才能奔驰在资本的阳光大道上。然而，有太多的企业家在自己熟悉的生产领域是行家里手，但是面对全新的资本时空，却是个十足的"门外汉"，至今仍然是"跟着感觉走"，不得其门而入，不得其法而为，时常出现悬崖而不知勒马的状况，情何以堪？

面对企业家的迷茫与困惑，众多的专家、学者从不同的角度对相关案例进行了剖析，实践总结，理论提升。邱金辉博士1991年投身资本市场，近三十年来，参与、见证了中国资本市场的成长与发展。早年他在证券公司，专注于企业融资、上市、并购的投资银行业务，辅导了数十家企业成功上市。近十年来，作为北京大学金融与资本研究中心主任，活跃在中央党校、北京大学以及全国各地的讲台上，为成千上万的企业家传道、授业、解惑；与此同时，不断吸取企业家的鲜活经验、成功案例，理论升华，今日完成此书。

这本专著，既不是监管视角的资本政策解读，也不是投资银行角度的上市标准分析，更不是西方资本理论的引进转述。它的最大价值是站在企业的角度，积作者几十年资本领域"知行合一"的沉淀与升华，尝试协助企业在开辟资本的征途中"理思路、画好图，配好鞍、扶上马，走一程、到彼岸"，使企业家能透过乱云飞渡的资本表象，识得"庐山真面目"，把企业融资上市的"天堑"变"坦途"。

没有实践的理论是空洞的，"纸上得来终觉浅，绝知此事要躬行"，实践探索是思想方法的前提和基础。没有理论的实践是盲目的，"问渠哪得清如许，为有源头活水来"，理论认知是资本价值的活水源头。邱金辉博士多年来学用一致，教学相长，在传播资本真知、辅导企业成长的同时，自身也获得了很大的成就，为资本领域的产学研一体化拓展了一条新路。通览全书，它将企业资本经营从本质上归结为"选高速，造好车，达目标"，通俗易懂。这种理论层面深入浅出的输出，必然是实践层面由浅入深的自然折射。这是一本问题导向、融行为知、逻辑严谨、体系完善、方法得当的优秀专著，值得肯定与推荐！

面对资本的汪洋大海，企业只是一叶扁舟，希望本书能够帮助企业在资本的海洋中遨游时，识水性、明方向、有导航、强船体、破风浪，通过自身的强大来推动民族的复兴、国家的昌盛!

全国社会保障基金理事会原副理事长

中国财富管理 50 人论坛学术委员会主席

中国证券投资基金业协会母基金专业委员会主席

王忠民教授

2020 年 10 月

企业转型升级的必由之路
——资本创新

所谓转型升级,就是企业从传统行业转入新兴产业,从粗放型经营管理提升为精细化管理,从模仿型、套利型到创新型的过程。当下,每一家企业都处在转型升级的十字路口,面临着抉择和突破。那么,我们应当依靠什么机制和工具来实现这种创新型突破?从国内外企业发展和产业成长的实践中我们看到,只有构建资源配置高效的市场化体制和机制,企业发展才能获得强大的内在动力,而最有效率的资源配置机制无疑是构建发达、健康、完善的资本市场。资本是企业的起点与归宿,形成了企业发展的第一推动力和持续推动力。今天,我们是否也可以讲,资本也应当是企业转型升级的第一推动力与持续推动力。因为只有构建了信息透明、交易有序的资本市场体系,才能为产业的提升完善与企业的优化组合提供良好的资本市场基础;只有企业运行规范,在资本市场能进能出,才能借助资本市场做强做大、并购重组,最终实现转型升级。

但就当下实际情况而言,一方面,我们的资本制度体系相对于国外资本发达国家还比较落后,机制建设步伐有待加快;另一方面,我们大多数企业家对于资本市场或望而却步,或深陷其中而不得其法。因此,亟须一套关于资本市场的系统化指导方略为这些企业家排资本之忧，解资本之惑。

邱金辉博士从事企业上市、并购重组等投融资辅导业务几十年，积累了丰富的实践经验，同时，近十年在北京大学汇丰商学院授课并从事资本领域的理论研究，切实做到了资本市场领域的"知行合一"。本书就是汲取其实践经验和理论研究的精华之作，从企业资本市场定位、路径选择、模式构建到具体操作应用，从宏观到微观，全面细致地分析了企业进入资本市场的方方面面，既有从辅导企业中选取的经典案例，又有对这些过往经验的提炼升华——从资本角度对企业管理进行了大胆创新。反观市面上的各种同类书籍，有的仅仅是从业人员就案例说案例，停留在个案分析上，企业家难以借鉴；有的只能作为资本运营的教材，内容仅停留在资本理论层面，离具体实践相去甚远。邱金辉博士的这本书恰恰弥补了这一领域的研究缺憾，读到这本书的企业家，如果能够充分理解书中要义，并应用于实践，相信一定会对企业资本管理经营大有裨益。

当前，中国经济已进入新常态，逐步告别传统的不平衡、不协调、不可持续的粗放增长模式，未来将逐步开拓经济增长速度适宜、结构优化、社会和谐的新局面。要实现这一目标，了解资本真相、掌握资本方法、拥抱资本市场是每一位民营企业家的必由之路。希望有越来越多像邱金辉博士这样的有识之士为企业资本之路运筹帷幄、献计献策，助推企业转型升级，助力中国经济腾飞。

西安交通大学资本市场研究所所长

博士生导师

冯涛教授

2020 年 10 月

让企业插上资本的翅膀

研判近年来的经济环境,"不容乐观"这个词已印在我们每个人的脑海中,黑暗中摸索的企业家们更是惶惶不可终日。这样低迷的情势在整个2018年尤甚,"经济下滑""股市下跌""资本寒冬",宛如块块巨石压在早已不堪重负的企业家身上。大家都在盼着头顶的乌云快快散去,但事实上谁也不知道这片乌云何时散去,甚至会不会压垮自己。

恐惧往往来自对事物的一知半解。经济形势走高时,大家都对资本心有戚戚,心中向往,"欲嫁娶,却又担心人财两失"。更遑论在"寒冬已至"的时候了,企业家们更是不知资本这条高速路到底要不要上去,如何上去,上去之后如何行驶,等等,这一系列的担忧萦绕在每个企业家心中。

邱金辉博士三十年来深耕资本领域,有近十年的资本研究教学经验,培训了全国成千上万名企业家学员。数十年来,邱金辉博士不是在企业,就是在讲台上,或是在去辅导企业的路上,从实践到理论再到实践,他将自己辅导中国企业家资本成长历程中成功的经验总结、提升为理论,再反哺更多的在黑暗中彷徨的企业家。这些经反复验证的理论便形成了这本笔酣墨饱的《企业资本创新》。邱金辉博士用数十年的精耕细作开凿了一条连接实践经验与理论殿堂的通路。

本书我是一口气读完，如一股清风，逻辑严密、环环相扣，让人爱不释手。书中没有深不可测的公式、曲线，有的是贴合实际、适合国情的智慧与工具；书中没有晦涩难懂的金融专业术语，却有着不输史诗的气势与价值，通俗易懂，直达本质，是我们企业家探寻资本之路的一座灯塔。

为什么资本时代是最好的时代，也是最坏的时代呢？因为资本是一柄双刃剑，用得好，是一柄宝剑，替你披荆斩棘；用得不好，是一件凶器，伤人伤己。邱金辉博士的这本书则是切切实实站在企业的角度，教你如何在万千原铁中挑选最适合自己的一块，再将其打造成真正的"宝剑"。全书可谓是一首余音婉转的"三部曲"。第一部曲"选高速"：企业要选择、切入资本的高速公路，即企业在拥抱资本时代基础上的重新定位与路径选择。第二部曲"造好车"：如何将企业由传统的单一产品经营模式变革为产品经营与资本经营双轮驱动的模式。第三部曲"达目标"：通过分析主要资本市场的上市要求与利弊，使得每一家企业最终都能小溪归大海，踏着欢快的节律，找到自己的资本归宿。

面对危机四伏的"黑天鹅事件"和"灰犀牛事件"频发的外部环境，企业家重要的是修炼自己的资本思维与智慧，学会转危为机。邱博士在本书中及时给出了完整答案，那就是在资本时代，如何进行认识论、方法论、选择论、程序论的多维度思考。细细品读邱金辉博士的这本书，会带给你意想不到的收获与惊喜！

认识邱金辉博士很多年，他对资本的实践探索与理论研究从来没有止步。本人从事商业模式研究多年，对资本有更多的接触，同仁对帮助企业转型升级、嫁接资本、走上市之路，有着很高的认同度与使命感。在全国各类资本运营总裁班中，邱金辉博士更是受企业家学员欢迎的实战型老师。本书恰是邱金辉博士多年教学的提炼总结，有趣有料。强烈推荐本书成为你的枕边书及企业家走上资本之路的教科书。

面对新时代，拥抱变化、嫁接资本是大势所趋，不懂资本的企业家将寸步难行，随着上海科创板的设立及注册制的实施，企业走上资本之路是必然选择，进入资本市场的路径将会更加宽广。各位企业家，你准备好了吗？

融智商业模式研究院院长

商业模式专家

周祺林教授

2020 年 10 月

前言

企业资本化如火如荼。国家的经济结构提升,行业的集中优化,企业的转型升级,呼唤社会资本市场的繁荣并要求加快企业资本化进程。每一家企业都面临着企业资本化的重新定位、顶层设计、流程构建、中介选择、融资投资、并购上市等系统变革。

国家对资本市场的呵护,对民营企业的关爱,以及科创板的筹备,为企业资本化幼苗的发育、成长、壮大提供了阳光雨露。

习惯于产品经营的企业,面对全新的资本舞台,要么是我行我素、本能拒绝,要么是手忙脚乱、无所适从。能顺利登上资本市场大舞台的企业毕竟有限,绝大多数企业至今依然在资本的门口徘徊。面对如此庞大的企业资本化市场以及更多的机会,各路机构出发点不同,角色各异,但都以权威、专家的身份,为企业解惑、传道。

监管机关、交易所、各地金融办以及各级银行,多年来它们的工作人员不辞劳苦,奔赴各地,对企业谆谆教诲、循循善诱,传递企业上市的标准、条件,希望能够推动更多的优质企业进入资本市场。但是,我们也清楚,他们的出发点再好,毕竟是代表了管理层的意志,和企业的利益诉求不一定契合,甚至是相互矛盾的。如同税务机关针对企业举办的各种税收征收讲座,他们苦口婆心,但我们都清楚,他们这样做的目的,就是要从企业多征税。应该可以肯定,没有一家企业会对税务机关言听计从，完全听从他们的意见，自然他们也无法替代节税筹划专家对企业的专门指导。

券商、会计师事务所、律师事务所等专业机构，是资本市场的主力军，它们针对企业融资上市的专业书籍汗牛充栋，提出的建议更是面面俱到；针对企业家的讲座，内容是无所不包，融资对它们来说如囊中探物。它们与企业家如影相随。但是，基于我们国家的体制，我们的企业家慢慢体会到，虽然企业支付了可观的中介与咨询费用，这些专业机构、专家并不一定代表企业利益，它们可能代表自身的利益，也可能是监管的延伸，甚至站在企业利益的对立面，何况执业水准也高下有别。所以，相关的专业书籍与专业意见不一定能满足企业的要求，甚至可能造成误导。

在资本领域言必称西方的"拿来主义"，相对于中国特有的金融环境与企业现状，对企业家只能是视野扫盲，姑且听之。

把资本渲染为所谓暴富的"资本秘籍"、财富的"金手指"，一定是别有企图，权且把它看作生活的谈资而已。

一、本书的定位

不是站在政府、监管者的角度，对资本市场相关政策、法规进行解读、分析；不是作为资本中介机构，从自身利益、诉求出发，诠释融资、上市、并购等企业资本化的标准、流程并对相关案例进行剖析；不是作为投资机构、咨询公司等从业人员的商业推广的工具；不是资本市场理论的"搬运工"，把资本市场比较成熟的制度安排、资本专业服务机构推崇的西方资本市场理论囫囵吞枣地引进来，对中国企业或许有一定的参考、借鉴价值，但无法为中国企业提供具体的指导。

本书站在企业的角度，基于作者近30年对企业的资本专业服务经验，在北京大学近10年的资本教学研究积累，以及对格局商学全国成千上万名企业家学员的资本培训，从实践到理论，在辅导中国企业家资本成长的历程中，把他们成功的经验总结、提升为理论，再反哺更多的在黑暗中彷徨的企业家，通过实践——理论——实践的循环反复，基本形成了一套指导企业资本"蜕变与突破"的理论体系，构成了本书的基础。

二、本书基础

作者近30年来，一直专注于企业资本领域的专业服务、研究、教学：1991—2008年，担任多家证券公司高级管理人员，专注于企业融资、并购、上市的设计筹划，辅导了众多的企业成功上市；2008—2012年，承蒙经济学泰斗、北京大学民营经济研究院院长厉以宁老师的厚爱，担任研究院投资银行与资本市场研究所所长，在全国进行相关讲座培训；2012—2017年，受到北京大学原副校长海闻教授的青睐，组建北大汇丰商学院金融资本研究中心，海闻教授兼任主任，由作者担任执行主任，开展资本领域教学研究工作；2016年至今，北大汇丰商学院采用全新的教学与组织模式，组建了市场化的格局商学，虽然仅成立4年时间，但已成燎原之势，全国已经发展到了几万名企业家学员。

近10年来，作者一直以"资本化推动企业核心竞争力的构建与成长上市"为主题，在中央党校、北京大学及全国各地进行相关的主题报告、系列化讲座，对象基本为企业家群体。在此过程中教学相长，不断吸收企业家的鲜活经验、成功案例、智慧火花，充实理论，以此指导更多的企业家群体，同时也得到了众多企业家的高度认可。

作者以上述讲座主题为基础，通过不断优化、补充、完善，整理出本书。

三、本书的逻辑结构

对企业来讲，所谓高深莫测的资本经营，本质上就是三句话：选高速，造好车，达目标。

选高速，就是企业要选择并切入资本的高速公路，即企业在拥抱资本时代基础上的重新定位与路径选择。这些构成本书的前三章内容。

造好车，就是将企业由传统的单一产品经营模式变革为产品经营与资本经营双轮驱动的模式。

资本经营并不只是狭隘的投融资，它应该是一套方法体系。首先，应该构建资本模式；其次，企业要取得在资本高速公路上行驶的"驾驶证"，即资本经营的"四大法宝"；最后，要备好高速驾驶的安全保障工具，即企业资本经营的"工具箱"——两表四图。它们分别构成本书的第四章、第五章、第六章内容。

产品经营的核心是企业各要素、各板块的系统集成和立体进化，任何单一的管理决定论、资本决定论、文化决定论等都无异于盲人摸象。本书第七章主要通过构建5T模型，直观对比企业在产品经营各个方面所处的阶段，使企业对经营的每一个板块都能够找准定位，进而发现差距、明确目标，以此有效推动企业在产品经营方面的突破与成长。

达目标，构成了第八章的主要内容，通过分析主要资本市场的上市要求与利弊，使得每一家企业最终都能小溪归大海，踏着欢快的节律，找到自己的资本归宿。

编者

2020 年 10 月

目录

第一章 拥抱资本时代 …………………………………… 1
第一节 宏观分析 ………………………………………… 3
第二节 中观研究 ………………………………………… 5
第三节 微观考察 ………………………………………… 8
第四节 资本化 …………………………………………… 9
第五节 数字化 …………………………………………… 13
第六节 平台化 …………………………………………… 16
第七节 融合化 …………………………………………… 19

第二章 企业资本时代的重新定位 ……………………… 23
第一节 定位理论的产生与社会定位 ………………… 25
第二节 行业定位 ………………………………………… 36
第三节 战略定位 ………………………………………… 41
第四节 市场定位 ………………………………………… 44

第三章 企业资本时代的路径选择 ……………………… 47
第一节 路径选择 ………………………………………… 49
第二节 路径优化 ………………………………………… 62

第四章　企业资本模式构建 …… 91
第一节　单独上市模式 …… 94
第二节　并购上市模式 …… 106
第三节　联合上市模式 …… 117

第五章　企业资本经营的"四大法宝" …… 137
第一节　企业资本经营的认识论 …… 141
第二节　企业资本经营的方法论 …… 162
第三节　企业资本经营的选择论 …… 167
第四节　企业资本经营的程序论 …… 174

第六章　企业资本经营的"工具箱" …… 181
第一节　体检表 …… 184
第二节　会诊表 …… 193
第三节　定位图 …… 196
第四节　战略地图 …… 203
第五节　航行图 …… 209
第六节　联络图 …… 211

第七章　资本推动企业核心竞争力构建的"5T"模 …… 215
第一节　企业核心竞争力的理论概述 …… 217
第二节　当前我国中小企业的核心竞争力分析 …… 228
第三节　资本模式进化"5T"模型 …… 234
第四节　商业模式进化"5T"模型 …… 243
第五节　管理模式进化"5T"模型 …… 252
第六节　心智模式进化"5T"模型 …… 264

第八章　主要交易所上市要求及CDR、科创板与注册制简析 ……277

　第一节　A股IPO发行条件体系………………………279

　第二节　中资企业在中国香港与境外上市

　　　　　——主要上市交易所对比……………………289

　第三节　中国存托凭证（CDR）简析…………………300

　第四节　科创板与注册制………………………………303

后　记……………………………………………………317

第一章 拥抱资本时代

问题

为什么我们把西方市场经济国家称为资本主义国家？为什么马克思最伟大的著作是《资本论》？我们国家改革的目标是『市场在资源配置中起决定性作用』，那么资本如何发挥作用？

问题：

1. 为什么我们把西方市场经济国家称为资本主义国家？为什么马克思最伟大的著作是《资本论》？我们国家改革的目标是"市场在资源配置中起决定性作用"，那么资本如何发挥作用？

2. 为什么我们国家的企业转型升级如此艰难，而具有高度发达资本市场的美国等发达国家一直在引领全球产业升级？

3. 为什么当下"张跑路""李跑路""富二代不愿接班"等现象在我国愈演愈烈？若整个产业完成了资本化，还会存在此现象吗？

4. 为什么我们多年来一直呐喊，资本是推动企业转型升级的第一推动力与持续推动力？为什么只有高度发达的资本市场才能肩负转型升级这一重任？

5. 为什么我们说农业时代要"耕者有其田"，资本时代要"工者有其股"？

6. 为什么我们一直不遗余力地呼吁每一家企业，不分行业、不论禀赋、不管规模大小都要资本化，都要进入资本市场？

7. 为什么有的企业感慨"上市难，难于上青天"，而又有成功的企业总结经验："没有不能上市的企业，只有不懂筹划的老板"？

8. 为什么资本最大的特点是"两面性"？为什么说资本时代可能是"最好的时代"，也可能是"最坏的时代"？

9. 浙江省省长在2018年当地企业转型升级的座谈会上，向当地企业家呼吁："上市是最好的转型升级，并购是最快的转型升级。"我们该如何理解？

第一节　宏观分析

人类延续上万年的农耕社会，生产力水平低下，主要以自给自足的自然经济、小农经济为主，没有分工，也就没有交换，自然也就不需要社会化的公司方式。

第一次工业革命后，欧洲各国陆续崛起，在极大地创造社会财富的同时，又加速了对外扩张，而对外扩张的巨大收益以及如影相伴的巨大风险，使得欧洲国家的许多皇室都难以承受，于是"收益共享、风险共担"的公司雏形诞生了。

此类公司的高风险性使得投资者或参与者必须将个人家庭资产与投资的企业资产相隔离甚至绝缘，免得在出现投资风险时殃及家庭甚至是社会的稳定，而不只是承担本金损失。如此"有限责任公司"的组织形式出现了。

最早出现这种组织形式的是1600年成立的英国东印度公司及1602年成立的荷兰东印度公司。在西欧，当时从事海外贸易的大型远洋贸易公司在享受高额收益的同时，又面临跨洋暴风骤雨的风险，所以这类收益与风险相匹配的有限责任公司的组织形式就如雨后春笋般兴起了。

随着此类公司规模的扩大，新的问题又产生了，即不同股份持有人或投资者在不同时段有不同的风险偏好或不同的资金安排，甚至有不同的身体或家庭状态，这时就需要将股份进行转让交易，于是最早的纽约证券交易所雏形——《梧桐树协议》在华尔街诞生了。人们按照《梧桐树协议》的规则进行股份的转让与买卖。在这种需求下，股份不能随意转让的"有限责任公司"的组织形式又进一步演化出股份可以随时交易的"股份有限公司"的组织形式。这一点也是《中华人民共和国公司法》（以下简称《公司法》）范畴所界定的"有限责任公司"和"股份有限公司"的主要区别之一。正因为如此，我们把"股份制"称为工业文明的最伟大的创举之一。100多年以前，马克思曾讲："假如必须等待积累去使某个资本增长到能够修建铁路的程度，那么恐怕到今天世界上还没有铁路，但是通过股份公司转瞬间就把这件事完成了。"

以美国为代表的市场经济国家，在工业化早期的许多重大项目，包括铁路、钢铁、石油等，基本上都是利用在资本市场筹集的资金完成的。当然，在物质相对短缺的时代，资本市场的主要功能是筹集资金，就如同我们国家当下的资本市场一样。但当资本市场发展到一定程度，它的价值发现功能及并购功能就会凸显出来，因为消费的升级换代及需求的变化在持续引领产业的升级与转型。如此，有良好市场预期的新兴产业类企业将被赋予更高的资本估值，而前景暗淡的传统或过剩产业的资本价格只能向隅而泣；同时，优势企业在资本市场强大的整合能力，又随时可对低价或低估值企业进行并购，诚如诺贝尔奖获得者、美国经济学家斯蒂格勒所讲的，"综观企业的历史，没有哪一个企业是靠自身扩张的方式成长起来的，又没有哪一个大公司、大企业不是靠资本运营、收购兼并发展起来的"。特别是在当下，面对多变、快变、迭变的外部环境，国家只有通过发展资本要素市场，利用资本市场的灵敏传导机制，经过资本的导入与流动，来引导其他相关的人才、技术、项目等要素进入新兴产业与优势企业，实现产业的转型升级。

当前，我国社会主要矛盾已经转化为人民日益增长的美好生活需要和不平衡不充分的发展之间的矛盾。如何解决这一矛盾？只有利用资本市场引导社会对"不平衡、不充分"领域的资本投入，才能逐步缩小、解决这一矛盾。所以，要加快将我国现有的以信贷为主的间接融资体系变革为以资本市场直接融资为主的金融体系的步伐，通过这样的金融结构大转型来引领经济结构的大变革；而当下我们的每一家企业，在时代的洪流面前，只有识时务才能成俊杰。

第二节　中观研究

相对于宏观层面的经济结构及微观领域的企业个体，中观研究更多地关注某一产业内部组织结构的变迁与演化。

在西方资本主义发展初期，厂家遍地开花，基本表现为小、散、杂、乱，呈现出充分自由竞争的态势。伴随着竞争的加剧，企业之间的并购是一个必然趋势，特别是以美国为代表的五次并购浪潮，基本实现了产业的优化与集中。所以，企业层面的竞争必然要屈从于资本层面的竞争，古今中外的商业史充分体现出"资源优势——产品优势——商品优势——品牌优势——企业优势——资本优势——思想优势"这个企业核心竞争力升级的路线图。

特定的资源优势，不论是自然资源优势，抑或是人力资源优势，一定是通过优势产品与服务来表达的。从产品优势到商品优势，是一个"惊险的跨越"，能否实现这一"跨越"的根本是"品牌"这一"轮渡"；而品牌只是企业的标志，基础是企业的综合实力。资本优势是企业实力的保障，最终资本这把"手中之剑"只是思想这把"胸中之剑"的工具。所以，许多企业通过精心筹划，在产品市场与资本市场并驾齐驱。在产品市场，优势鲜明、品牌凸显，在竞争中处处领先；在资本市场纵横捭阖，实现了横向规模化及纵向一体化的并购，完成了产业内的产业集中与优化。100多年前，美国鼎盛时期的医药企业有3000多家，而现在位居前十位的医药企业的市场占有率达到了80%以上，美国的整车制造业也由曾经的上百家企业整合到现在的只有几家汽车公司。

分析商业逻辑我们发现，任何一个市场经济体，应该是产品货币市场和要素资本市场的有机体，市场经济应该是要素市场和产品市场双轮驱动。要素市场为因，产品市场为果；要素市场为根本，产品市场为表象。通过要素市场各要素的快速、自由组合，使得由"要素的新结合"生出"新产品或新服务"，以快捷、高效地满足社会的需求。

回顾我们国家40多年的改革开放史，我们看到，我国的市场经济从宏观层面分析，我们的产品市场与要素市场发展并不平衡。没有要素资本化的市场基础以及要素的市场化，我们的转型升级只能是治标不治根，无异于缘木求鱼，将会困难重重。

1978年的改革开放，使我们存活至今的每一家企业，几乎都分享了中国历史上空前的"红利"，即国际市场需求旺盛、劳动力成本低廉、环保约束宽松这三大红利。这也使我们太多的企业创始人得了"臆想自大症"，认为自己是"经营之神"，只要机器轰鸣，就会财源滚滚，这些企业痴迷于融资、投资的往复循环，并乐此不疲。

宏观政策的刺激，一次又一次地将风险后移，又多次使企业的盲目扩张有惊无险，在"山重水复疑无路"时，"柳暗花明又一村"，更强化了赌徒式的经营心态。于是，在狂奔的征途中，忘了资本的初心是要获利，收益的背后是风险，为生产而生产、为规模而规模成了商业常态，更没想到会风云突变。在市场体系中资本波动是常态，在我们国家当下把它调控为高速与低速、数量与质量的增长。需要我们警觉的是，强周期刺激的后遗症也是非同小可，同时也有可能是风险的持续积累。这也不难理解，几年前有的企业家骄傲地称"我赚的钱几辈子也花不完",现在则是唉声叹气:"我现在负的债几辈子也还不上。"难道这是个别现象?

为什么这样的现象成为常态?因为从资本的内在逻辑来讲,任何产品的生产、买卖都应该是资本增值手段,资本的目的是获利。每一个创业者或投资人,不论是办一个服装厂,或是开一家酒店,获取经营利润是他直接的诉求,但这点收益若和资本市场对企业税后利润放大几十倍的市值相比,几乎是可以忽略不计的。所以,当我们的一些企业家还在为如何使自己的企业能"传宗接代"而忧心忡忡时,在资本化国家,企业已经走上资本化的道路。

对于我们中小企业创业者,由于缺乏先天的资本基因,没有受到资本耳濡目染的熏陶,更没有经历资本市场的激烈竞争,总认为"西线无战事",沐浴了几十年产品市场的阳光雨露。在这几十年的产品市场红利期,我们就像一个土地的主人,多年来风调雨顺、食物稀贵,我们只顾春种秋收,周而复始;而现在,天变了,食物大量积压了,市场需求突然变化了,我们必须进行蜕变与突破,走资本化的道路。生产什么?怎样生产?和谁联合?怎样才能使我的"资本收益"最大化?这是每个创业者每天应该思考的主题。

所以,现在我们每个人,每位中小企业主,都需要"恶补"资本这一课,让资本的思维、理念贯穿于整个商业活动的全过程,贯穿于企业的每一个环节。我们习以为常的融资、上市,只是资本内涵中九牛一毛、沧海一粟,资本应该像阳光、空气、水一样,成为企业的生命有机体。

第三节　微观考察

现在，我国经济发展由原来的高速增长换挡为中速增长的新常态，产业结构由原来的制造型向服务型转换，金融结构由原来的间接融资为主向直接融资为主演进，主要产品的卖方市场已经完全让位于买方市场，要素市场正在快速发育，面对这样的风云突变，许多企业不是因势利导、顺势而为，反而是慌不择路，甚至逆势而动。

有的企业依然沉醉于四堵墙内的生产、加工，只关注企业内部的ERP、TQC等产品层面的组织管理与流程完善，和资本时代所要求的要素层面大开放、大协作、大融合格格不入。

有的企业至今仍然固执地坚持"生产经营为实，资本经营为虚"，排斥资本。

还有的企业陷入"倒贷部队""高利贷"的陷阱不能自拔，饮鸩止渴，仍然幻想有朝一日"短缺时代"能够再度光临，最终等来的是"辛辛苦苦几十年，一朝回到原点"的悲剧，情何以堪！

一些企业家患有"融资饥渴症"，妄想"只要一剑在手，便可缚住苍龙"，殊不知"心中之剑"远胜于"手中之剑"，甚至到现在，居然有这样幼稚的老板，认为"只要有市场，我们企业的生产能力可以马上达到100亿元产值"，为此还要到处融资。马克思说："从商品到货币的过程是'惊险的一跃'，这个跳跃如果不成功，摔坏的不是商品，而是商品所有者"。（出自马克思的《资本论》）任何一个企业在它的发展历程中都要持续面对资源优势——产品优势——商品优势——品牌优势——企业优势——资本优势——思想优势这一系列的跳跃，同样每一阶段都是"惊险一跳"，对企业家都是一个巨大的考验和挑战。我们企业不光要"融资"，更要"融智"，我们缺的不是资金这一"手中之剑"，而是能将它玩于股掌的"心中剑法"。

许多企业家面对艰难的窘境，选择"取经"之路，参与各类形式的总裁班学习，但回到企业后，出现了"三动"现象——老师讲得激动，学员听得感动，回来一动不动，或者是"两动"现象——听得激动，回来乱动。企业如何做是好？我们也听到很多这样的说法，好端端的一个企业，就是因为老板上了总裁班而垮掉了。

那么，我们中小企业是否要向标杆企业学习？向先进学习无可厚非，但现在各行各业风起云涌的资本大潮，通过并购正在快速推动产业集中，赢者通吃的市场格局正在形成。不论是一个细分行业，或是一个产品的品类，不做第一，就做唯一，已成为企业生存的不二法则。艺术领域的一句格言"学我非我，要我干啥？学我是我，要你干啥？"在当下企业界仍然适用，最终每家企业都要找到"真我"，选择只适合"自我"的唯一路径。

为什么那么多企业通过上述"条条大道"却到不了"罗马"？我们认为，绝大多数企业创业者都在上述"产品经营领域"进行探索与突围，现在需要幡然醒悟，要从资本视角，用资本思维模式，对企业进行再定位、再规划、再设计，唯有如此才能找到企业的生存与发展之道。

第四节　资本化

一、资本的内涵

在讨论该话题之前，首先我们看一下资产主要表达形式的货币与资产、资本的区别。

顾名思义，"货"就是要融化掉的"贝"。"货币"，自然是要消化掉的宝贝。在"贝壳本位"或"金本位"时代，这些充当"货币"的贝壳与金子的相对稀缺性，使得它们的贬值相对缓慢。在当今全球货币纸币化时代，理论上任何一种货币都有可能贬值到它的印刷成本。所以，自古及今、由西朝东，我们可以看到"钻石恒久远，一颗永留世"的广告，但可以确信，没有哪个国家或哪个企业敢有"货币恒久远，一叠永留存"的传播。

"资产"，不论它的存在方式是生活资料还是生产资料，其基本属性是使用性，当然作为使用性的物品，最终被消耗掉是其必然的特点。不论是经济贬值、时间贬值或技术贬值，资产贬值与更新换代是不可避免的。

"资本"，望文生义，"资"是"次币"，它有两面性，可以是最好的，也可以是最坏的，是收益也是风险。"本"则是本来，是万物之源，即收益或风险的源泉。狄更斯在100多年前就曾说过："这是最好的时代，这是最坏的时代；这是智慧的时代，这是愚蠢的时代；这是信仰的时期，这是怀疑的时期；这是光明的季节，这是黑暗的季节；这是希望之春，这是失望之冬；人们面前有着各种各样的事物，人们面前一无所有；人们正在直登天堂，人们正在直下地狱。"所以，如何使资本规避风险、获取收益，便是资本时代永恒的话题了。现在，很多家庭热衷于理财，却陷入无情的骗局；很多企业面对产业困难，却仍追逐投资，最后满盘皆输。这是为什么？因为我们的理性被贪欲蒙蔽了，更主要的是那些资本产品的兜售者，只用资本的正面诱惑我们，而把资本的反面隐藏起来了。所以，了解、把握资本时代的特点将是企业和个人面对的新课题。

2014年10月，北京大学汇丰商学院在深圳举行建院十周年院庆。笔者自北京到达深圳，搭乘一辆出租车，司机师傅得知笔者在北大任职，便问："我能否炒股？"笔者说："你一没有专业优势，二没有信息渠道，三没有资金优势，炒股风险太大，还是劳动致富吧。"没想到那位司机师傅不以为然，说："教授别骗我了，我们还不知道挣钱的不如炒钱的。我老家湖南郴州有两亩地，当地搞建设要征收，给50万元，我觉得不划算。若我卖了地，收到50万元钱，存入银行，我20年后回老家养老，加上这些年的通货膨胀，它可能最终只够我一年的生活费。我怎样养老？留有土地，它是我的资本，是我养老的依托。"他有土地资本，我们有什么呢？在资本时代，我们同样要有资本啊。多年来我们一直倡导，农业时代要"耕者有其田"，资本时代要"工者有其股"，股权就是我们的资本。虽然股权"投资有风险"，但是也会有机会；银行虽然"存款无风险"，但是不投资，风险更大。在资本时代，我们要顺应资本的潮流。

二、资本化

资本化是否等于上市？二者相距甚远。企业就像一棵树，而上市就好比这棵树要挂果，在哪儿挂，挂几颗，何时挂，是个自然呈现；刻意选择，很可能是"生果"，后果很严重。为什么有的企业家慨叹，他们民营企业家的圈子中流传着"如果你恨他，就让他去做民营老板，如果再恨他，就让他去上市"。我们深知，创业者是国家经济的支撑者，但是创业艰难，他们理应得到全社会的关爱。那么，为什么成就企业的"上市"，又变成了企业的"火炕"？是因为有太多的企业，在一些"江湖郎中"的指点下，为上市而上市，最后陷入回头无岸的境地。

资本化就是把企业像一棵大树一样培养的过程，用资本的方式，吸收天地万物的精华，沐浴阳光雨露，使其健康成长，而何时挂果，是自然呈现。当然，在栽下"企业"这棵树苗时，"苗农"很清楚自己的定位，是"卖苗、卖材、卖果，或是把它培养成参天大树"。实质上，苗农对苗木的定位，就是资本时代创业者对企业的定位。我们创办一家企业，不能盲目在"做强做大"的口号中自欺欺人了，企业怎样办，何时上市，才是我们需要权衡的。

通俗地理解，货币是相对于产品市场的度量衡，只有通过货币这一媒介才能使一切产品可度量、可分割、可交易。货币是一切产品的统一等价物的表达呈现，任何产品都可以通过货币语言表达出来，市场经济体系下，一切产品都是货币化的商品。资本则是相对于要素市场的度量衡，只有通过资本这一媒介才能使一切要素，包括土地、劳动、技术、管理等生产要素，可度量、可分割、可交易。资本是一切要素的统一等价物的表达呈现，任何生产要素都可以通过资本语言表达出来，市场经济体系下，一切生产要素都是资本化的商品。也可以这样讲，货币是产品市场的化身，而资本则是要素市场的化身；只有产品市场和资本市场并驾齐驱，货币和资本比翼双飞，才能真正构成完整的市场体系。

社会已经进入资本新时代，而我们仍然在沉睡。对于当下众多只知道产品市场，而不知道资本市场为何物的中小企业主，只有"唤醒他们沉睡的心灵"，才能免于窒息而亡或突然惊醒而碰得头破血流的情况，而唤醒他们拥抱资本时代的序曲就是要素资本化。

第五节　数字化

资本化使一切生产要素等额股份化，如果商品市场以一元为计价单位，则资本市场计价单位为一股；相对于货币的电子化，数字化使等额股份瞬间完成交易。所以，资本化和数字化应是一对"孪生姐妹"。资本化和数字化的珠联璧合，使得地球村近在眼前，已经到来和即将到来的新经济一定会在全球范围内高效配置各类生产要素。

相对于完整的市场包含产品市场和要素市场两个有机体，数字化自然包括产品数字化和要素数字化。以阿里巴巴为代表的产品数字化的先行者，通过去中介、去中心、去边界，解决了"天下没有难做的生意"，使得"奇瑞"类小车不用层层加价，通过B2C实现供需直接见面。

如何通过要素数字化，去掉各生产要素的中介、中心、边界，实现全国甚至全球范围内的大开放、大协作，不但能造出同质化的"奔驰"，更能在未来C2B的商业业态中，通过各要素全天候、无边界的自由动态组合，基于"千人千需"，如万花筒般地生产出"千姿千态"的"奔驰"，解决或者部分解决"天下没有难办的企业"问题，这是数字化的新课题、新挑战。

当然，产品数字化已是"惊涛拍岸"，而要素数字化虽然只是像枯草中的点点花蕾，含苞待放，但必将是"忽如一夜春风来，千树万树梨花开"。

如何使企业要素资本化与数字化，既是当下企业转型升级的障碍，又是企业持续发展的必然方向与机遇。

从宏观角度来看，我国经济没有经过自由市场经济的洗礼，中华人民共和国成立后，我国进入计划经济体制。自改革开放以来，我国享受了几十年的红利,但如不进行变革与突破,机会主义的苦果必将吞噬几十年的红利。在这个过程中,我们扮演的角色是"体力劳动者",只是赚取辛苦费,但我们不必看着自己亲手做的产品,贴上他人的标签,由他人转手,价格就要翻100倍,为此而愤愤不平。多年来,国人愤慨,我们一火车的服装居然换不回一架客机,但时至今日,我们可能连这一点辛苦费也难赚到了,因为人工成本的上升使得服务费提高了,国外投资者要将自己的"工厂"搬到越南或阿根廷这些成本更低的国家或地区去。实际上,商场就是"博弈",如果把商场比作牌局,商业的核心就是基于外部的变化,每副牌进行自由组合,从而获取最大化的收益,其中的每一张牌就是我们企业的每个生产要素,做企业就是玩"要素自由组合"这副牌。每位企业家如何由一个"体力劳动者"变成"智力劳动者",由"服务员"成为"玩牌者",由"企业家"进化为"资本家",是摆在我们每一家企业面前必须思考的问题。

十八届三中全会提出《中共中央关于全面深化改革若干重大问题的决定》,"冲破思想观念的束缚,突破利益固化的藩篱",实质上就是要素资本化。传统的体制,设置了无数的门槛,不同的行政区划使得要素流动变成了"盖章马拉松比赛";国企、民企不同的性质决定了这两者几乎是两个对立的世界;户籍身份的差异,成为不可逾越的界河;产学研,一直是三张皮;各个院所,戒备森严。中小企业,只能是望门兴叹、求助无应;理应成为要素流动枢纽的证券市场,在行政审核的体制下,也成为少数人的福地。

问题反过来看待就是机会、希望。农村土地的确权,为农业生产要素流动奠定了基础;户籍制度改革的加快,使得每个社会公民成为自由人,从而在全国甚至全球范围内重新自由组合,在自由欢娱的劳动中开拓人类商业文明的新边疆;而科技体制的改革,必将打破孤芳自赏，甚至自拉自唱式的科研，建立以市场为导向、以企业为主体、产学研一体化的机制；而"国有企业"向"国有资本"的转变以及社会资本化进程的加快，将不再有国有企业与民营企业之分，任何企业都是社会资本的产物与市场主体。近年来，国务院力推的"以众智促创新，以众包促变革，以众扶促创业，以众筹促融资"的政策，实质上就是要打破要素的区域与单位分割，实现要素在全社会范围内的重新优化组合。

我们已经看到了要素数字化的曙光。2012年大连八九个年轻人开始创业，只用了三年多的时间，用很少的投资构建了机床研发领域的"数字化平台"，即将东北地区机床行业的上百家企业的近万家机床编号、分类，数字化呈现，同时又将全国几万名机床行业的工程师汇总、连线。现在的"万人同行"，激发了强大的生命力与创造力。"货车帮"通过搭建覆盖全国的货运信息平台，将170万名货车司机和30万家货主实现供需网上对接，运用大数据使货车空驶率在2017年降低6%，节约近500亿元费用。

2016年，由北京大学汇丰商学院原助理院长邢志清牵头，笔者和另外七位北大、清华名师共同发起设立了数字化的"格局商学院"，专注于在线管理教育培训。创建这一数字化学习平台，一方面借助手机移动端，使得"全天候"学习成为可能，同时又兼顾了群体化的体验式学习效果。教师每晚在北京利用大屏幕主讲，全国各地的学员在当地大屏幕集中学习、互动，最大限度地节约了学员的学习成本，也极大地提升了管理教育的成效。不到三年时间，在全国设立近200个分院，招收学员1万多名，至2019年学员规模达3万名。

当然，要素数字化只是开始，无边的新大陆在向我们招手；社会的痛点就是我们前进的方向。众多的中小企业如何实现要素数字化？

如何打好不同要素优化组合这副新牌？如何突破"不创新等死，创新找死"的困境？怎样才能帮他们"理思路，启心智，画好图，扶上马，备好料，送一程"？解决这些问题，需要专业机构及专业人员。从更广义的角度来看，在服务型的社会，每一个机构对社会提供的服务都需要通过线上线下一体化才有可能达到这一服务效果。

第六节　平台化

一、平台化路径

"资本化与数字化"将千差万别的具体生产要素，包括土地、资产、技术、管理等全部通过股份化统一为资本尺度，又借助数字化方式自由排列组合，以更高效的方式创造价值。在这个只有各要素无缝对接才能快速响应市场变化的环境中，原来主流的金字塔式的科层管理体制走向崩溃，不论是海尔的"组织平台化，员工创客化"，或是华为力推的"让听得到炮火的人决策，让闻得见硝烟的人指挥"，或是稻盛和夫采用的"阿米巴"方法，核心是企业平台化的组织系统再造，所以企业平台化是每个企业的必由之路。

有企业认为，平台化是大企业的专利，和中小企业无关。我们认为此观念是错误的，企业无论大小都要平台化。因为在物质短缺的时代，社会矛盾的核心是物质资源的有限性和需求的无限性，制胜的办法是高性价比的生产。然而现在，在产能普遍过剩的时代，我们所面临的障碍是人们感知与接受能力的有限性与社会生产能力的无限性，企业生存的法则要么是行业或品类的第一，要么是唯一，而成为第一或唯一的前提是它必然是行业或品类的平台建设者、标准的制定者及产业的引领者。

重庆一家水表企业生产自动化节能水表，虽然在行业内的销量仅排在20位以后，但通过构建水表行业内的交流沟通平台，不定期举办相关研究、学习、问题诊断等活动，自2016年开始，通过此平台，扩大了圈子，整合了资源，引领了行业发展，极大地提高了企业在业内的美誉度，从而推动了企业的发展。

企业的平台化运行，绝不会因为企业的大小差异而有所不同，每个企业都可以找到自己的差异化的平台路径。

（1）企业对自己所在行业进行细分，直到确定自己已经是或将来是该行业或该品类的领先者及平台的运营者。将该行业相关的政资企、产学研、供产销、人产物等资源有针对性地进行组织、协调、交流、共享，在推动行业健康发展的过程中实现企业自身价值。这样，定制化、柔性化生产才有运行基础，企业自然是此小众市场的平台建设者了。

（2）如果公司确实很小，进行平台建设心有余而力不足，那么我们可以用平台思维模式，先找到市场痛点、问题，跳出自己公司的圈子，在行业内寻找志同道合的朋友，通过寄生、共生的方式，构建平台系统及生态圈，逐步地找到我们在平台内的独立位置。

在当今市场环境下，企业应该有两种存在方式：一是平台化公司，为我们的交易构建生态系统；二是内容型公司，为生态系统提供极致的物种即产品。从狭义角度来理解，没有问题，平台和内容交相呼应，相得益彰；但若我们进一步分析，即使是"内容为王"，此内容也一定不是之前的"内容"。当下，对一个产品提供商，那种以单一产品来满足人们同质化需求的时代一去不复返了，我们每天要做的是让我们产品变化的步伐赶上消费者鼠标移动的速度，所以产品快速反应的生产系统本身就是各要素快速匹配的平台，只有一部平台系统的交响乐,才能将这一极致的音乐产品表现得淋漓尽致。

二、平台化体系的构建

对我们当下众多的中小企业,怎样才能构建自己的平台化体系呢?

1. 开放的心态

诚如华为董事长任正非所讲:"在这个到处充满机会的时代,千万不能做机会主义者,要开放,开放,再开放。我们要砍掉我们高管的手和脚,只留下脑袋,他们的作用就是学习和思考。对他们的考察,不是生产了多少产品,而是出去听了多少次讲座,请多少高人喝了咖啡,召开了多少次座谈会。他们应该是"吹喇叭"的,当然这个"喇叭"应该是外面的口大,里面的口小,我们的高管应该通过此喇叭,将天地万物的精化源源不断地吸进来。"(出自"任正非演讲录")只有通过学习"破心中之贼",才有可能在市场中"破山中之贼"。

2. 分享的机制

就像未来学家杰里米·里夫金在《零边际成本社会:一个物联网、合作共赢的新经济时代》中所讲:"你的,我的,他的,不再泾渭分明,我们今天要做的就是为了协同共享社会的到来而欢呼并身体力行。"不求所有,但求所用;不求独占,但求共享:跨区域、跨行业的协同共享的浪潮扑面而来。他甚至动情地写道:"尽管我赞美我父亲及大量企业家的企业家精神,但是我并不为资本主义的失去感到哀伤,它们与协同共享的新一代企业家精神完全不同:新的精神将少一些主动,多一些互动;少一些市场资本积累,多一些社会资本积累;少一些'看不见的手'的驱使,多一些'互助的手'的支持;少一些功利主义,多一些情感共鸣。"

3. 轻资产的运营

在这个旧世界尚未完全被打破、新世界正在构建的过程中，各系统、各链条，既有耦合，也有脱落，更有断裂。只要我们跳出企业看企业，跳出行业看行业，站在未来看现在，站在远处看自己，站在高处看产业，我们就一定会看到产业的断点、痛点。通过确定导入点，构建组织，制定规矩、流程，在为新体系拾遗补阙的过程中，找到市场空白点及商业价值。多年来，我们用此方法辅导众多的企业实现了快速成长，我们也深刻地体会到，好的企业、好的商业模式一定是轻资产的，它一定是采用了"拿来主义或利用主义"，合作分享、优势互补，在最大限度发挥自身优势的同时，通过借力来进行产业分工。然而一个初创企业，一起步就采用购置设备等重资产化模式，结果是十分危险的。

第七节　融合化

资本化、数字化、平台化的演变，使得原来各行业边界清晰、泾渭分明的产业结构迅速被外来的野蛮人所跨界、打劫、颠覆，而线性产业链即将被平台化或生态圈所代替。"无国界""地球村""天涯若比邻"已经成为现实，而在具体的企业经营领域，"有机构，无管理""无组织的组织"并不是痴人说梦，已经揭示了企业管理的方向。人类社会第一次生产突破了国家、区域、民族、肤色、组织的边界，在全球范围内配置生产要素，进行全球一体化的协作经营。

当今全国的创新创业如火如荼，以北京、深圳为代表的北南"双城记"，大有遥遥领先之势。究其原因，这些生产要素资源丰富、市场化程度高的城市，人们每天在课堂、酒吧、咖啡厅，甚至路边、车库的相互交流与沟通中，创意产生了，志同道合的合作伙伴诞生了，天使投资者愿意投资了，在有意无意间创意技术与创业者及资本融合了，今天孕育的小苗，可能就是明天的参天大树。

那么，为什么众多中小企业"涓涓细流不能融入大海"？主要有两点障碍：

（1）"宁做鸡头，不做凤尾"的理念。在市场经济初期，企业之间的竞争更多的是产品性价比的竞争，小而美的公司只要能生产出好产品，就能很好地生存下去。现在的产业竞争，主要表现为资本层面的竞争，收购、兼并、重组是资本的天性，每一个行业由充分竞争的格局过渡到相对垄断的态势，最终出现某个行业"赢者通吃"的格局，也就是我们所说的"老大吃肉，老二喝汤，老三挨饿"的产业分布，所以对中小企业，百川归海是自然法则。

（2）封闭的组织形式。特定时期的"自力更生，自主开发，自主创新"的经验已经成为企业前行的障碍。只有大开，才能大合；有多大的融合度，就能激发多大的创造力。

企业怎样才能做到融合化发展？

首先，我们要深刻认识到，在"地球村"中没有孤岛，没有世外桃源，每一家企业都是产业链、资本链、价值链中的一个部件或一个零件，和整个系统息息相关、休戚与共。在产品领域，企业考虑的是如何完善产业链；在资本领域，企业考虑的是怎样打造资本链，最终共同创造价值链。

其次，主动整合、平台融合、有机契合必将是每个企业发展的三部曲。

最后，融智力——融资金——融人才——融资源——融平台——融天下，其乐融融，这是融合的升级路线图。

每个企业，首先需要"融智力"。只有思路清晰、定位明确、组织完善、措施得力，才有可能融到资金。华尔街的许多创业者，只靠几张商业计划书，居然可以融到大笔资金，而我们许多企业，有设备、厂房，却无人问津。它反映了商业的本质，即无形资产是统领有形资产的，无形资产是核心竞争力，有形资产只是无形资产的"工具"。诚如老子所说，"万物生于有，有生于无"，所谓创新，实质就是"无中生有"。

企业融到资金，只是"万里长征第一步"，资本是需要人来掌控的，人是万物之灵，所以资金的背后要"融人才"。办企业，没有人才是万万不能的，但人才也不是万能的。企业就是一个"交响乐团"，需要各要素的协作，所以还要继续"融资源"。资源不是各要素僵化不变的组合，而是一个随时可以重新构建的平台。实质上，企业融到的更应是平台，也只有融到高效平台，才有可能"世界在我手中"。

在时代变革的洪流面前，我们深知唯一不变的是变，但如何变，怎样变，又是每一家企业的困惑与疑虑。近年来，我们在北大的讲堂上，在地方的教室里，在企业车间里，通过和无数企业家的交流分享，从他们一针见血的问题中，纠结的抉择中，体悟到创新探索之旅的艰难。在创新的征途中，没有"金手指"，也没有"锦囊妙计"，每一家企业成功的道路不同，但这也并不意味着无规律可循，无方法可鉴。我们提出企业创新航程中有四盏明灯，即资本化、数字化、平台化、融合化。数字化已是星火燎原，资本化、平台化、融合化也缺一不可。任何企业，不论属性，不分行业，不管规模大小，甚至何种禀赋，不但要"数字化+"，也要"资本化+""平台化+""融合化+"，在遵循"四化"的基础上，再探寻自己个性化的发展路径。

第二章 企业资本时代的重新定位

问题

为什么定位是企业经营的出发点?

为什么每一家企业都要进行重新定位?

中小民营企业如何通过再定位实现蜕变与突破?

问题：

1. 为什么定位是企业经营的出发点？

2. 为什么每一家企业都要进行重新定位？

3. 中小民营企业如何通过再定位实现蜕变与突破？

4. 为什么企业需要在一味"做强做大"的狂奔中幡然醒悟，在社会生态圈中"可为蚂蚁，可为大象"？

5. 企业如何进行社会定位？

6. 企业如何进行行业定位？

7. 企业如何进行战略定位？

8. 企业如何进行市场定位？

9. 企业如何进行资本定位？

10. 企业如何进行系统定位设计？

第一节　定位理论的产生与社会定位

一、定位理论的产生

定位理论，是由美国营销学家特劳特首先提出的。他在《定位》一书中提出了被称为"有史以来对美国营销影响最大的观念"的定位理论，改变了人类"满足需求"的旧有营销认识，开创了"胜出竞争"的营销之道。

特劳特在《什么是战略》中开篇描述："最近几十年里，商业发生了巨变，几乎每个类别可选择的产品数量都有了出人意料的增长。比如，在20世纪50年代的美国，买小汽车就是在通用、福特、克莱斯勒等美国汽车商生产的不同型号的汽车中挑选，今天你要在通用、福特、克莱斯勒、丰田、本田、大众、马自达、五十铃、起亚、沃尔沃等约300种品牌中挑选。"汽车业的情形在其他各行业中都在发生。如何在竞争中胜出并赢得顾客，就成了组织生存的前提。

一方面，当下在国内，我们已经由短缺经济阶段快速进入产能大爆发阶段，各个品类领域拥挤着成千上万家厂商及相应的品牌，同样如何在竞争中胜出并赢得顾客，就成了每一家企业生存的前提。

另一方面，信息爆炸使得本来极其有限的顾客心智更加拥挤。根据哈佛大学心理学博士米勒的研究，顾客心智中最多只能为每个品类留下7个品牌空间；而特劳特先生进一步发现，随着竞争的加剧，最终连7个品牌也容纳不了，只能给两个品牌留下心智空间，这就是定位理论上著名的"二元法则"。被誉为"世界第一总裁"的杰克·韦尔奇，1981年上任通用公司总裁后就是运用了这一法则，将不属于"数一数二"的业务关停并转，而不管其盈利是否丰厚，此举使得百年通用电气因获得顾客心智选择的强大力量而再续传奇。在顾客心智中没有位置的任何品牌，终将从现实中消失，而品牌的消失则意味着品牌背后组织的消失，这也是全球市场中不断掀起并购浪潮的动力。受心智中品牌数量有限的影响，全球性的并购浪潮会愈发汹涌。特劳特先生预见说，与未来几十年相比，我们今天所处的环境仍像茶话会一样轻松。

　　从宏观角度看，伴随着社会的进步，生产能力的相对无限性与有效需求的相对有限性是市场经济永恒的矛盾，具体到微观企业，则是生产能力的无限性与消费者心智容量的有限性的矛盾，所以，如何在消费者心智中拥有"立锥之地"则是每一家企业能否生存的首要条件了。但在现实中，有太多企业一直愤愤不平，认为自己产品好、质量高，但不如对方会投机取巧，所以得不到消费者的认可；或认为自己企业质地好，但得不到投资者的青睐或估值低。我们认为，自以为是的企业自我评价往往与消费者及投资者的认可大相径庭，如果说"顾客永远是对的"，那言下之意，生产销售者永远是错的。例如，全国各个地方包括每个区县，更有许多乡镇，当地领导谈到本区域特色都会如数家珍：当地的景观优于九寨沟，山泉胜过农夫山泉，药材是最道地的，山鸡浑身是宝，等等，但是就是没能让更多的人知道，没有取得相应的收效。实际上，我们自己认为的客观事实和消费者认为的客观事实可能是"两重天"，面对"消费者主权"，他们的认知就是现实，他们的认知就是真理。如何把"我们认为的好产品"塑造为"消费者认为的好产品"，是任何一个区域和企业的核心问题，所以，将传统的"生产满足需求"即"由内而外"的模式转变为"心智引导经营"即"由外而内"的模式，就成为定位理论的核心了。

　　特劳特自20世纪70年代正式提出定位理论以来，距今已有40多年历史了。他的定位理论基本上是从单一的市场营销角度来进行分析研究的。随着时代的变迁、技术的发展，特别是中国经济的转型换挡，我们每一家企业都面临着"新定位，再出发"，原来单一的营销定位就显得单薄力弱了。为此，基于理论探讨，更是基于对中国成千上万家中小企业的咨询辅导，笔者提出"企业系统定位"观点，即企业不但要进行市场营销定位，更要进行社会定位、行业定位、战略定位、资本定位，并由此构建企业定位系统。在此定位系统中，首先通过"社会定位"使每一家企业思考回答"我们企业的价值何在"，进而在"勇退、坚持、激进"三条路径中做出恰当选择；"行业定位"则进一步帮助那些选择勇立潮头的先行者思考，如何将"聚焦与跨界""有形行业与无界创新"进行有机融合；"战略定位"实质上就是提醒每一家企业在战略上处理好"理论与实践、静态与动态、部分与集成、外部与内部"的平衡；"市场营销定位"则引导企业重新构建"由外而内"的企业运营系统，即基于市场心智导向及企业收益最大化原则，决定产品生产与运营；最终，通过"资本定位"使每一家企业在"做大款，傍大款，设大款"三条路径中找到各自的资本归宿。

二、社会定位

1978年，美国经济学家西蒙获得诺贝尔奖，其获奖著作《管理决策新科学》的核心观点就是"管理即决策，决策即选择"，实质上就是对"取""舍"的拿捏选择。此时此刻，你说这一句话，就意味着对另一句话的放弃，我们每一个人，每一个企业，都必须"接受不可改变的事，有勇气去改变可以改变的事，并有智慧分辨什么是可以改变的，什么是不可以改变的"。

1937年新制度经济学的创始人罗纳德·科斯发表了《企业的性质》

一文，该文核心论证了由于合约的不完备性及交易成本过高才出现了"企业"这一市场运行主体，由此他本人也于1991年获得了诺贝尔经济学奖。当下，信息的透明化，交易的去边界化、去中心化，大大加强了合约的完备性，企业的交易成本大幅降低，市场的企业载体更加多元化。传统大企业的管理成本与交易成本显著上升，生存的压力更大了，所以，只要能创造价值，无论是企业"做大做强"，还是企业"做小做精"，都值得赞赏，甚至企业"推倒重来，另起炉灶"也另有价值。

哈佛商学院战略学教授辛西娅·蒙哥马利，每年对来自全球的几千名企业家进行培训，在其专著《重新定义战略》中写道："每一次开班，我都首先开宗明义向每个企业家学员发问：'你的公司重要吗？有多重要？如果今天你的公司停止营业了，你的客户会遭受什么实质损失吗？如果他们要找一家能提供同样服务、能够满足自己需求的公司，需要花费多长时间，或者说难度有多大？'"这一课前发问的核心点就是提示每一位企业家学员，任何一家企业存在的唯一理由就是它能为社会提供独特的、不可替代的价值。为此，我们应避免出现"超级经理人神话"，即"充斥于当今众多管理文献及管理思维中的观念就是，"大胆自信的经理人几乎能够在任何情况下赢得成功"，应该小心翼翼地论证、分析：哪些应取，哪些应舍？什么时候做加法，什么时候做减法？

现在，我们众多企业仍然在追求规模的幻觉中"裸奔"，曾经的些许成功使他们沉湎于能再次创造"超级企业家神话"梦想中，而地方官员的GDP诉求又为辖区企业添油加柴，使企业经理人忘记了刹车的功能，他们怎会考虑几年后企业由此崩盘的风险？银行家为了自己的高利差，恨不得他们能把企业作抵押贷款。专家服务机构也深知，只有让这些企业经理人热血沸腾，才能与虎谋皮啊！理应指点迷津的学者教授，至今仍手持西方教科书，念念不忘的是苹果、柯达这些经典案例，讲授着"企业管理的方法""没有做不到的，只有想不到的"所谓成功的秘籍。殊不知，在企业内因与外因的诱导下，我国有太多的企业已经到了"盲人骑瞎马"的危险境地了。

1. 产能闲置

一大批企业在买地、盖楼、进设备的泥塘中越陷越深，至今无法自拔，诚如哈佛大学蒙哥马利教授所言："独特的资产以及与巨大经济规模有关的资源那不是企业的核心资源，大多数战略中最有价值的资源是企业的品牌声誉等无形资产以及复杂的组织能力和惯力。"

2. 倒贷部队

一些企业患有"资金饥渴症"，面对"优惠贷款、高价投资"的诱惑，失去抵抗力。殊不知，资金是最好的，也是最坏的，它既可以成就企业，也可以毁掉企业。许多企业由于无法按期还贷，只有去找高利贷，或者寻求相互担保。在风平浪静时，还能相安无事；一有风吹草动，便是火烧连营、一损俱损了。

3. 明实暗虚

许多企业把自己的企业和产业作为融资贷款的工具，把经营重点放在所谓的"资本运作"上，结果什么都没有做好。特别是在当前投资环境下，许多企业如坐针毡。

4. 机会主义

2017年，笔者到某地讲座，面对当地政府官员及企业主，笔者问：为什么众多的商人跑到这里来投资？目的何在？其实，不排除这三类诉求：①跑马圈地。以工业的名义圈地，再置换成商品房获利。②政策优惠。许多商人紧跟地方优惠政策，办企业的主要目的就是套取相关津贴。③税收减漏。众多传统企业"利润薄得像刀片一样"，于是"偷税漏税"成了企业利润的主渠道。作为一名有良知的企业家，仍在打税收算盘，办企业又有什么社会价值？

5. 金蝉脱壳

很多企业对在当地低价购进的土地设备进行高溢价评估，以此吸引贷款与投资，当筹得巨资，便"轻轻的我走了，作别那一堆废铜烂铁"，而当地的政府官员，仍盼望着"何日君再来"，却没料到"壮士一去兮不复还"了。

6. 时来运转

西方市场经济国家的经济周期都要经历萧条——复苏——高涨——危机四个阶段。在萧条阶段，产品过剩，工厂倒闭，迫使中小企业主"缴械投诚"，才使产业完成了集中与垄断。我国市场经济的发展经历40年的风调雨顺，现在我国企业进入了转型升级期，可以说是对40年积累问题的释放，沉积的危机与矛盾一定不是短时间可以解决的，一些企业家仍心存幻想，希望有朝一日时来运转，东山再起，这恐怕只是美丽的愿望了。

7. 弃厂"跑路"

现在，人们对"张跑路""李跑路"已经习以为常了。我们许多企业为什么不能当初"靓女早嫁"，难道一定要等到她"人老珠黄"？问题出现端倪，为何不诊治修补？若企业单独航行力不济，那也可以强强联合、强弱联合甚至弱弱联合，企业家几十年的心血，却付之东流，多么可惜。我们深知，更多的中小企业主，若在此大变革时代，不进行再定位、再筹划，这样的"悲剧"可能会不断上演。

在"做强做大"的路上，企业家难免会遭遇困境，为此而迷茫，这时就需要"再定位，启新路"，企业因时而变、因势而变、因事而变，最终使企业微观主体与宏观客体相契合，企业的个体定位与时代需求相契合。

三、社会定位的具体方式

我们认为，企业应有以下四类新定位。

1. 进攻型定位

进攻型定位即通过快速扩张，取得更大的市场优势与份额。

"定位之父"特劳特说："企业唯一的目的就是开创并主导新品类……以品类来思考，以品牌来表达。"多年来，笔者一直强调，企业存在的前提就是"要么是第一，要么是唯一"，很多企业家总觉得这个标准高不可攀。比如，如果我们是造纸厂，要做到第一或唯一，在众多的造纸厂中这不是很难，而如果我们要做到造纸行业第一，就会有一定难度。我们可以对纸品行业进行细分，划分新品类，如将纸品行业细分为无添加剂品类、非木材品类、环保品类、医用品类等，在此基础上我们就不难成为品类第一或唯一了。

那么，什么样的企业可以进行进攻型定位呢？

（1）在行业或品类中已经位居前列，且有足够的市场空间。此类企业最有可能成为行业或品类的引领者、整合者。现在，每个领域几乎都有成百上千的"诸侯小国"，竞争格局由"春秋诸侯"演变为"战国七雄"是必然趋势，最终行业内的"秦帝国"一统天下，其他"小国"则只有"俯首称臣"了。

现在，每个细分领域能进入资本市场并得到投资者欢迎的公司，基本上都是业内名列前茅的公司。这些公司上市后，更能借助资本市场的力量，南征北战，收购兼并，横扫六合，快速做强做大。

（2）虽在行业内位次不高，但看准了时机"振臂一呼"，成为行业引领者。《孙子兵法》中说："百战百胜，非善之善者也；不战而屈人之兵，善之善者也。"这种"上兵伐谋"的智慧，在战争中如此，商战中也一样。

例如，一家装饰公司，年营业额不到2亿元，在强者环伺的装修行业，它的规模远远落在后面，何谈上市。该企业基于长期积累及外部的机遇，对自身进行重新定位，不再是什么活儿都承接的"包工头"了，而是专注于为医院医疗间提供设计装修服务，重新定位为"洁净卫生环境的一体化服务商"。由此，该企业摇身一变，由名不见经传的"包工头"变为"洁净卫生环境"这个装修新品类的引领者、标准制定者，不但声名鹊起，而且稳居业内"老大"位置，实现了上市，得到了快速发展。

（3）创业者。这是商品过剩的时代，创业何其难；同时又是社会大变革时代，社会各要素不断重新排列组合，给我们的创业提供的机会何其多。

"用大钱办大事，是实力；用小钱办大事，是智慧"。创业，就是发挥聪明智慧，用小钱办大事。创业的核心就是发掘市场的"痛点"，构建运营体系，来解决此痛点，由此形成独一无二的品类或模式，力戒"人云亦云"，一拥而上。因为成功可能是再次成功的路障，马云成功了，我们学习马云但不可能成为第二个马云，有时另辟蹊径，可能更容易找到成功的路径。

2. 重构型定位

重构型定位即对原有公司的组织结构进行调整，构建新的组织体系。我国的民营企业家有两大特色：

（1）喜欢把自己的公司改名为集团公司，这样显得有实力。实际上，全世界评价企业大小的标准早已是企业资本市值了，而我们仍计较于资产规模。很多集团公司的业务几乎无所不包，从制造、矿产到房地产、物流，出发点是追求"东方不亮西方亮"，在原来机会遍地时候，无意中发现自己是个"神枪手"，做什么成什么，现在反而感叹"做什么，什么不成"。殊不知，此乃商业的常态，企业利润是对优秀经营者的奖励，什么都经营的企业，怎么可能样样都精？当下许多所谓的集团公司分散突围的结果很可能是被全部歼灭，唯一的办法就是重新组合，集中优势兵力，突出重围，以点带面，再接应"大部队"。

A机床制造企业曾经在国家"四万亿投资"的拉动下，销售突飞猛进，收入达到几十亿元。一时间，受到热捧，在地方政府、银行、社会资本的呐喊声中一路狂奔，在欧洲设厂，在国内产业园跑马圈地，一掷千金。近几年，经济下行，企业外部市场风云突变，突然间销售失速，债主逼门，投资失手，企业束手无策！2018年年初，笔者到该企业调研设计，最后提出"化整为零，毛遂自荐，自由组合，分路突围，相互侧应"的重组方案，打破了企业一潭死水的困境，经过一年多的运行，企业状况得到显著改善。

B集团公司，业务横跨煤炭、环保、房产行业，在企业如日中天时，"老板赚的钱几辈子花不完"，现在是"老板欠的账几辈子还不上"，怎么办？"集中火力，环保上市；其他产业，减负自救"。现在，环保产业的上市已指日可待，若环保板块上市，可以很轻松地达到上百亿元的市值，这样集团公司几十亿元的负债化解就易如反掌了。

（2）公司创始人可以担任几个甚至几十个公司董事长，名片上满是密密麻麻的头衔。

国有企业改革，由原来的资产管理变为资本管理，已成社会的共识与常识。所谓资本管理，就是资产变资本，工厂变公司，把《中华人民共和国公司法》作为公司运行大法，建立运作规范、相互制衡的股东会、董事会、监事会以及经理层的治理体系，避免出现董事会与经理层职责不清、股东会形同虚设、监事会流于形式等问题。作为市场经济最有活力的民营企业，理应在管理上与时俱进，但仍有众多企业还是"老八式"的管理，创始人一人兼几个或几十个企业的董事长，董事会与经理层职责不分，总经理形同摆设，自己每天疲于奔波，企业的漏洞反而越来越多，企业的堤坝随时可能决口。在当今竞争如此激烈的环境中，一个人专注于做一件事，成功已属不易，身兼多职，四面出击，要取得成功，谈何容易？

C企业是一家多元化经营的集团公司，该企业的创始人身兼十多家子公司的董事长，大事小事一把抓，分身乏术，员工的参与度越来越低，企业经营每况愈下。笔者到企业座谈调研后，提出"资产变资本，人治变法治，单驱变全驱，局部成系统"的新的社会定位。具体方法为：董事长要从原来"不务正业"的经营领域退回到自己的主战场即股东会及董事会中，负责企业重大决策的提议、论证；对几十家子公司的总经理广开渠道，分别招聘；由各子公司的总经理选聘相关部门负责人，再由监事会行使监督职权；开展员工持股计划，增强公司的凝聚力；推动优质子公司的上市，形成示范效应。经过这样的重构型定位，企业各方面得到了极大的提升。

3. 切割型定位

切割型定位就是将企业良莠不齐、轻重混杂的业务资产进行重新梳理，抽取优质精良的资产业务进行重点打造，而将其他不良资产进行托管、处置、并购。

在数字化生存环境下，小米公司雷军倡导的"专注、极致、口碑、快"是企业生存发展的一条重要法则，许多创业者的成功，都呈现出快速捕捉商业机遇、快速组织经营、快速满足市场需求的特点。

D企业是一家大型国有企业，国有企业曾是"小社会"的代名词，成千上万名员工的衣、食、住、行都要由企业承担。大型国有企业几乎都有自己的医院、学校、托儿所、居住区、运输公司，企业在这几座成本大山的重压之下，即使有很高的生产效益，年终考核也不一定是盈利的，因为这些非经营性成本太高。20多年前，中国证券市场设立，相关部门希望一些优质国有企业能够上市，但如果将这些企业不做调整就搬入证券市场，即使如宝钢这样的行业龙头企业也达不到上市条件。因为上市的基本条件是"连续三年持续盈利"，它们的利润被这些社会负担侵蚀了。之后对这些企业实行"资产剥离"，即一家大型国有企业，将与主营业务相关的人财物集中起来，轻装上阵，设立一家拟上市的股份公司，其他企业办的社会职能部分留在集团公司，这样股份公司的业绩就达到了上市的要求。

4. 退出型定位

退出型定位是面对激烈的市场竞争，企业缺乏核心竞争力，调动资源重整旗鼓的难度也很大，为此，股东或管理者主动采取出售、转让等方式退出市场的行为。

当下，任何一家企业都需要双轮驱动，即产品经营与资本经营并驾齐驱，二者不可偏废。由此，我们的创业者每天需要打"双算盘"，算两本账：第一本账是产品账，是产值、利润，即产品价值；第二本账是资本账，是企业价值，即资本市值。从企业本质上来看，我们创办企业的目的，不是追求产值，而是追求市值。产值是方式，市值是目的；成为企业家是误区，成为资本家是本质。一切商业活动都要服从于资本增值这个目的。

那么，怎么算资本账呢？我们每天都要盘算，作为一家企业，是直接经营资本估值高，还是转让资产、控制权，由别人控制经营资本估值高？如果一家企业在2019年收入1亿元，利润是1000万元，15

倍的市盈率，这时我们转让控股权，由别人收购经营，企业的资本市值为 1.5 亿元，那可是随时可以变现的价值。如果我们不能够审时度势，此时不进行股权转让，而三年后等公司利润为负，再转让控股权，那时企业的估值就无法按市盈率来算了，只能按现有净资产来算，到时企业很可能就是"废铜烂铁"的价值了。

有的企业领导会说："我们是想并购，但没人想要我的企业，怎么办？"企业本质上是个黑箱，外面的人无法全面了解企业，每一个收购者都担心收购你的企业会掉入陷阱；所以，透明、规范是每一个企业的基本原则。你的公司，单纯从财务上就有几本账：对银行是一本大账，对税务是一本小账，对内部又是一本真账。如此运营，外面的人怎么知道你的公司运营是好是坏，是盈是亏？怎能和你"谈婚论嫁"？

当今，政府支持当地企业实现跨越突破；银行不断地对企业追加授信额度；商学院甚至想把每一个学员都培养成企业家，哪怕他是洗脚店的店长。在此高涨的氛围中，我们提出并讨论企业"退出型定位"也不失为一剂清凉剂。

第二节 行业定位

行业定位，就是企业选择什么样的时机，采取什么样的方式，进入或退出什么行业。

按照传统的行业理论，或从静态角度分析，行业的力量对企业能否成功影响巨大。企业应选择那些能够取胜的行业，然后寻求正确的市场定位，并运用这些行业力量谋求利益，而不是去同这些力量抗衡。

40年前，被誉为"美国当代最成功最伟大的企业家"的杰克·韦尔奇接手美国通用电气公司，先是卖掉了200多项价值110多亿美元的业务，之后利用这笔钱完成了370多项收购。目的是让通用电气公司摆脱环境恶劣的行业。他认为，通用电气公司很难在这类行业中蓬勃发展。他说："我不喜欢半导体业务，这个行业的周期性太明显，需要投入的资金太多，当时这个行业里有几个大公司，但只有一两家能够持续盈利……退出这个行业，让我们把资金投入到医疗设备、发电设备以及其他我们能改变游戏规则的行业……"

巴菲特也曾有相似的观点，他认为："当一个声誉卓著的管理团队试图改造一个经济状况糟糕得出名的行业时，最后屹立不倒的总是那个行业的糟糕名声。"

国内几十年的产业演变更是淋漓尽致地呈现出行业变迁的规律。在市场需求爆发的前夕，那些捷足先登的厂家面对巨大的"蓝海"市场，赚得盆满钵满；随后，众多厂商蜂拥而入，行业平均利润率急速下滑，市场陷入残酷的"红海"竞争；最后，只有那些持续创新者才能保持较高的利润率。

哈佛大学教授迈克尔·波特的五力模型图说明，供应商的议价能力、新进入者的威胁、买方的议价能力、替代产品或服务的威胁影响着行业内现有竞争者的竞争，这也为我们提供了一个对行业进行分析的框架。

然而，新技术、新模式风起云涌，已经或正在将原有行业理念及模式颠覆或打碎。我们不曾料到，短短几年时间，互联网公司势如破竹，侵占了金融的核心支付业务，微信支付已是星火燎原；而我们几百年理所当然视为金融标志的银行网点基本上变为展示厅了。当还有人感慨隔行如隔山时，跨界整合已成为一道耀眼的风景线；当专家告诫我们不要染指传统食品行业时,"三只松鼠"以互联网为翅膀,成立当年就获得几十亿元的收入;而"周黑鸭"与资本结缘,上市后市值高达上百亿元。所以,我们要跳出传统的"就事论事,看山是山"的旧有行业思维定式,进行新的行业定位。

一、聚焦与跨界的融合

美国营销学家艾·里斯以一个简单的自然现象对聚焦给出了答案:"太阳的能量为激光的10万倍,但由于分散,变成了人类的皮肤也可以享受的温暖阳光,激光则通过聚焦获得力量,轻松切割坚硬的钻石和钢板,企业和品牌要获得竞争力,唯有聚焦。"当下许多成功的企业,对构成企业核心竞争力的企业前端研发设计,通过聚焦最大限度地降低成本支出;在此基础上利用互联网平台,通过维基协作、联合开发、混搭借力,又可源源不断地引入新思路、新方法、新产品。同样是企业核心竞争力的品牌营销,若单纯利用铺天盖地的信息的狂轰滥炸,通过高举高打的广告,成本何其大,效果何其弱;若通过跨界、借力,进行迂回战、侧翼战,或许事半功倍。

二、有界行业与无界创新的融合

行业与行业一定是有边界的,各行业一定有各行业的特质,专业化的分工就是在行业分类基础上的生产经营;但技术的发展使"天涯共此时,同处地球村"已经成为现实,企业的边界、行业的边界、市场的边界正在变得模糊,一场全新无边界创新的大潮正扑面而来。

当国内创新号角响彻云霄的时候,硅谷的创新已无处不在;当传统企业哀鸿遍野,仍然祈盼时来运转的时候,却不知创新者已攻城略地,成为新时代的主人,守旧者哪有还手之力。当众多中小企业仍在创新的十字路口徘徊之际,"独角兽"企业却在短短几年间异军突起,市值高达 10 亿美元以上。它们并不一定是运气好,而是已播下的创新基因的种子如今已经不受时空制约,可以吸纳天地万物之营养,生根、发芽并迅速长大;而同类传统企业,只能叶黄枝枯了。当我们禁锢于技术创新时,市场、模式、管理、资本等全方位的创新已呈燎原之势,摧枯拉朽,对传统形态形成巨大冲击。创新已无国别、民族、肤色之别,无人能置身创新之外;创新也不局限于产品、组织、工艺、群体,每一家企业都是创新主体。创新既要有理念,又要有行动,"知行合一"方能取得成功。

地不分东西,人不论南北,企业不管大小,创新是机遇,是出路,遥远地平线上向我们召唤的事业、成就,只有搭乘"创新号"诺亚之舟才能抵达,对我们每一家企业而言,何以解忧,唯有创新。

创立企业的初衷是为人们提供有价值的、高效益的创新产品或服务,而创业者要有高度的社会责任感,才能栽下企业这棵幼苗并使之长成参天大树。金融资本作为产业的"发动机",要在与产业的创新互动中,确定自己的位置。不管是产业,或是资本,故步自封、一劳永逸终将成为明日黄花,"一部论语治天下,常把汉书挂牛角",已变为遥远的历史了。

在当下快变、多变、巨变的时代,社会正在发生乾坤大扭转,曾经把我们带向成功的经验绝不是再次成功的指示牌。托尔斯泰曾经讲过,"不幸的家庭各有各的不幸,而幸福的家庭都是一样的"。今天,我们也可以讲,失败的企业各有各失败的原因,而成功的企业无一例外是创新的必然呈现。现在创新已和我们须臾不可分离,不论是对企业的发展,还是对个人的成长。

对企业而言,伴随着 40 年的改革开放,我们短缺的、环保的、成本的红利几乎消失殆尽，现在及将来企业的唯一红利就是创新，我们每家企业应该自问：我们的企业存在的理由是什么？同质化的生产经营不是企业存在的理由，而是必然要退出市场的标签，只有为社会提供了与众不同的产品或服务，我们的企业才具备了独立生存的基础。当然，这种与众不同可能是技术的、市场的、管理的，或是商业机会的、组织变革的，今日许多企业的成功经验证实了这一点，而明日企业的成功更是遵循这一规律。当我们专注的产品经营之路越走越窄的时候，那些名不见经传的同行却通过"不务正业"的资本运作上市腾达了；当众多企业在盲目扩张的泥浆中无法自拔时，那些能洞察风云者秉持着"做企业的目的就是卖企业"的理念，连续创业，愈战愈勇；当传统企业都在反馈"融资难，融资贵"时，创新企业却总结经验"费力不融资，融资不费力"；当太多传统中小企业还寄希望于通过"经济回升"延续企业生命时，殊不知，当今通过创新"赢者通吃"的产业格局已经形成。对此，企业要么成为"整合者，号令天下"，要么成为"被整合者，投奔明主"，除此以外，别无选择。

企业的发展、个人的成长都离不开创新，那么怎样才能做到创新呢？王阳明曾讲"驱山中之贼易，驱心中之贼难"，只有树立无界创新理念，才可能推动无界创新行动。所以我们首先要破心中"创新之贼"：在创新的思维中，没有不可能。当然，构建创新的理念，闭门造车，也是无济于事的，诚如夫子所言："多闻，择其善者而从之，多见而识之。"也就是说，要摒弃传统的边边框框，无单位、无所有制的边界，也无区域、行业、国别、民族、信仰之边界，交流、沟通、碰撞、切磋，最终通过创新"为有源头活水来"，实现社会"清如许"。

第三节　战略定位

一、战略的内涵

战略作为企业为谋求长期生存和发展而进行的总体筹划与设计。企业家对克劳塞维茨的战略观、SWOT 分析法、波特的五力模型都已耳熟能详，但是企业对公司战略的定位却是模糊的，为什么理论与实践有如此大的反差？

（1）来源于西方成熟市场体系的公司战略与当下我国更多表现为工厂体系的企业之间的制度的巨大差异，使得以舶来品为主的公司战略内容无法有效解决我国企业面临的问题。

西方公司战略学兴起于第二次世界大战后，它们的产业基础已经由充分自由市场经济进入了寡头垄断阶段，而我国当下市场主体仍然是以各行业成千上万的中小型生产企业为主，此两类企业的发展战略基本上没有共同点。

（2）20 世纪主流战略学理论基本是静态的、产品层面的竞争。

如同那时的军事战略主要侧重于陆军与装甲部队，现在则是海陆空与太空兼备；而今的市场竞争，面对的环境是复杂的、动荡的，自然我们的战略也应该是立体的、动态的。

（3）战略作为我们"从胜利走向胜利的指导用书"，应该是理论与实践的统一体，知行合一。现在主流的战略理论或方案基本上是"食洋不化""高大上"或"假大空"，使得当下我们缺乏战略指导的中小企业主是次次上当、处处碰壁。

那么，当下我们如何进行有效的战略定位呢？

二、战略定位的实施

1. 战略理论与企业实践相结合

20世纪30年代的世界经济危机引发了产业大并购，并购后如何完善管理，提升企业价值，成为一个新课题。1930年，定位于"专门解决企业管理问题"的麦肯锡公司成立，它成为企业战略管理领域的先行者；1963年，专注于"战略咨询"的波士顿咨询集团成立；1967年，植根于欧洲文化的罗兰·贝格咨询公司成立。他们认为，他们是"战略专家而非并购专家"。麦肯锡公司的"关键因素"模型，波士顿公司的"明星类、金牛类、瘦狗类、问题类"四类企业分析法，以及波特的五力模型等内容，构成了企业战略的核心内容。这些内容是企业达到一定规模、管理上升到一定层次后所关切的；而我国当下的市场主体以中小企业为主，这些企业被称为"世界工厂"，还没有完成从"产品生产"向"产品经营"的转型，企业资本理念还是一片空白，所以企业在进行战略定位时，不可能直接套用西方模型，而是既要借鉴战略学理论，更要从我国企业现实角度出发，充分考虑企业自身的现状、愿景及实现的手段，进行恰当的战略定位。

2. 静态设计与动态修正相结合

目前，很多人认为，公司领导似乎只有在每年制定规划时才会去考虑如何制定战略，一旦战略制定好了，并明确了接下来要做什么之后，战略家的任务就算完成了，剩下的工作就是执行规划，维持已经获得的竞争优势，也不必担心公司及外部环境的动态了。

持此种观点的人忽略了一点，即战略不是终点，不是一个解决方案，也不是一个有待于解决的问题。制定战略是一个连续性的过程，它不是僵化的，而是动态的过程，是需要持续完善的。对于公司战略而言，如果企业家认为战略是一个终点，一旦制定出来就不需要调整了，那么，无论这个战略最初构思多么严密，执行多么认真，到最后都有可能是一个败笔。因为这个既定战略中总会发生一些偶然事件，无论是好的还是坏的，总会有需要调整的部分。所以，企业家必须跟踪战略的执行，不断发现新的变化，进行权衡，做出全面修正，然后继续向前推进。耐克、亚马逊这样伟大的企业其战略都是在不断演变的，对于一家渴望长期繁荣的公司，无论既定的战略如何有说服力，目标界定得如何清晰，都不足以作为企业发展的万无一失的指导用书。

3. 专业分析与系统集成相结合

不同专业背景、不同专业能力的机构对同一家企业的战略筹划、设计，却往往大相径庭，这常使企业无所适从。营销专家认为，营销决定一切；财务学教授认为，会计核算是"牛鼻子"；管理学家理直气壮地说，管理是核心；投资银行家则认为资本是万能的：各路专家对企业的诊断无异于盲人摸象。恩格斯曾讲，世界是有机统一的，只是我们认识世界的能力有限，据此才形成了专业分析，而它必然从属于事物的完整性。殊不知，当下许多专家成了"偏家"，手中拿着专业的"锤子"，满眼都是"钉子"，这样怎能有一个客观、全面的战略方案？

4. 外请专家与内化落地相结合

有的企业"勒紧裤带借外脑"，以巨额成本聘请大牌公司进行战略筹划，洋洋洒洒几万字的战略报告，眼花缭乱几百页的PPT演示，叫好不叫座，时常在激动人心的宣讲后束之高阁；有的企业"自力更生谋大计"，组织公司内部优秀人才谋划企业战略，时常出现"医不自治"的情况，把战略规划混同于企业年度报告，就事论事，前瞻性、总体性不够。

所以，企业战略规划制定的过程，就是内外部资源融合的过程，也是向外部不同专业机构、不同领域专家借力的过程。我们众多中小型企业支付能力有限，如果采用"常规"打法，和众多"高大上"的专业机构一样，通过按部就班的合约形式，即使把公司的资产全部折算成咨询费，可能也不够支付。多年来我们辅导中小企业战略规划的制定，在此过程中我们通过"借力"的方式，去专业机构的"企业边界"，首先制定出希望达到战略目标的方案与流程，再按照此流程，直接和不同领域相关专家以不同方式对战略方案进行论证完善，达到了事半功倍的效果，以极小的成本制订出了高水准的战略方案，最后进行持续优化。

第四节　市场定位

市场定位就是企业依据自身的资源、外部环境来确定自己的市场切入点、品牌形象、产品或服务特点，在满足客户需求的基础上获得收益。

那么，企业如何进行恰当的市场定位呢？应该有以下三种类型的定位。

一、领导型定位

成为行业或者品类第一或唯一，是成为行业领导者的必要条件。如果有人问：世界第一高峰的名字是什么？我们会脱口而出：喜马拉雅山的珠穆朗玛峰。那么，世界第二高峰呢？恐怕很少人知道。

第一位在月球漫步者是谁？当然是阿姆斯特朗了。第二位是谁呢？许多人只能摇摇头。

首先，第一家占据你心智的公司是很难从记忆中抹掉的，而"第二"

进入人们心智就难多了，屈居"第二"和默默无闻甚至没有什么区别。所以，要想在人们心智中留下不可磨灭的印记，我们需要的是一个同行业或同品类中没有被其他品牌占领的高地，所以成为第一或唯一是进入客户心智的捷径。

其次，企业成为行业销量、市场占有率或知名度第一，这只是"第一"的"表象"。"第一"的"根本"是，行业标准的制定者、行业资源的整合者、行业研发的驱动者、行业平台的构建者。通过这些"根本"举措，引领行业发展、维护行业秩序、保护行业利益，同时树立行业"带头大哥"的形象，扩展在行业内外的影响力。

最后，"第一"也是动态的，只有不断创新，才有可能保持领先地位。当"可口可乐"还未坐稳行业"老大"的位子，定位于"年轻人的可乐"的百事可乐横空而出，可乐的天下一分为二了；当可口可乐和百事可乐正在"搏斗"时，定位于"非可乐饮料"的七喜攻城略地，"三分天下"有其一了；当个人电脑领域的IBM如日中天时，未料到联想公司又把它收入囊中。所以，持续的变革与创新是保住"老大"地位的必由之路。

二、差异型定位

在战争中，当正面进攻有风险时，可以采用侧面进攻的战术，商战也是一样。在任何一个行业，我们都可以通过市场细分，甚至再细分，划分出一个品类，使你的公司成为该品类领域的领导者或第一名，为公司的发展寻找到突破口。例如，牙膏行业。按性别可分为男用或女用品类；按年龄，可分为老人、成人、儿童牙膏；按药效，可分为美白、去牙垢、治牙龈型；按包装，有大袋或小袋，纸包或铝盒等规格；按人种，又分为黑人牙膏或非黑人牙膏；按气味，还可分为清香型、淡雅型、薄荷型等。通过此类市场细分，最终使你的公司成为某一品类的第一或唯一。

三、从属型定位

在传统理念上，为一个知名品牌公司代加工，即 OEM 是一种典型的从属型市场定位，几十年来，逐渐形成了两大类产业业态：一是品牌的运营商，即领导型市场定位；二是品牌商代工的从属型市场定位。

随着互联网的去中间化、去边界化，企业的组织结构发生了翻天覆地的变化。战略上，"基层单位"不再是企业层层指示的"接受者"，而是自主经营的先锋队；市场上，用户参与的全流程体验颠覆了传统的广告促销；组织上，利益攸关的生态圈颠覆了传统的科层制。产业形态分化为两大类，即生态圈或平台的建设者和平台内容的提供者。大型品牌公司逐渐演变为平台的建设者，众多的中小企业则逐渐定位于平台内容的提供者，即进行从属型定位。

第三章 企业资本时代的路径选择

问题

为什么只要是充分竞争领域,每一家企业都要资本化,都要上市?为什么每一家企业都能够上市?

问题：

1. 为什么只要是充分竞争领域，每一家企业都要资本化，都要上市？

2. 为什么每一家企业都能够上市？

3. 为什么"没有不能上市的公司，只有不懂筹划的老板"？

4. 为什么每一家企业都要在"做大款，傍大款，设大款"这三条路径中进行选择？

5. 是否只有企业经营困难了才考虑并购？

6. 企业如何进行要素资本化？

7. 为什么有限责任公司的组织形式是外部投资者进入的篱笆？

8. 企业如何做到不但形式上上市，更要本质上上市？

9. 为什么有的企业虽然没有上市，融资却源源不断；而有的企业上市了，比如许多新三板企业，却在融资方面举步维艰？

10. 为什么每一个行业，由现在的"春秋诸侯混战"，向"战国霸业"及"秦帝国统一"演化是必然趋势？

第一节　路径选择

前面章节通过对资本时代的分析我们深刻认识到，任何企业都是产品经营和资本经营的双轮驱动。产品经营是表，资本经营是本；产品经营是目，资本经营是纲。二者相辅相成，互为因果。但资本经营绝不仅仅是我们多年来习以为常的所谓"上市""投资与融资"，它只是企业资本经营内涵中的一个表象，一项内容；资本经营应该既是企业的出发点，又是企业的归宿，它贯穿于整个企业的生命周期，它包括公司的设立、定位、战略，中介机构选择与优化，投资、融资、并购、上市，企业形象与市值维护，持续发展与再融资等系统筹划设计和实施。几十年的简单产品生产，使我们成为产品经营领域的行家里手，现在我们面对全新的资本经营领域，本能地有一种无从下手的茫然感。如今，绝大多数中小企业站在进入资本领域的第一个十字路口，面对三条选择路径——"做大款""傍大款""设大款"，需要我们进行权衡与选择。

我们一直在倡导，每家企业都要资本化，都要进入资本市场。有人反问：难道我们全国成千上万家中小企业都要在交易所挂牌、上市？回答是否定的。我们所言上市，不仅指形式上企业在交易所挂牌交易，更主要的是在本质上企业要构建开放与规范的企业运行制度，使企业的股份具备安全性、收益性、流动性，即使暂时没有挂牌，只要有价值，股份同样可以有价转让。即使是企业形式上的上市，也不是千军万马过独木桥，都要单独上市，而是在"做大款""傍大款""设大款"之间进行定位，选择一条适合的路径。

所谓"做大款"，就是企业在本行业或本行业细分市场领域，以以现有的实力或努力以后的实力，可以成为行业或细分市场的龙头。此类企业通过直接上市，进入资本市场，然后融资并购，快速成长，成为行业的整合者、引领者。

所谓"傍大款"，就是在行业内处于中下名次的企业，生存空间受到挤压，以现有的条件很难进入行业内第一集团。此类企业应该和业内已上市或领先企业快速合并，通过"傍大款"的方式实现"间接上市"。

所谓"设大款"，就是各行各业绝大多数的中小规模企业，核心竞争力弱，既没有能力达到"做大款"即单独上市的标准，又因为条件差没有上市公司能"看上眼"，无法"傍大款"，怎么办？我们通过打破原有的企业体制，优势互补，资源共享，把它们有机联合起来，重新设立规范的股份公司，有时也称为联合上市。对它们而言，外部环境更差，生存压力更大，企业成了"鸡肋"，弃之可惜，食之无味。此类企业家，白天信心爆棚，为了企业哪怕是借高利贷也不怕；到了晚上，又不得不筹划怎样成为"张跑路"了。不破不立，企业要跳出自身怪圈，从各自的小天地走出去。将各中小企业的优质资本要素剥离出来，弱中抽强，形成强强联合，共同构建能够经风雨、抗巨浪的航空母舰。

一、"做大款"

"做大款"即单独成为上市公司。

1. 条件

单独进入资本市场、成为上市公司的基本条件是，该企业已经或有可能成为该行业的排头兵，或在行业内名列前茅。这是境内外资本市场共同的条件。比如，我国境内已在主板、中小板、创业板上市的近4000家上市公司，基本上都是各行业位居前列的公司。当然，针对具体一家企业，怎样考察它的行业位置及价值呢？比如，有一家建筑公司，收入不足两亿元，在建筑行业动辄上百亿元收入的同行面前，它要上市，自然难于上青天，但它在专业机构的辅导下，定位于专门为医院手术室进行设计装修的"医院洁净环境的设计运行一体化服务商"，在这个行业它就是"龙头""老大"，不但轻松上市，得到众多投资者的青睐，而且股价也是扶摇直上了。就如同希尔顿酒店，你不一定要建造它，但你是它的运营商或某一服务领域的提供商，道理是一样的。这也是当下我们每个企业由制造业向服务业提升，由重资产向轻资产突破的一条路径。有太多的新药研发企业，它们长于新药研发，但新药研发出来如何高效GMP生产，这就要发挥定位的优势。何不进行快速融合对接？若此，你不再是行走艰难的新药开发商，而是资本市场细分行业的龙头老大，此时，你可以筹划融资，实现上市了。

所以，企业单独上市，不存在一成不变的条件，每一家企业，都要相机而行，因时而变。

2. 核心

作为行业排头兵的企业，在经营好本公司的同时，还要制定行业标准，引领行业发展，整合内外资源，构建行业平台，这将成为企业的另一个核心职能。当然，只有成为上市公司，才有可能具备此方面的能力。现在，商业基本上是两个战场的竞赛：没有上市的公司是上市竞赛，已经上市的公司是收购兼并的竞赛。对于没有上市的公司，如何快速、顺利地进入资本市场，是当下要考虑的核心问题。我们身处变革的时代，许多创新企业异军突起，它们的成功有异曲同工之妙。我们看到有三五个人的核心团队，对行业有着深刻的认知，他们精心筹划，首先找准发力点即市场的痛点，然后将创业者、技术、资金进行有机组合，在此基础上，构建商业模式，制订运行规则，而生产、加工甚至服务几乎全部外包或委托加工，完全是轻资产运营。他们经营的核心，也正是我们多年来一直探讨的企业核心竞争力的 4M 模型体系，即资本模式、商业模式、管理模式与心智模式。通过此"四位一体"的企业运营体系，组织、掌控重资产活动，收到了"四两拨千斤"的效果。我们无法想象，几个发起人，投资额不足 1000 万元，通过轻资产方式，最终企业资本估值几亿元，这是何等的生命力与创造力！反观那些危在旦夕的企业，哪一个不是曾经的"高大上"企业，它们看重的是看得见的有形资产，却轻视了看不见的无形要素。这正如美国未来学家阿尔文·托夫勒在其《财富的革命》中所讲的："只有及时更新我们的财富观念，明白今天创造财富的机制已不堪重负、摇摇欲坠，我们才不至于棋输一着，先机尽失。"昨日成功的经验可能成为再次成功的陷阱，"苟日新，日日新，又一新"，持续成功的基础就是持续创新。

这使我们坚信：好企业是不费钱的，好项目是金额小的。如果一个企业、一个项目，一起步就列出一串购置设备厂房的清单，十有八九不是有前景的好企业、好项目，对此，我们的企业家要反思，我们的投资者更要小心。

3. 实施

由制造业快速向服务业提升转型，最终一切制造业都是服务业的工具与手段，一切的产业都可归结为是"消费者或客户的满意产品的服务商或方案解决商"。美国管理学家德鲁克曾到一家美国电钻厂考察，他反问该企业的老板："你们是电钻生产商？不，你们应该是打洞方案的解决商。"该企业老板猛一听很诧异，随后一想："没错啊，从企业自身的角度出发，我们是电钻生产商，但是我们要从客户的角度出发，每一个客户都是只要结果，不论过程，那我们就是'打洞方案的解决商'了。"实际上,我们每家企业都需要进行这样的角度转变。

企业的轻资产化是一个系统工程,需要环环相扣,齐头并进。特别是在当下,正如法国管理学家常博逸在其《轻足迹管理:变革时代的领导力》一书中所讲,我们所面对的是一个混沌的VUCA世界,即易变性、不确定性、复杂性、模糊性,在此环境中,我们更需要构建自己的作战系统,要有自己的参谋部、烽火台、望远镜、预警机,在此领域,我们绝大多数企业几乎是一片空白。无法想象,许多企业如华为公司,为了完善公司的运营体系,曾支付给IBM高达6亿美元的咨询费,这也从一个侧面体现了商业竞争的本质就是智慧竞争。

在确定了公司的商业模式、管理模式与心智模式后,业务欣欣向荣,市场蓬勃发展,此时确定时机,委托中介机构,上市就是自然的流程了。

二、"傍大款"

"傍大款",即和上市公司或行业龙头合并,间接上市,联合"出海"。

禅修分为三个境界:禅修前,"看山是山,看水是水";禅修中,"看山不是山,看水不是水";禅修后,"看山是山,看水是水"。它既反映了人们认识世界主观与客观的变化,又与人类商业文明发展的三个阶段不谋而合。在过去物质高度匮乏的时代,主要是解决人们的生存问题,生产出来的产品都有需求,作为客观因素的产品决定了人们的主观需求,那个时候,"看山是山,看水是水"。后来,物质的丰富使我们对各类商品有了选择,客观的好产品与消费者的认知产生了差异,好产品不一定卖出一个好价格,品质一般的产品却可能畅销,这时候,"看山不是山,看水不是水"了。现在,在商业领域,产品同质化,国家实行供给侧改革,目的是压缩、优化产能。目前,重要的不是你的企业是否生产出了好产品,关键是消费者是否了解、认可你企业生产的这个产品。资本领域也是一样的，投资者的认可度是判断企业好坏的唯一标准。好产品、好企业不再是客观的，投资者、消费者的审美标准才是我们的奋斗方向。在产品领域，消费者永远是对的；在资本领域，投资者永远是对的。所以，这时候，"看山是山，看水是水"了。这时的境界"山是我眼中的山，水也是我眼中的水"了，好产品是消费者眼中的好产品，好企业是投资者眼中的好企业。

所以，商业的核心是如何从产品同质化的"红海"中脱颖而出，成为同行里面"万山红中一点绿"，你的产品只有被社会了解认知后，才能发生交易。

如果问：你记得几种牙膏的品牌？你记得多少种手表的牌号？没有一个人能记住10个以上的牌号。心理学家有个研究，每个消费者心中能容纳的同类品牌数不会超过7个，所以，一般情况下我们只能记住三五个品牌。

目前，我们的产业是基于短缺时代的分布，殊不知，社会已经发生了翻天覆地的变化，没有哪一类品种、哪一个行业是处于垄断位置的；同时，随着工业4.0、3D打印等工业自动化的快速推进，不存在哪一类批量的或普适的产品不能生产的障碍，未来市场发展的趋势是，每个细分行业或者每个产品品类领域，只能容纳3~5家优势企业，这3~5家企业一定是在品牌、运营、资本等领域具有独一无二的优势，是消费者用货币、投资者用股权选举出来的。

分析当下国内的产业情况，每个领域都有成百上千，甚至成千上万家中小企业在进行同质化竞争，这使绝大多数企业只有"刀片一样薄的利润"，更多的企业在生存压力下，获利的方式令人汗颜：套政府补贴，套科研经费，钻环保空子，等等。几十年前为了生存，我们创业办企，甚至不惜戴上"无奸不商"的帽子；现在，我们的民众都已基本解决了温饱，都在追求有尊严的生活，而我们这些被称为"社会脊梁"的创业者，怎能抚慰自己的良知？怎能正对社会的拷问？唯有小溪归大海，小船靠大船，通过并购，借船出海。

1. 条件

能整合别人，是一种能力；被别人整合，则是一种价值。我们只有"有价值"，才能吸引别人的眼球，也才有可能傍上这枚"大款"。现在的资本领域，并购风起云涌，已成为一道耀眼的风景线，百溪归川，海纳百川，势不可当。那么我们企业的价值是什么呢？是土地，厂房，设备？如果一家企业只有这些重资产，那它几乎是无价值的，你能购置这些资产，竞争对手也可购置，何况企业现有的这些资产基本上是"货到船头死"，再加上自身的功能贬值、价值贬值、技术贬值，企业最后留存的这类重资产几乎是"废钢烂铁"。如同我们搬家，家中十年前的一台上万元的索尼电视机要淘汰，收废品的人连10元钱都不愿支付；就像一个艺术类公司，要收购一个乐团，绝不是看中了那个乐团手中的各类乐器，而应是乐团的组织、体系、内容等"无形资产"。具体来讲，价值点主要有以下几个方面。

（1）创造性。每一个"大款"企业即并购者在商业的马拉松竞赛中，每时每刻都在盘算，某项业务或职能由本企业投资独立执行合适，还是通过并购由他人完成适宜。如果只是简单的购置设备、招聘员工就可完成的职能工作，它大可不必费心费力，和别人洽谈并购；之所以要和别的厂商谈并购，这个被并购者一定是它"力所不及"的企业，即该企业一定在管理、研发、市场等领域有自身独特的价值，"大款"企业只能通过支付"高溢价"、采用"拿来主义"，来增强自身的核心竞争力。现在，资本市场每天上演的"并购大战"，一些看起来"家大业大"的企业却估值很低，甚至无法纳入"大款"法眼，无人问津；

而一些按传统理念经营，人员少，成立时间也不长的公司，甚至是亏损，居然并购的估值能到几亿元，甚至十几亿元。当我们"大跌眼镜"时，市场已经通过"资本投票"的方式，告知我们未来的趋势。

（2）规范性。相对于一个直观的商品而言，企业是一个"黑箱"，它的规模大与小、经营好与坏，甚至能否创造价值，都很难通过表象一眼看透。正因如此，虽然商品交易之间有欺诈，但各国不必大动干戈成立"商品交易监督管理委员会"来主持公正；但无一例外，有证券交易的国家，一定有证券交易监督管理委员会来监管证券交易活动。对于一家企业而言，能否被并购方相中，核心是该企业经营是否透明、规范，价值观能否和它吻合。具体而言，包括以下几点。

第一，财务透明、真实。如果我们的企业有"三本账"，收购方及外部投资者怎会知道哪本账是真实的？诚如美国前总统罗斯福所讲"我们不但要让人们知道我们是诚实的，而且要让诚实成为我们的代名词，即要无条件、绝对地诚实"。对一家优秀企业又何尝不是？

例如，我们曾辅导一家牛羊养殖企业和上市公司对接，进行并购洽谈。虽然这家养殖企业的牧场及牛、羊品种都不错，也有一支有效率的运营团队，我们也帮助它和多家对畜牧业感兴趣的上市公司撮合，但是没有一家能下定并购的决心，原因就是该企业财务薄弱，没有相互印证、支撑的财务核算体系，一些账务数据靠感觉、估算。如果一家上市公司对它感兴趣，难道会在企业收购报告书中出现"根据被并购方董事长的回忆，曾发生过哪一笔交易……"资本市场"不相信眼泪"，它只以规范的财务为基础，所以企业资本化时，都需要审计报告。

第二，管理合法、合规。对于任何企业来说，合法、合规是生存的首要条件。一个公司，若存在合法性的瑕疵，也就意味着这枚非法的"炸弹"随时会爆炸，哪家上市公司敢对你青眼有加？所以，"合法、合规"是任何一家企业的高压线。

第三，业务流程合理、科学。并购的目的是追求并购的潜在收益，并购前的数据只能代表过去，那么什么能预示未来呢？未来带有不确定性，由流程控制结果，只有通过固化原来能带来利润的流程，才能预期未来能创造的价值，并在此基础上进一步优化。所以，业务流程合理、科学，是并购后创造价值的基础。

（3）协同性。并购的最大魅力是产生协同效应，是"1＋1"远大于2。如果把并购方比作"乐团"，被并购方比作"专业演奏队"，如何使一个交响乐团奏出"最美乐章"，对"乐团"和"专业演奏队"都是一个极大的挑战。对"乐团"即并购方来讲，核心是有一个清晰的定位，知道将来要呈现出什么乐章，才有可能找到"基因相配"的乐队；对"专业演奏队"即被并购方而言，核心是在擅长的领域拥有"不可替代性"，这样双方就有了选择权与谈判权，也就有了并购的基础。

2. 核心

近年来，在资本市场并购个案精彩纷呈，在社会资本化的大潮中露出了冰山一角，其间潜流涌动。每个行业的竞争势态由充分竞争向产业快速集中急速演变，没有世外桃源，也没有"中立国"。每天，都是"苏秦""张仪"式的投资银行家在进行合纵连横，对每一个中小企业来说，谋定而动、相机而行，找到出路与"靠山"才是必由之路。目前市场竞争压力加大，外部环境不甚宽松，各界纷纷对2020年以后的经济进行展望预测。我们的企业可以算这样一道题：假如，2019年我们的企业有8000万元的收入，1200万元净利润，如果和上市公司并购，按16倍市盈率计算，我们可以按2亿元的估值进入资本市场。虽说是估值，但那是随时可以流动的真金白银，它远远大于企业没有流动性的资产规模。反之，如果我们仍然要追求独立王国式的作战模式，几乎可以肯定，5年后就会收入下滑、企业亏损，此时如果再有负债，假如按清算价来估值，没有一个企业是有价值的。所以，现在是否选择并购，就有可能是在现在的2亿元的价值和未来的零价值间选择。对于中小企业，并购的时间窗口不会超过今后十年，拖得越久，越没有价值。当然，并购不是企业摆脱困局的唯一的路，但是面对每况愈下的业绩，也有很多企业懊悔没有早一点走并购之道。所以，当下对我们每一家企业，转变观念，早下决心，抓住机遇，顺势而动，不论是做大款单独上市，还是傍大款间接上市，都是刻不容缓的。

3. 实施

（1）打破传统的思维模式，冷静分析现在所处的产品市场及资本市场的外部环境，自主掌握命运，寻找出路。

不是某些"专家"所鼓动的企业不分条件地朝前冲；不是在各级领导重要指示下形成的企业目标；不是银行家给你能争取到的"货款额度"；当然，也别指望投资银行家会给你"仙人指路"，帮你统筹规划。你想要资金，没有人替你拿捏，这笔资金会成就你，也许会毁掉你，你拿到资金却可能付不起佣金。对"投资银行家"而言，仅仅是一桩买卖。他们给你的"仙人指路图"，有可能把企业导向光明，也可能引入绝境。不同的机构、不同的"专家"，角度不一样，价值观有差别，结果不能一概而论。只有我们企业家自己谨慎判断，才能把握自己的命运。

怎样判断？"多闻，择其善者而从之，多见而识之"，"不唯上，不唯书，只唯实，交换、比较、反复"，特别是当下对中小企业家来说，资本市场是个全新的领域，只熟悉产品市场是不够的。怎么办？只有放下架子，清空自己，当好小学生，才能适应新的工作。

（2）在判断的基础上，寻找市场的兴趣点。寻找兴趣点是指寻找资本市场的需求点。先找到市场需求点，然后确定我们的企业要有什么"长相"（自身实力）才能满足这个需求点。当然，不但要有"长相"，还要有"卖相"，才能待价而沽啊。

（3）在对自身有了清晰判断的基础上，有了"长相"和"卖相"，之后选择一个好的"媒人"就很重要了。对于这个"媒人"，不论是投行，还是咨询、服务机构，不但要观其言，更要观其行，不但要委托，更要有"监理"，这样才能形成制衡机制。

三、"设大款"

"设大款"即几家企业抛开原有公司的体制，基于某一产品或服务或某一社会痛点，将生产要素重新组合，新设一家股份公司，进入资本市场。

1. 路径

现在，绝大多数中小企业的 DNA 就是，当年痛下决心，土法上马，草创企业，单打独斗，以至今天仍然停留在草台班底阶段，脱离不了"夫妻店""父子兵""亲友团"这样的资源内循环体系，利益点仍然是聚焦于产品层面。家族成员在公司时常是"铁路警察"，各把一段，在公司的采购、销售、财务等各部门形成了不同的利益格局。在早期，产业利润率较高时，这样的利益分割所带来的管理摩擦成本加大以及效益跑冒滴漏，没有给企业带来致命的影响；而现在，由于这样的原因轰然倒下的家族企业比比皆是。

同时，众多的中小企业几乎没有运行高效、激励与制衡兼容的公司机制，在税收、财务、法律、出资等方面存在难以治愈的硬伤，规范难度大，成本高。对此类企业，超越或打破原来的公司体制，使几家企业联合起来，重新设立规范的股份公司，应是一个可选择的路径。

主要有以下几种方式。

（1）以某一个公司为主体，对该公司进行评估、审计，基于新公司的定位目标，再接纳相关的生产要素，包括团队、技术、专利，或土地、设备，共同组建新公司。

（2）确定了新公司的目标后，多家企业在目标公司要求的基础上，将团队、资金、技术等各要素优化组合，形成优势互补，以此设立新公司。

（3）不局限于企业的分布结构，也不局限于某一个或某几个联合发起人，找到市场痛点、反复打磨商业模式后，可以在广阔范围内寻找相关合伙人，包括资金的投资者、技术入股者、设备的投资者或租赁者，以及服务者，形成该领域的"梦之队"，以此作为进入资本市场的载体。

2. 条件

"设大款"的条件包括以下几个方面。

（1）筹划，设计先行。现在，到处是机会的好日子只能成为我们的美好记忆了。变中求变，动中寻机，将会是企业今后运行的新常态。群策群力，集思广益，心有多大，舞台就有多大。好的大楼是设计出来的，好的企业也是设计出来的。只有我们"胸有成竹"，才能画出美竹。

（2）有格局的组织者。组织者不只是为了自己的企业利益，甚至把自己的企业抛开，组织各方，共同打造，设立具有开放、共享、规范 DNA 基因的生命体。

（3）只有形成"志同道合，血型匹配，力出一孔"的公司结构，才能为今后的发展奠定良好的基础。

3. 核心

"设大款"的核心工作包括以下几个方面。

（1）优质资源的聚合化。独木难成舟，正因为如此才需要把每个企业最有价值的要素抽离出来，贡献给这个"大家"的公司，以推动新公司的茁壮成长。

（2）从根上杜绝"同业竞争""关联交易"。许多企业热衷于打听相关"政策""规定"，实质上任何一家公司，大股东或者核心管理人员的天然高压线就是杜绝此两点，也就是要免除瓜田李下的嫌疑。因为任何的"关联交易"或"同业竞争"都存在可能的利益或机会输送，损害到中小股东的利益，所以，提前规范及梳理就显得很重要。

（3）要从产品价值的获利导向转为资本价值的获利导向。越是在意产品层面的获利，越是可能造成企业运作的不规范，因为许多企业在不规范的运营中，会产生许多财务漏洞及利益的截留点，这也造成许多企业上市之前就已千疮百孔，无法再规范运作。正因如此，新公司设立后，一定是穿新鞋走新路，在规范运作的基础上企业上市。通过上市，资本市场就会赋予规范公司高的溢价。

4. 实施

"设大款"的具体实施，包括以下几个方面。

（1）树立资本思维理念，彻底跳出产品思维模式的羁绊。各自为政、势单力薄的中小企业，在抵抗社会资本的上市公司时，是毫无招架之力的。如同积贫积弱的旧中国无力抵抗西方列强的"洋枪洋炮"，还没来得及拉开架势，西方列强就已经打开了中国的大门。在商场上，产品经营就像冷兵器，而资本就是现代商业竞争的洋枪大炮。

（2）要有"打碎旧世界，建立新世界"的勇气。打碎和现代公司体制格格不入的原有企业的旧体制是有风险的；但不打碎阻碍公司发展的旧体制，风险可能更大。我们一味谋求安逸，反而不得安逸；追求变革的过程，看似有风险，实则是风险规避、机遇搜寻的过程，最后却把风险化解了。

（3）要当自己的"投资银行家"。在"设大款"的过程中，要干中学，学中干。从来没有什么救世主，要靠就靠我们自己。自十九世纪末开始，推动美国转型升级的"投资银行"，实质上它们既不投资，也不银行，那是什么呢？是服务。是这些投资银行家，把客户当上帝，和客户心连心，在成就客户、协助客户的过程中，实现了客户的目标，也实现了自己的梦想。西方投资银行有一句名言："一家投资银行的大小是以它的客户为衡量尺度的。"但在我国，行政管制下的投资银行的银行家们行为准则的核心是取悦于使他们能安身立命的特许经营权的颁发者，在某些方面几乎是行政监管的代理者。这些投资银行家，在不同公司牌号下面，基本上都是"个体户联合体"，有时迫于生存压力，他们游走四方，替企业筹划、为企业融资，我们把他们看作是现代版的苏秦、张仪。在公司的发展中，我们不能一味依赖他们来提亲撮合，我们应该自己武装自己，主动走出去，请进来，我们给自己"提亲说媒"，做自己资本化的投资银行家。

第二节　路径优化

一、要素资本化

　　对于"要素"这个概念，我们可以这样理解。在课堂上，老师有时发问："今天中午，我们去食堂就餐，不管是米饭还是馒头，它们是怎样来的？"有的说是农民种的，有的说是地里产的。老师说："'粮食'这个儿子，正如马克思所说'土地是财富之母，劳动是财富之父'，是由'土地'母亲和'劳动'父亲所生，那么土地和劳动就是农业生产要素了。"

老师又随手指着讲台上的麦克风及茶杯问："它们是怎样来的？"自然，大家意见比较一致，它们是通过设备、原料、资金、管理、劳动等生产出来的。

老师又接着问："我这一天的课，也是一项服务商品啊，你们交了学费，我怎样才能提供好'一天教育'这个产品呢？需要哪些要素？要优质地提供给大家'一天教育'这个服务产品，它自然需要我的授课劳动，同时还需要我具有一定的专业知识，懂得讲授技巧，还需要教室及配套技术，学校管理，学校建设所需要的大量资本，等等，它们就是各项要素啊。"

如果脱离农业、工业、服务业的具体形态，我们能否找到社会共同的创造财富的源头，即共同的生产要素呢？

党的十八届三中全会提出全面深化改革的总目标，让一切劳动、知识、技术、管理、资本的活力竞相迸发，让一切创造财富的源泉充分涌动，让改革成果更多、更公平地为全社会所有。怎样才能迸发并涌动？只有劳动、知识、技术、管理、资本等生产要素资本化，可量化、可交易，在快速优化配置中才能使活力、财富"迸发并涌动"。所以，劳动、知识、技术、管理、资本就是生产要素，是财富之源泉，它们的有效组合，就是财富的源头活水。

现代创新学的鼻祖、美籍奥地利学者熊彼得在其1912年出版的德文版《经济发展理论》一书中充分论述到，不论是产品创新、技术创新，还是市场创新、管理创新、组织创新，创新就是"生产函数的重新建立"或"生产要素之新的组合"。

从静态角度来看，不管是农业、工业还是服务业，实体产品或服务产品，都是由有形资产（如土地、设备、劳动力）和无形资产（如技术、专利、管理能力等）二者的结合而创造出来的，今天是否也可以讲："有形资产是财富之母，无形资产是财富之父"？

正如一项商品或服务，表达形式或一块手表，或理一次发，只有货币化了才能形成统一的度量衡，用货币这一统一的语言反映出价值，才能进行买卖、交易，也才能形成商品市场。

同样，在要素市场领域，一块土地，一支队伍，一台设备，几个人的管理能力，一项发明，它们怎样交易？它们不是生活资料，可以用作衣食住行，它们是生产资料即财富之源，只有用生产资料领域的"货币"即"资本"来进行计量、作价、交易，实质上，这就是我们讲的"资本化"了。

资产和资本在静态中应该是同一生产资料的两种表达方式，资产更多是它的物理属性，如一台设备，资产形态主要为功能、作用、使用方法等；而资本，表达的是它的金融属性，如评估值是多少，一股价值是多少，它在公司占多少股份。

当然，资本更多是资产的动态概念。资产主要追求安全性、收益性；而资本，在此两性的基础上更关注流动性，企业是否上市，即企业的资本是否具有了流动性。

所以，多年来我们一直大声呼吁：正如商品市场领域都已货币化了一样，生产要素领域同样亟须资本化，不论行业属性，不分企业大小，也遑论企业禀赋，资本化是必由之路。

在这一资本化大潮中，有形资产这一"财富之母"的作用占比急剧下滑，而无形资产这一"财富之父"的作用与占比急速上升。诚如生物学领域的"试管婴儿"，使得对母体的依赖性越来越弱。在"要素资本化"过程中，这样成功的案件俯首皆是。

从国家立法角度看，这一思路非常清晰。1993年颁布的《中华人民共和国公司法》（以下简称《公司法》）中规定，在公司设立中，无形资产占公司出资比例不得超过公司总股本的20%，以后，在对中关村等高新技术区的特殊授权中，又规定不得超过40%。现在，最新《公司法》规定，在新设公司中，货币出资不低于30%即可，也就是无形资产出资最多可以达到70%以上。这是多大变化啊！

在实践中，以人为本的"无形资产资本化"正在成为新的财富之源。不论它的呈现方式是一项技术，一个创意，一项高效组织力，甚至是一位明星，一个领域的高手，它们是资本的掌控者、决定者，这也是我们一直强调的，能把"能人"聚起来的社会关系资本是最高层次的资本，人力资源资本是核心资本，物质资源资本是基础资本。试看未来的商业，必将是人本的世界。

盛邦惠民咨询公司是由IBM、SAP、北京大学等全球、全国知名的咨询、教育机构的资深专业人发起的，旨在打造一个"中小企业高端智慧服务系统集成商"，致力于"天下没有难办的企业"，采用O2O模式，虽然刚起步，但已经在全国形成良好反响。它不是我们传统意义的"资本雇佣劳动"模式，更准确地讲是"劳动雇佣资本"，即北大、IBM等多位资深的专业人士作为核心发起合伙人，在少额出资基础上占主导作用，是公司的大股东，而出资方虽然出资多却是小股东，在这样要素高效匹配的基础上，使每个创业者身上蕴藏的无穷潜力释放出来，发展的速度远远超出当初的设想。

在工业领域，中关村的多家创新企业虽然成立不久，但几乎都是轻资产模式及合伙人制度，或者自己投资，或者投资方处于从属地位，与传统企业的老板指手画脚、员工俯首听命正好颠倒过来了。创业者采用"世界就是我的加工厂，世界就是我的研发基地"的模式，将自己最擅长的那部分核心业务做到极致，其他业务都是以委托、代工、分包、合作等形式交给专业人士做，快速地形成"全球要素新组合"。

用传统思维模式，我们怎能相信，几个人，几百万投资起步，利用两年多的时间，居然能获得几千万元利润，形成近10亿元的资本估值。

十多年前，有许多大型国有企业拥有"高大上"的"加工中心"，一台机器价值上亿元，关键是它几乎是"万能的"，车、磨、刨、铣功能齐备。在当时，人们看上几眼都觉得信心满满，但多年过去了，此台设备何在，该企业何在，甚至就是因为此"神器"的高昂成本，加速了企业的衰败。

二、资本公司化

在自给自足的原始社会，没有分工也就没有交换，即使有易货型的交换，依赖的主体是以血缘为纽带的家庭；封建社会所出现的小工业生产者，虽然有了分工基础上的交换，但受地理条件制约，几千年来，基本上都是"五里不同俗，十里不同习"，所以，商品的生产与交换基本上是在有限范围内进行，风险可控而且有限，依赖的主体是领主或庄园主支配下的小作坊。

以蒸汽机为代表的工业革命，使人们的活动范围得到了空前扩展，特别是"新大陆"的发现，拉开了世界经济一体化的序幕。面对突然出现在人们面前的这个无垠市场，连英国、荷兰等国家的皇室也感到力不从心，何况一些财团。同时，市场的不确定性及非可控性使资本家暴富，又使他们暴贫，在"天堂"和"地狱"之间轮转。他们不得不反复拷问：难道不能创造出一个"在人间"的组织形式？既能聚众人之力，又能使风险和收益达到平衡？股份化的公司形式便应运而生了。所以，我们把蒸汽机称为工业革命技术上最伟大的发明，同样，也可把股份制称为工业革命制度上最伟大的发明。股份制有两大特点。

1. 生产要素的聚合性

面对广阔的变幻莫测的市场，只有人力、资金、管理、技术等各类生产要素形成高效合力时，才有可能在市场上有立锥之地，也正因为股份制的聚合效应，使人们在不断开拓人类商业地域新疆土的同时，也在开拓人类商业文明新疆土。我国改革开放初期，我们去欧洲考察，曾有领导人总结到"西门子公司不属于西门子家族，奔驰公司也同样不属于奔驰家族"。起步时以某一家族为主发起的股份公司，经过上百年的股份社会化的蜕变，早已进化为社会化的公司了，公司的家族名字只是一个代号了。

2. 风险收益的有限性

在公司制以前的商业运行中，由于商人"公私不分"，虽然可能会享受全部收益，却使每一个投资者都背上了"无限风险"的十字架，这也无形中增加了社会中不安定的因素。"公司"这种组织形式，则在"公"和"私"之间设置了一道防火墙。但是，反观我们当下许多中小企业，虽然有"公司"之名，却无"公司"之实，公私不分，把公司作为自己的"小金库"，从严格意义上说，这是违反《公司法》的行为。

从全球视角来看，公司的主体形式是有限公司，包括有限责任公司和股份有限公司；当然，对特殊行业，比如会计师事务所、私募股权基金，又有无限合伙或有限合伙这类合伙制企业。此类采用合伙制方式的企业，主要针对单一要素的结合便可进行商业运转，比如，会计师事务所、律师事务所主要采用无限合伙制，主要是"入伙"，通过无限合伙制，可以给合伙人更大的压力，使他们坚守职业操守，但毕竟是劳务收入或风险，这些风险是可测控的。私募股权基金，时常采用有限合伙制，因为只是单一的资金合伙，它们的管理者一般还是有限责任公司形式。所以，我们时常说的公司基本指有限公司，在我国的《公司法》中，也是这个内涵。

有限责任公司是公司的低级形态,从管理运行的角度看,相对比较简单,适合于初创公司或小公司;而股份有限公司是公司的高级形态。公司要对外释放股权或上市,成为公众公司,它的制度基础必须是股份公司。依据我国《公司法》,从注册资本来看,有限责任公司的最低注册资本是10万元,而股份有限公司的最低注册资本是500万元;从管理角度来看,有限责任公司不必有董事会及监事会,而股份有限公司则要求必须建立完备的股东会、董事会、监事会、经理层,以及权利责任清晰、相互协作制约的管理体系。当然,这只是大致的区别。它们两者最主要的区别是内部性和开放性。《公司法》规定,有限责任公司发起人是50人以下,而股份有限公司的股东人数即股东上限为200人。假如有限责任公司的股东要转让股份,首先要经过同一公司其他股东的同意,同时,在同等条件下,其他股东有优先受让权,即股份转让是受限的;而股份有限公司的股份,只有发起人有一年的禁售期,其他股东包括发起人,一年禁售期满后都可以无条件地自由转让。

多年来,我们看到很多有限责任公司形式的企业它的融资计划很难实现。道理很简单,投资者对你的公司投资以后,倘若跟你的公司合不来,想转让股份还要经过你的同意,所以,你的企业再好,也很难融到资金。

事实上也有有限责任公司融到资金的案例,但它只是在融资时的暂时组织形式,在投资时企业一定会给投资者做出承诺:改制为股份公司,定出上市的时间表。我们不但要看公司的形式,更要看到公司的本质。

三、公司股份化

有限责任公司是公司的初级阶段，企业要成长、发展，必然要改制为股份有限公司，股份有限公司应该是企业的高级组织方式，从一般逻辑上讲，所有企业都要变革为股份有限公司。根据调查，目前 80% 以上的企业是有限责任公司，而股份有限公司基本占比不到 20%，这不足 20% 的股份有限公司中，只有一小部分符合《公司法》认可的 500 万元注册资本以上的标准，其他的只是换了一块牌子而已。比如，"江西×××有限责任公司"改换为"江西×××股份有限公司"，只是交换了一下名称而已。实质上，自有限责任公司变革为股份有限公司，那是企业的一次自我革命，是凤凰涅槃。但对当下的大多数中小企业，它的股份化改制只是一场虚假的"革命"。

现代版的企业"革命"的推动者，他们是×××公司的专家，是投资银行家了，他们把电脑中储存的公司改制方案，换个公司名称，提交给企业，再将"×××有限责任公司"的牌子换为"×××股份有限公司"，厂长改口叫董事长，总会计师改称 CFO，如此公司如何能发展。每一家企业"伤筋动骨甚至头破血流的改革方案"，一定是在对企业体检、化验的基础上，综合"会诊"以后的产物。千篇一律的"配方"不是方案，但我们也不能就此无动于衷，要敢于迈出股份公司这一步，在这个过程中，设立股份公司的红线是必要的。

1. 股东的多元性

我们见到许多股份公司其外在形式是股份制，但其内里依然是"夫妻店""夫子兵""亲友团"，实质上是换汤不换药。企业这个生命体，怎能容忍不间断的"近亲繁殖"？只有大开，才能大合；只有杂交，才有良品。企业只有把天地之间有能力、有技术、有资源的各要素，以股权为纽带吸引进来，有技术的出技术，有管理的出管理，才能真正创立现代意义的股份公司。

2. 财务的透明性

股份公司，从它设立的那天起，它就姓"公"了，是股东的公司，是社会的公司，虽然原公司的创业者成为新公司的董事长，但自此以后，一定要"公私分明"，公司利益高于一切，管好自己以前习以为常的在公司"乱动"的手，也绝对不应出现"三本账"。任何一家企业要进入资本市场都要有审计报告，这是自外部对我们财务透明的监管。现在办企业绝不是我们初创时的愿望——一种生存的方式，它是我们事业的载体，惠及社会的工具，承载着社会责任。因此，账务透明是一个股份制企业立足的根基。

3. 运行的合法性

对企业而言，有两条红线：第一条是国家的红线，它确定了企业运行的外部边界，包括《中华人民共和国公司法》《中华人民共和国证券法》《中华人民共和国税收征收管理法》《中华人民共和国环境保护法》等；第二条是公司章程，它确定了企业内部运行边界，是企业内部的"宪法"。此两条红线，都要重视，不能偏废。当下，许多企业对国家法律比较重视，但总觉得公司章程是形式，所以在公司设立时，时常是"照猫画虎"，把别人家的"章程"拿来，草草制订出自己的章程。如此制订出的章程，怎能作为公司运营管理的依据。为此，每一家企业在制订本公司的章程时，应遵循以下几个要点。

（1）合法性。公司章程要符合相关法律。

（2）合规性。公司章程要符合国家相关部委、地方相关部门的规定。

（3）合理性。公司章程要合理。一般来讲，合理的必是合规、合法的。市场经济是动态的，而法律、法规在一段时间内是静态的。

一般来讲，法律、法规总是滞后于商业创新活动，所以对于许多创新商业活动，基本上遵循"法无禁即可做"的原则。当然，它应建立在合理的基础上，同时，由于法律、法规是静态的，甚至是过去时的总结，当出现合理却不一定合规或合法的情况时，企业不必沮丧，可以据理力争，和立法、执法或监管部门充分沟通，最终会取得满意的结果。

（4）合情性。商业文明发展史，就是一部人性解放史。越是伟大的企业，越是闪耀着人性的光辉，我们推动商业文明进步，最大的价值应该是促成劳动者自我价值的实现。所以，应该让我们的公司充满温暖，让人性的光芒照耀到企业的每个角落。"合法"是底线，约束我们避免走入陷阱，而"合情"则是广阔的蓝天，让企业处处充满温情。只有点燃蕴藏在每一位创造者身上的智慧，才有可能开拓企业广阔的未来。

4. 收益的保障性

我们常讲，资本有三性，即安全性、收益性、流动性，前面我们强调的"账务的透明性及运行合法性"，实质上这两点就是为资本的安全性提供保障，安全性是任何有价证券的第一诉求。我们经常提到一个笑话：一棵树上有十只鸟，打下一只鸟，还剩几只？回答"还剩九只"。资本也是一样，一家企业如果使投资者产生不安全的感觉，这些投资者会纷纷夺路而逃，于是引发资本市场的"蝴蝶效应"。"股东的多元性"是收益的基础，在此更要强调"收益的保障性"。因为股份不是消费品，不能吃，不能用，而股东追求收益是天经地义的，只有创造价值，才能给股东以回报，所以为股东创造价值是任何一个股份公司永恒的追求。也正基于此，任何一家股份公司的最高权力机构即股东会都在权衡：公司是单独运行还是与其他企业并购，怎样才能更好地为公司带来价值？是由当前这个团队经营，还是另行聘请团

队,哪一个更高效?这使得任何一家企业永无松懈之时。为此,对我们中小企业来讲,应做到以下两点:

(1)树立股权至上的价值观。许多企业虽然已是股份公司,但是对中小股东的利益漠然视之,不倾听中小股东的诉求。要知道,打下树上一只鸟,树上所有的鸟都会远走高飞。

(2)构建"股权信誉"。在以间接融资为主的金融体系中,企业主要以银行信贷为主,所以银行常对那些"有借有还"的企业颁发"银行AAAA信誉牌"。那么资本时代,在以直接融资为主的金融体系下,人们"口口相传"的股权信誉就显得更重要了。

前面,我们通过分析股份的透明性与合法性来保障资本的安全性,通过分析股份的多元性与保障性来实现资本的收益性。怎样实现资本的流动性,就需要股份证券化了。

四、股份证券化

如果问"什么是证券市场?"大家会面面相觑。如果问"什么是农贸市场?"大家会脱口而出:"那不就是农产品买卖交易的场所吗?"二者都是市场,而市场是平等的。我们不必把我们每天参与的农贸市场当作"下里巴人",而把我们有些生疏的证券市场想当然地认定为"阳春白雪"。之所以把证券市场神秘化,是因为我们接触到的证券服务机构,专家云集,有着高深的操作规范。它不像企业,有场地,有厂房,可触可感。

本质上,证券市场就是企业股份转让的"农贸市场",和农贸市场相比,只不过交易的品种不一样,其性质是一样的。纳斯达克有一句名言:"任何企业都可上市,时间会证明一切"。证明什么呢?证明它必须是"有价值的证券",否则只能兴高采烈地上市,灰溜溜地退市。农贸市场不就这样吗？黄瓜、土豆都可上市，当然它有"食用价值"，人们才会购买；如果质次价高，菜农也得把它拉回去，退市啊。

现在市场化程度较高的新三板不就是这样吗？基于此，我们总结出三句话。

第一句话：每一家企业都需要上市。

上市的好处：赞歌。企业上市的好处不外乎：自企业角度，可以为企业融资，建立企业规范的运行制度，提升企业知名度，等等；自政府角度，可以增加税收，转变金融结构，以及为国有企业脱贫服务；对资本投资者及服务者而言，多一家上市公司，多了一个投资品种，也多了一块服务佣金。

上市的疑虑：风险。资本市场经过几十年的破冰之旅，现在已经走在阳光大道上，那么为什么仍有一些企业对资本市场敬若神明，敬而远之？

（1）担心条件不够。中小板、创业板与主板市场以审核制为主，是有硬性门槛的，但也不是高不可攀。为什么有的企业觉得"上市难，难于上青天"，而有的专业人士总结经验"没有不能上市的企业，只有不懂筹划的老板"？究其原因，是对企业上市认识不足，担心企业上市条件不够。

市场化程度较高的新三板几乎是来者不拒，它遵从了资本市场的一个基本准则："不存在什么救世主，能为我们中小投资者把关的，唯有市场"，甚至多家既无利润也无收入的公司也挂新三板了。当然，我们不是鼓动大家明天就去新三板挂牌，只是说明：在资本领域，"天下无难事，只怕有心人""恐惧本身比恐惧更可怕"。

（2）担心成本太高。企业上市，担心的成本主要有两块。

第一，税收成本。我们非常清楚，随着外部环境压力的加大，企业为确保利润,会想尽一切办法压缩成本,节税、避税甚至漏税、偷税。对企业来讲,要严格缴纳6%的营业税、17%的增值税、25%的公司所得税,若分红再缴纳20%的个人所得税,股东最后得到的税后利润和企业的纳税额差不多。对企业来讲,是不小的压力。很多企业的董事长,一提税收就直摇头。我们也理解他们的苦衷,但是公司要良性运行,必须在法制的轨道下。我们的企业为了上市,不能偷税、漏税,更不能在"江湖郎中"的忽悠下,盲目缴税,一定要设计先行,统筹规划,让税收与企业良性发展并行。

第二,规范成本及各机构的服务费用。对于由于规范运行而产生的各种成本,如员工的"五险",作为一家有责任的公司理应承担。企业资本化的过程就是自封闭走向共享的过程,企业越发展,越需要和各类的机构合作,服务费的支出是必然的。对于这笔费用,我们需要"货比三家",在反复比较、沟通中,确定我们所需要的资本服务,进而确定为我们提供资本服务的专家、机构。很多企业上市后,回头计算,并没有太多的上市成本,这让我们意识到,资本动作用的是巧劲儿,不是拼蛮力。

(3)受到市场恐吓。资本是把双刃剑,我们既不能因担心风浪,而不去拥抱资本的海洋,也不能因为周围有企业上市受挫而与资本挥手告别。

2017年福州市有几家企业连续倒闭,这些企业居然都是优质的拟上市公司,究其原因,基本上都是为上市而上市,人为拔高业绩,各种成本纷至沓来,企业现金流断了,只能关门。2018年3月,广东一家水产养殖企业业绩很好,完全可以冲刺上市,但企业负责人不愿上市,原因就是隔壁的企业折腾了好几年要上市,投入的成本很高,但收效甚微,这动摇了他的信心。企业与企业不同,应该具体诊断,具体分析,再做出选择。

关于企业是否上市,我们可以试着回答以下这些问题:

(1)华为为什么不上市?

华为虽然没有上市,但它通过华为公司基本法,在股权设置方面已极大地调动了各类优质资源;同时在公司社会资源整合方面,本身已形成一个巨大的'市',虽然没有上市,但它已远远超过一般的上市公司。

(2)德国、瑞士的许多中小企业,虽然没有上市,为什么经营得也很好?

西欧有许多中小企业,虽然仍是家族企业,但往往有几百年的传承与积累,在某一项技术或产品工艺方面有它的独门绝活,这本身就形成了核心竞争力,即便企业不上市也照样会有很好的发展。

(3)全国知名的食品企业——贵州老干妈食品有限公司为什么不上市?

社会,万绿丛中一点红,很正常,存在的,就是合理的,我们也支持。

(4)四川目前有几万家中小企业,难道它们都要上市,市场能承受得了?

我们一直强调,并不是只有在证券交易所挂牌才叫上市,在做大款、傍大款、设大款三条路径选择中,99%的企业主要走后两条路径,即并购上市、联合上市,对此,我们对四川几万家企业提出都应上市的倡议没有错。从另一个层面上讲,我们强调本质性上市,即企业构建了开放共享体系,虽然企业的股份还没挂牌,但有价值了照样可以交易,从这个角度上讲,四川几万家中小企业同样都需要上市。

(5)是否有一些特殊情况不需要上市?

有。比如,你的公司掌控一个丰富的金矿或油井,少量资本投入就可源源不断地获取财富，也就没有必要通过上市让他人分享这笔财富了。若你的公司有一项领先技术，一直可以保证公司源源不断地获得超额利润，那也不必上市。

（6）能否用一句话说明什么样的企业应该上市？

只要是充分竞争行业的企业，都需要接受资本的洗礼。

第二句话：每一家企业都能够上市。

提到上市，很多企业的领导者第一个反应："我这个企业也能上市？"他们觉得上市是不可思议的事情。他们认为，已上市的公司是少数"权贵精英俱乐部"，而他们是被排除在俱乐部门外的。

土豆到农贸市场交易，企业的股份到证券市场出售，隔行不隔理，性质是一样的。问题的核心是，对土豆而言我们要分析，土豆是在小青豆的时候还是在长大的时候到市场上出售，哪个更好？这是收益和时机的选择。企业上市也是一样的道理。原来企业上市是稀缺品，现在特别是对新三板，随着注册制的推行，资本市场的大门逐渐敞开了，我们要思索的不是能不能上市，而是何时上市？怎样上市？我要达到什么目的？

在资本市场管制时期，如何拿到"上市门票"是重中之重，所以我们呼吁："每一家企业，有条件要上市，没有条件创造条件也要上市。"尤其是在新三板刚启动时，应该尽早上市，尽快上市，因为那是难得的窗口期。随着新三板的快速推进，每家企业都可以在新三板挂牌了，至今挂牌企业达到了1万多家，众多已上市企业又成为新"三无公司"了：无融资能力，无活跃度，无交易量。我们的中小企业被层层剥皮，几乎赤身奔跑到资本市场来淘金，没想到，哪里有遍地黄金，几乎是寸草不生。如果我们仍然为了上市而上市，那就是"愚之始"，所以当下，企业只有选择自己的路径，把握时机，优化方式，构建自己的核心竞争力，才是真道。

湖北一家企业，从事精细化工，是行业产学研一体化的推动者，运行比较规范。在一次学习讨论中，董事长讲："我们2017年的业绩是1800万元，2018年是3000万元，争取到4000万元后，申报创业板。"有人问："为什么2019年不申报？"这位董事长说："专家正在为我们辅导，说条件不够。"显然，他们把专家的建议当成了金科玉律。

广东一家从事远洋捕捞的公司，质地很好。在一次学习交流时，董事长拿着它们的战略规划讲："我们计划用三年时间，再用积累的利润购置五条大船，进入行业前五，利润达到8000万元，条件具备了再上市融资，使企业再上台阶。"

老师讲："你们公司立足现在看未来，立足自身看行业，是一种战略规划视角；但如果三年内有同行上市了，融到了巨额资金，招兵购船，市场就这么大，你还要继续买船吗？如果它们打价格战，低价倾销，你们还能有8000万元的利润吗？我们能否换一个思路，现在规范运作，筹划上市，两年后进入资本市场，先占领制高点，再买船及并购，几年后使利润达到上亿元，市值上百亿元，这并不是难事。"

这位董事长说："我们条件不够啊。2017年收入5亿元，专家讲，我们不够上市条件。"

老师说："你们这个行业利润率不低，更主要的是，不上市的企业基本上没有折旧、摊销，只有尽可能增加成本，减少税收；但如果企业谋求上市，就要有折旧、摊销，就要想办法减少成本，而凸显业绩，如此算来，你的企业大概已经达到了上市要求的条件。"这是资本市场全新的思路。在变革的时代，要用变革的思维解决新问题。

第三句话：每一家企业都能找到自己的上市方法。

生活领域是"千人千面"，生产领域应"千企千案"，每个公司上市都有自己的上市方案。在关乎企业重大命脉的资本服务领域，所谓专业机构给我们开的"处方"，是为我们专属定制的，还是别人家的"方子"只是换了名字而已？关于上市方案，拟上市公司一定要认真思考以下问题：

（1）"投资银行"的方案是否可依？

我们只是它们的"一单生意"，方案失败了，对它们来说只是万分之一的废品率，对我们企业来说则是关乎生命。我们怎能承担万一成为它们"次品"的概率？在投资银行家眼中，当下永远是"最好的时机"，它们看重的是怎样才能快速拿到佣金，而这关系到我们企业的命运。

（2）"咨询公司"的高见是否可信？

打算上市的企业经常陷入这样的困惑：企业不请高人指点，有点遗憾，但请了以后，又有点后悔。企业花费几十万元请的专家，给的那个"金点子"管用吗？装帧精美的一本方案，价值有多大？如何构建一个系统的、整体的、动态的企业高端服务体系？

（3）"领导指示"能否成为企业行动的指南？

有的董事长这样讲："我们本不愿意投这个项目，但听了××领导的意见投资后，现在亏损了。"这怎能怪罪领导？政府鼓励企业做强做大，难道我们就不做任何分析，直接撞上这个"南墙"？在企业该上市的黄金时机，我们不屑一顾；现在难道为了地方政府上新三板几百万元的补贴就奋不顾身？

（4）亲朋好友的成功经验是否可作为决策依据？

兼收并蓄的目的，是为我所用；既不能拿来主义，也不能全盘否定。因地制宜，因时而变；同行的成功经验，不一定是我们的捷径；朋友失败的教训，同样不一定是我们的陷阱。

马克思曾说:"最蹩脚的建筑师从一开始就比灵巧的蜜蜂高明的地方,是他在用蜂蜡建筑蜂房以前,已经在自己的头脑中把它建成了。"

道听途说的所谓"宝典""秘籍"不足为信,立足自身,不断学习,总结他人经验,在此基础上创新、突破,形成自己的立论,方可为决策依据。

五、证券并购化

资本市场起初是一块试验田,它最早的功能主要是融资,以后承担着国有企业改制及国有企业脱贫的职能。进入 21 世纪,民营企业慢慢进入资本市场,并占据重要地位。证券市场设立初期,在行政的调控下,高企的股价以及遍地机会的市场,整个社会都忙于融资,但市场风云突变,企业几年前的投资项目,如今市场效益又如何?现在,有多少企业因盲目扩张断送了美好前程,每当看到资本领域动辄几亿元、几十亿元的投资项目,就禁不住要问:真有如此好的项目?是否经过了充分论证,精心设计?投资是天下最简单的事,动动手,敲个电脑键盘,几十亿元的资金就投出去了;投资又是天下最复杂的事,论证、权衡、判断,何其严谨。

现在,面对"轻资产太轻,重资产太重"的畸形企业运行结构,只有提升企业的预判、分析、决策、组织这种"轻资产"能力,通过收购、兼并、重组各类"重资产",给它们赋予"大脑与智慧",在当下显得尤为重要。

(1)资本市场已经由主要融资功能转变为承担金融结构调整与经济结构转型的重任了。

资本是企业转型升级的第一推动力与持续推动力,资本走到哪里,其他要素才会跟到哪里。资本市场的价格发现及快捷交易功能就是并购的天然温床。

为什么我们国家多年来一直提倡、推动的企业转型升级如此步履蹒跚？实际上，转型升级就是企业从落后的、非环保的、初级的产业形态向现代的、环保的、高端的产业转移。怎样转移？就是企业的生产要素，即劳动、知识、技术、管理、资金的重新配置。核心是产业优化，即压缩淘汰低端落后产业企业，推动新兴产业的成长，以及同一产业内的并购重组，提升产业集中度。如果没有全国性的企业资本化与证券化，每一家企业的并购重组都要评估、审计、谈判、且永远因时机、机构、角度而产生差异，何其难啊！所以，没有资本化与证券化的并购只是一个良好的愿望。2018年11月，我们和国家林业产业联合会领导去吉林省敦化市考察指导当地林业企业，当地市委市政府一直希望强力推动市内几十家林业行业的龙头企业的培育与产业集中，但多年来成效甚微。因为每一项的并购与重组，都将涉及无休止的估值与签约成本，使人望而生畏。但如果敦化市几十家林业企业都通过改制，企业挂牌上市了，从理论上讲我们利用公开证券市场，一夜之间就可以将此几十家企业完成并购，因为资本市场的核心就是价值发现与价值融合。

多年以来，政府极力推动市场化并购重组，上市公司的并购是一路绿灯，许多企业从几年前对并购的将信将疑已变成踊跃参与了。

（2）并购是资本市场永恒的主旋律。

"十亿靠产品，百亿靠并购，千亿靠平台"，对我国已上市的公司来说，现在是非常好的并购窗口期，高企的股价，充沛的资金，优秀的并购对象，机会稍纵即逝。当然，对当下每家企业来说，都面临着如何快速构建自己的智慧运营系统，怎样使软资产统领硬资产的问题。

（3）对非上市公司，并购是进入资本市场的主渠道。

原来，行政管控的证券市场，能否拿到"上市门票"，是矛盾的焦点，相对于上市资源的稀缺性，门票的含金量非常高，就像现在中小创业板的一个"壳"资源，起步价至少10亿元。1955年的世界500强企业，到了2008年仍在世界500强的只有10%左右，大多数企业通过并购退出市场了。

从资本主义土壤中诞生的欧美企业，自它呱呱坠地就面对资本市场的腥风血雨，在它的DNA中就有资本基因，即使这样，在资本的狂风暴雨中不免九死一生，幸存无几。

我们的中小企业，很多诞生于20世纪末和21世纪初，在那个"遍地黄金"的年代，哪管资本为何物，只顾猛踩油门，加快生产，甚至在骨子里就对资本有一种轻蔑或歧视。当它们还在忘我拼搏时，那些看起来不起眼的企业居然上市了；当它们正在为生存煎熬时，这些上市的企业身价已经达到几十亿了，要来收购它们了。感慨又有何用？如果你的"队伍"被完全打散，你还有什么讨价的余地？

有公司提出质疑："我公司是驰名商标，若和别人合并，是否太可惜了？"

十多年前，全球三大飞机制造公司——空客、波音、麦道，三足鼎立，各有千秋。麦道在和波音合并时，收入达几千亿美元。上百年的历史，天下谁人不知？难道麦道的老板不心疼？在商业的竞争面前，它们还是毅然决然地放弃了自己的牌子与独立性，依附波音公司了。与之相比，我们还能说可惜吗？

有老板会说："我对公司员工有感情，不忍心放弃他们。"

谁说新的老板就不如你对员工好？或许强强联合后，企业发展更快，员工更能得到成长。

也许你会说:"我和我的团队还年轻,被别人收购后就会失业,怎么办?"

对方若看重你,要收购你的公司,一定是看中了公司的组织、体系及队伍,绝不是冰冷的设备与厂房,收购方不但不会解散你们,更要重用你们,在新公司由你们团队继续经营,在达到目标后,会用丰厚的股权来奖励各位员工。

如果你说:"我公司虽然规模小,但我们还是希望独立开辟新天地。"

那只能说,尊重你们的选择,但一定是只有独一无二的能力才有可能开辟独一无二的天地。你具备这个能力吗?

六、行业集中化

我们通过研究国内外医药行业发展的轨迹,来洞察行业发展的规律。

2015年我国的产业结构为,第一产业占10%,第二产业占40%,第三产业占50%,在历史上第三产业占国民生产总值的比重首次过半;而今天,这个数字发生了更大的变化。和一百多年前的美国产业结构相似,都面临制造业向服务业的转型。有人提出,中国资本市场要通过"打碎旧世界,建设新世界"来完成转型,我们无法考究当时美国产业界提出什么口号,但应是有规律可循的。考察中美两国医药行业的历史脉络,探寻其一般规律。

20世纪初,美国医药产业占国内生产总值的比例约为5%,医药行业的产业分布是零散的,当时约有3000多家医药企业。分散的产业结构使得每家医药企业都无法承担高额的研发费用,且小规模的企业其单位产品的管理、运营费用都非常高,面临着毁灭与生存的挑战,抱团取暖成了生存的不二法则，并购大潮的帷幕由此拉开。2017年辉瑞公司一笔并购高达3400亿美元，虽然创下了并购史上的交易纪录，但仍然不是休止符，并购的精彩大戏一直在上演。截至2017年年底，美国医药产业占国民生产总值的比重接近20%，前5家公司的销售额在行内占比高达90%，形成了很高的产业集中度。

当前，在中国的医药行业，医药和医疗器材企业达1万多家。十多年前，很多民营企业对医药行业趋之若鹜，认为它是"特许行业"，只要有许可证、药号就会稳赚不赔。殊不知，同一个普药产品的厂家，少则几十家，多则几百家。每个产品领域都打得头破血流，甚至现在有很多企业，投入重金完成的新版GMP改造认证，生产能力远超销售额。中国医药企业今后生存的两个支点：第一，研发型企业，即以研发立身，包括精准医疗、预防医学、细胞医疗；第二，服务型企业，即以服务立公司，如爱尔眼科等专项连锁服务，养老等贴心系统服务。现实中，这样有生命力的企业何其少啊，太多的医药企业沉溺于以生产为荣的泥潭中，越陷越深。

由此，产业内的整合，行业集中，是大势所趋。

（一）国外行业并购的主要模式

1. 垂直并购

垂直并购即对该企业的上下游一体化并购。该模式主要是把向上游采购原料、购买研发服务，转为向下游产业销售产品，由原来的买卖关系通过并购，成为单独的一家公司。通过此类型的并购，一方面，可以减少交易环节，降低税收及交易管理成本；另一方面，也有利于企业核心竞争力的提升。

2. 水平并购

水平并购，即对该企业的同行进行并购。该模式主要是对相同或相近的同行企业进行吸收合并。该模式的主要诉求点为快速扩大规模，提高市场占有率，减少单位产品的管理成本。

对于一家具体企业来说，究竟应该选择哪种方式的并购，没有绝对的好坏之分，都是基于企业自我定位、愿景及外部可能选择标的，从而判断取舍。

（二）当前数字化环境下的并购特点

数字化以"去中介，去中心，去边界"使新的商业组织形式脱颖而出。制度经济学家科斯靠短短的一篇论文《企业的性质》于1991年获得诺贝尔经济学奖，它实质上回答了两个问题：企业为什么存在？企业的规模由什么因素决定？由于合约的不完备性而产生了企业，即如果任何商业的生产与经营都可以通过一系列的合约来保证实现，那就不会产生企业了；同样，只要企业认为内部管理的费用低于外部交易费用，它就有动力进行并购，扩大规模。所以，企业规模的边界就是，当企业内部管理的成本大于交易成本时，企业就不宜再扩大规模了。

当下，一切交易行为的数字化、透明化，使得市场信息快速扩展。交易的劣迹无处可遁，良币驱逐劣币已成为商业的常态。所以，当下的商业逻辑，不是"无奸不商"，而是"无诚不商"。这自然使得企业的外部合约交易成本大幅降低，而传统的、庞大的内部科层管理体制使得企业的内部运行成本大幅提高。这也不难解释那些曾经如日中天的大企业，如摩托罗拉、柯达等突然之间轰然倒塌。这一方面意味着不能适应"气候变迁"的"恐龙"灭绝了；另一方面，"适者生存"的新的"恐龙"又诞生了。那么，这类新的产业巨无霸有什么特点呢？

1. 平台化

平台化组织相对于传统的组织，等级森严的科层制让位于人人自主的扁平化组织了，行政约束变为市场激励了，由产供销的单排发展成相互协作的并排联合了，由内而外的信息系统调整为由外而内的决策机制了。如同海尔张瑞敏用"三无"来概括企业改革的特点：企业无边界，管理无领导，供应链无尺度。

2. 生态圈

现在，客户的困惑是信息供应的无穷性与认知的有限性，生态圈就是认知的符号，这也意味着只有有机包容的生态圈才有生命力。在这个生态圈中，大树、小草、缠绕的藤条、缤纷的枝叶、鲜美的花朵，枯荣与共，结成了命运共同体，使得原有条块分离、隔行如隔山的组织分崩瓦解。现在，中国的BAT和国外的EBAY、谷歌一样，都是同一类型。

3. 产业链

我们先看一则广告："金色家园网：卖房，零佣金；买房，零佣金、零风险、零加价。房产、装修、家电、家具、家政，一站式解决。金管家服务，中国好服务。"

看到这家公司的广告，是否觉得它的主营业务有点乱？实际上，企业的思路非常清晰，以"卖房买房零佣金"作为交易入口，只要有了关注度、有了流量的IP后，产业链即"买房、装修、家电、家具、家政"即轻松构建起来了。

多年来，传统的思维一直强调专业的人做专业的事，跨行不取利。此思维是站在"我"即主观的角度，我是专家，"客户"要适应我"专家"的需求，从商业角度考察，它是本末倒置了。正如木工只认为锤子是用来砸钉子的；在理发师的眼中，你的头发永远需要打理；保健师总认为你的身体缺少某种微量元素，我们永远不知道怎样才能使身体平衡，只有买了他推荐的补品，才能找到安慰。

现在，融合、跨界，这样的大戏随时在上演，但道在何方？它不是站在"我"，即主观的一方，提供我所擅长的专业服务，而是站在"客户"，即客观的一方，为企业提供"一站式"解决方案，即专业的人做综合的事。以往生产要素封闭隔离，很多方案是无法实现的，但是现在所有的要素资源都可以全天候、无缝隙地连接起来，"一站式"的解决方案有了基础设施的保障。当今企业的核心竞争力是永续创新，即快速建立竞争优势，然后再迅速更新换代，抓住稍纵即逝的"瞬时"竞争优势。如果一步踏不上节拍，就可能万劫不复，企业的大厦轰然倒塌。为此，每一家客户都无法和有各自出发点的无穷尽的"专业人士"进行洽谈、合作，都需要每一个方面的"方案解决者"，通过各要素的快速匹配，把各个供应商的方案进行系统集成，之后又成为它的客户的"方案总成"的一个有机组成部分。

建立产业链有几个要点：

（1）要有入口，即消费者或客户的入口。

传统的模式中，我们更多的是通过广告、宣传来和消费者或顾客产生连接，但信息不对称、以生产者为中心的销售盲目性很难避免。现在，产供销、产学研的一体化，使原来各自对立的矛盾体又统一于一个社区，商务社区代替了传统泾渭分明的供产销体系。生产者又是消费者，产销难分伯仲；我与你的边界已模糊化，分享已成主流；产学研不再分隔，协同创新蓄势待发。优质的社区将会和当今的驰名商标一样，二者并驾齐驱；优质社区怎样才能驰名而效用最大化？一款令人惊奇的产品，一项性价比非常高的创新，一则出其不意的暴屏创意，都可成为入口。

（2）转变模式：将B2C转变为C2B，建立客户导向性的经营流程。

例如，在企业高端资本服务领域，原来的高管培训、企业咨询、融资上市、投资4个行业势均力敌，培训公司、咨询公司、投资银行、投资公司，在各自独立的区域穿行，企业每经过一个区域都要对口令、盘查，以验明正身，这岂不是增加了太多沟通、洽谈、签约的成本？更使企业无所适从的是，每一个领域的所谓专家都要对前一阶段的工作在否定基础上重新"体检调查"，大数据时代，仍然是"闭关锁国"。首先，培训公司，找几个"名师"，制订一个培训方案，然后海阔天空地讲几天放之四海而皆准的"管理类知识"；其次，各类专业服务公司，先做一番调查，然后开出一剂无人知道是否有用的"处方"；再次，投资银行，它是要帮企业上市的，怎能用别人的"体检尽调报告"，要另起炉灶，重新尽调；最后，投资者更是如此。我们要实实在在地给你的企业资金，怎能免除尽调？现在，我们站在企业的角度，看到了一个有趣的现象：企业里总是活动着各类专家，基于不同目的，进行不同形式的"尽调"，这是多大的资源浪费。企业领导对此类尽调者是应接不暇。在资本领域我们能否为企业提供"一站式"服务，构建"老师""大夫""红娘"投资者、智慧运营者这样的产业链？首先，做"老师"，通过讲座为企业"传道、授业、解惑"，解决企业发展"为什么"的问题；然后做"大夫"，为企业咨询诊断，解决企业"怎样做"的疑虑；再做"红娘"，把企业发展的各要素有机结合起来，企业缺什么补什么；之后，做投资者，资金或服务入股，和企业结成利益共同体；最后，做智慧运营者，和企业成为同担共享的命运共同体，以一个企业作载体，在同一个平台上共享数据信息。

（3）改变角色，重塑商业模式。

要由"我有金刚钻，要揽这个瓷器活"，转变为"面对这个瓷器活，我们设计方案，搭配各类工具，提供一体化运营，达到客户的满意"。这个"瓷器活"，在消费领域，就是消费者需求的满足，在生产领域，就是客户所需的解决方案。

在消费领域,陈春花教授在《激活个体》一书中举了这样一个例子:美好食品公司的员工,在火车站等车的时候,偶尔看到旅客把统一方便面的火腿肠随手丢掉了,职业的责任让他们马上想到:"为什么客人会把火腿肠丢掉?一定是不好吃。我们为什么不能研发一款和方便面能搭配起来的火腿肠?"有此想法后,他们立即行动,和统一公司一起研发,反复完善后,统一方便面第一次在自己的盒盖上了印上了"美好火腿肠"的广告,而美好食品也第一次与方便面跨界组合,产品一推出就卖了2亿份,让2亿人了解到一个全新的组合,并享受这份美好。

在生产领域,最近我们正在设计成立"北京×××激光技术服务公司",该公司的牵头人是激光行业的知名教授。如果按传统的商业模式,该公司无非就是负责激光领域的技术研发、转移,基本上是"一锤子"买卖,中国不缺这样的公司,企业也不需要这样的服务,各大院所、高校这样的机构也比比皆是。在激光服务领域,我们如何为客户提供"立体化应用方案"?首先,在广泛筛选的基础上,和应用商形成统一的理念;其次,设计落地方案,基于企业的目标配备相关的人、财、物等要素,在运行中不断完善,提升;最后,我们共同分享成果。在此过程中,我们由一个简单的技术服务者变成了技术的集成者、标准的制定者、要素的匹配者、人才的培育者、问题的解决者,这样的"集大成者",不就构成了我们的核心竞争力?

七、产业灵动化

(一)产业灵动化的内容

产业灵动化包括公司内部管理的灵动化与外部产业结构的灵动化。

在公司内部,组织是灵动的、柔性的,像水一样。水很柔,具有无限的可能,放在圆的器皿里就是圆的,放在方的器皿里就是方的,它是最富于变化的,但是它又能克服所有困难,滴水穿石,包容一切。在组织里的每一个人,也像水一样富于变换,在这件事情中,你可能是最普通的人,绝对服从另外一个人,在另一件事情中,你可能是最重要的人,别人要服从你。因此,组织内部管理也是灵动的。

在公司外部,产业结构也是灵动的、柔性的。农业文明征服了饥饿,工作文明征服了空间,信息文明征服了时间。时代变迁的步伐使企业寿命周期越来越短。资料显示,1937年,美国企业的平均寿命是75年,现在美国企业的平均寿命缩短到15年;而中国民营企业的平均寿命只有3年。这反映了时代变迁的速度。原来的企业是"各领风骚三五年",现在可能是"各领风骚三五天"了。

为什么有那么多僵死企业,产业僵化不动?正如我们前面分析的,只有要素资本化、资本公司化、公司股份化、股份证券化、证券并购化、行业集中化,才能形成产业灵动化。

"多年来,中国一直存在着科技成果向现实生产力转化不力、不顺、不畅的痼疾,其中一个重要症结在于科技创新链条上存在诸多的体制机制关卡,创新和转化各个环节衔接不够紧密。就像接力赛一样,第一棒跑到了,下一棒没人接,或者接到了,不知道往哪儿跑。"实质上,技术、劳动、管理、资金等要素的市场化、资本化过程,就是打通壁垒、有机衔接的过程,这既是当下阻碍中国经济发展的最大障碍,又是中国经济发展的最大红利。

(二)产业灵动化的基本前提

产业灵动化的基本前提是要素资本化与市场化。正如产品货币化是产品交易的基础,要素的资本化也是要素交易的基础;产品市场化就是市场经济的表达,要素市场化就是市场经济的内核。

（三）产业灵动化的推动

1. 微观企业的突破

问题就是机会，痛点就是商机。现在，各行业、各市场都在呼唤全新要素优化组合的整合者、引领者。我们也自豪地培育了多家这样在各自领域崭露头角的全要素优化组合的"梦之队"企业。这些企业都具有以下基本特点：

（1）牵头人对行业有深刻的领悟与理解，对行业小、杂、散的状况有切肤之痛，有变革的动力。

（2）发起人是不同领域、不同背景、不同行业的"有机体""交响乐"，不是"专业队"而是"混合队"，具备天然的杂交优势。

（3）企业定位是观念的引领者、标准的制定者、资源的整合者。

（4）轻资产运行，基本上都是"三无公司"：无厂房，无设备，无实物。投资额不大，也使我们深刻感受到，好项目不一定是费钱的。

2. 宏观政策的改革

加快资本市场的发展与市场化改革的步伐，破除各要素在部门区域的流动障碍，推动各要素市场的建立与完善。

第四章 企业资本模式构建

问题

为什么商业模式不等于资本模式？为什么有的赚钱的企业不值钱，而有的值钱的企业不赚钱？

问题：

1. 为什么商业模式不等于资本模式？

2. 为什么有的赚钱的企业不值钱，而有的值钱的企业不赚钱？

3. 企业资本价值实际上就是市场即投资者对我们的交易价值，如何实现企业进入资本市场这一"惊险一跃"？

4. 一家"三无公司"（无资质、无资产、无利润）是怎样构建自己的资本模式，顺利进入资本市场的？

5. 为什么在资本市场"没有无效的资源，只有没有匹配的要素"？

6. 企业如何做到不但能创造产品价值，更能提炼、提升、推广、融合企业资本价值？

7. 为什么有的企业家说"融资不费力，费力不融资"？

8. 为什么许多公司上市后"一年盈，二年平，三年亏"，而有的企业年年盈利，却在资本市场处处碰壁？

9. 为什么"没有万寿无疆的企业，只有万寿无疆的资本"？

10. 企业如何通过构建商业模式与资本模式，使得产品经营与资本经营双轮驱动、相互促进？

资本模式对许多人来说很陌生，而一提到商业模式大家就心领神会了。所谓商业模式，就是构建一个组织体系，使企业产品价值最大化。通俗地讲，就是生产好产品，销售好产品，使企业产品收益最大化。那什么是资本模式？与商业模式相对应，就是构建一个组织体系，使企业资本价值最大化。它们两者是有本质区别的。

首先，目的不一样。商业模式的目的是企业生产的产品或提供的服务的价值最大化，它的衡量标准是企业的收入及利润；而资本模式的目的是企业资本价值最大化，它的衡量尺度是企业的估值或市值。两者之间并不一定匹配。一些业绩很好的企业在资本市场估值却很低，而有些亏损企业的资本市值却高高挂起，对此，我们不能想当然地贴上一个不合理的标签。

其次，研究的对象不一样。商业模式是以企业生产的具体产品为研究对象，而资本模式却是以企业自身为研究对象。

再次，手段不一样。商业模式是以产品生产买卖为手段，而资本模式是以企业资本价值塑造及企业买卖为手段。所谓企业投融资，就是企业股权买卖；投资就是购买企业股权，融资就是出售企业股权。

最后，它们两者之间既同步，又背离。一般而言，一个具有好的资本模式的企业总是以好的商业模式为基础，但许多不错的企业却总是得不到资本的认可，原因就是没有构建一个好的资本模式，现实中这样的事例比比皆是。

同样面对"融资难、融资贵"的环境，有的企业苦心经营几十年，融资却处处碰壁，而有的企业只靠几页商业计划书就频频得手，原因何在？

一家企业收入几亿元，利润几千万元，希望投奔一家上市公司，被上市公司并购，却得不到一家上市公司青睐；而一家几乎是空壳的公司，成立只有几个月时间，却被上市公司收购70%的股份。存在的就是合理的，如何解释？

现在仍在黑暗中奔波的中小企业，有一个共同特点就是看不上已进入资本市场的同行，常挂在嘴角的一句话就是"当年没上市时，它条件比我差……"当初或许是这样，但多年以后，这些上市公司哪一家不是市值几十亿元、上百亿元的行业翘楚？我们总不能武断地认为它们都是做假？我们应该看到它们背后良好的资本模式。

上市，是企业梦寐以求的，为什么有的企业感慨"上市难，难于上青天"，而又有上市成功人士总结经验"没有不能上市的企业，只有不懂筹划的老板"，究竟为什么？

我们众多的中小企业，可能至今仍专注于"构建好的商业模式，生产好产品，卖好产品"；而今，我们更要"构建好的资本模式，塑造好企业，卖好企业"，要将传统的产品经营的单轮驱动变成"产品经营与资本经营"的双轮驱动。本章通过剖析、讨论各类资本模式的案例，希望把那些"仍在黑屋子里沉睡的人唤醒，或许有一些逃生的希望"；对"摸着石头过河"的人，多加几颗石子；对处处碰壁之人，在墙壁上多透一些光；对正寻求资本路径之人，在前人走过的足迹上，插几个指示牌，最终，不但使我们能甄选到适合自己的资本化模式，更能顺利跨入资本的高速公路。

第一节 单独上市模式

单独上市，也就是我们通常讲的"做大款"，即企业通过自己的努力，以及专业机构的梳理打扮，不但使自己"长得美"，即达到一定业绩或业务指标，更能使投资者"看得美"，即得到投资者的认可，然后，进入资本市场。不论是以"业绩指标即企业利润"为核心的中国式的审核制，抑或是国外以"业务量即用户数量"为核心的注册制，本质都是一样的，就是潜在的投资者能够在企业的业务活动中看到企业成长的空间，然后，才会出现资本市场的申购及交易。所以，企业单独上市，一定的业绩是前提，比如，在当下中国创业板上市，申报的前提是企业年利润额在5000万元以上，在中小板上市的前提是年利润额在8000万元以上，主板则是年利润额在亿元以上，在境外上市也是一样，只不过标准更宽泛一些。

要单独上市，企业要有一定的成长空间才有吸引力。若你的企业是一棵"小草"，再怎样施肥浇水，也长不成参天大树。若你的企业是一棵松苗，我们由此看到了一片树林，且又使人联想到"春种一粒粟，秋收万颗子"，那是怎样的一幅美景啊！这棵小松苗岂不是摇钱树，它该怎样定价？

要单独上市，企业要规范，即合规合法。给投资者以回报或回报的预期，就如同一棵小树，要剪去斜枝枯叶，清理病虫害，使之健康生长。

最后，希望单独上市的企业，一定是行业的领军企业或潜在的领军企业，在行业中有一定的影响力或整合力。

但在现实生活中，太多的企业对单独上市是高山仰止、望而却步。这些企业普遍存在以下4种顾虑：第一，条件不成熟，等一等；第二，先把产品经营好再说；第三，我公司是传统的企业；第四，眼前困难重重，还能上市？针对企业普遍存在的这4种顾虑，我们选取有代表性的4家上市公司，构成"抢抓时机"模式、"资本统领"模式、"价值提升"模式、"凤凰涅槃"模式，下面我们来看看这4种模式对我们的企业上市有何启发。

模式一："抢抓时机"模式

该模式就是企业要争分夺秒，全力以赴，争取早日进入资本市场。

我国建立资本市场以来，不论是哪个阶段，宏观政策是调控或放松，股票市场是上涨或下跌，监管是审批制或核准制，都证明：企业上市的标准越来越高，审核越来越严，股价越走越低，上市的速度越来越慢。一些至今仍在苦苦挣扎的企业，无一不在慨叹"好时光一去不返"，当初可是"八抬大轿"请该企业上市，它却置若罔闻。为什么有那么多的企业会一而再、再而三地错过上市机会，甚至至今仍不反省？

（1）观念严重滞后。甚至到今天仍有一些创业者在说什么上市会失去控制权、账务要透明，等等。

（2）对未来仍抱有幻想。不曾料到外部环境对中小企业，特别是没有上市的中小企业带来如此大的影响，这些企业面临要么资本化，要么被淘汰的困境。

（3）中介机构的误导。一些中介服务机构出于谨慎的职业习惯，时常建议企业上市不着急，慢慢来。从中介服务者角度，在行在理；但从企业角度看，时常是过了此店，再无此村。比如，企业在资本市场"出嫁"，因脸上有一颗"痘"，我们的专家认为企业应先去"痘"，暂缓两年上市申报；但两年后，"痘"消了，"斑"又长出来了，专家自然认为企业不达标了，弃之而去。那么企业怎么办？谁会替企业负责？

（4）上市恐吓症。企业被一些真真假假、虚虚实实的说法所困惑，无法决策选择。

案例

企业名称：北京新雷能科技股份有限公司

主营业务：电源的研发、制造及销售的一体化服务商

股票代码：300593

上市日期：2017年1月10日

上市过程：

2014年开始，企业就筹划并确定上市申报的基点，这对许多企业至关重要，因为这同时涉及企业的经营重心及相关税收成本。一些人担心企业业绩较单薄，希望缓一年再申报，但我们公司董事会经过讨论决定，应抓住时机，尽早申报。董事会形成统一意见，以2012年、2013年、2014年为申报期，2014年年报出来后马上申报。

2015年申报后，进入正常的申报审核期。2015—2016年的审核期，企业业绩明显增长，保障了审核的顺利进行。

企业于2016年11月通过发审会审核，2017年年初顺利上市。

2017年4月公布2016年年报，业绩下滑。

假若拖一年，到2016年申报，那么2017年正处于审核期，业绩却出现了下滑，将会对企业的上市产生很大阻力。

当然，2017年企业的利润又出现了显著增长，且于2018年8月完成了对新三板上市公司武汉永力科技股份有限公司的收购，企业业绩明显提升，同时大大增强了企业的研发能力及协同能力。2018年11月又实行了管理层股权激励，增强了公司的凝聚力。

（备注：本章的所有案例或资料、数据，均来自公开披露的《企业招股说明书》或其他公开资料，其中多家企业也是笔者的合作伙伴或学员。）

北京新雷能科技股份有限公司通过抓住时机，顺利实现了上市，

募集资金近2亿元，使企业研发实力大为提高，各项条件更加丰满，公司高级管理人员及员工的股权价值大幅提升，企业向心力增强。上市短短一年后，就对原来旗鼓相当的武汉永力公司实施了股权收购，同时还筹划其他并购。

通过此案例使我们认识到，在当下外部环境高频动荡、企业生命周期愈发缩短的情况下，企业的时机窗口更加短暂，甚至稍纵即逝，所以，我们一直呼吁我们的企业家"赶一天，就是赶一年""有条件，趁势而上，没有条件，创造条件上市"。

模式二："资本统领"模式

该模式就是企业以资本为核心，统筹企业的投融资与并购，以达到企业的战略目标。它不是虚假包装，来骗取上市资格；也不是恶意操纵，获取非法收益。在我们的教学实践中，有的企业家认为，"产品经营为实，资本运营为虚"。此类意见，把产品经营作为主体，资本运营作为影子了，实质上，它们二者是相得益彰，互为支持的。企业通过良好的产品生产经营，以优秀的业绩放大企业的资本价值，而又通过高效的资本运营，筹集资金，收购兼并，反哺企业的产品经营。

也有企业家认为，"产品经营为主，资本经营为辅"，此观点把二者割裂了，不存在主、辅之分。实质上，资本经营是战略，产品经营是战术；资本经营是开疆拓土，产品经营是精耕细作。所以，通过资本统筹战略规划，利用并购来开疆拓土，以此逐步把企业做大、做强，这不失为企业发展的有效路径，中国化工集团的发展历程充分诠释了这一点。

案例

企业名称：中国化工集团

现状：中国化工集团公司是中国最大的化工企业，2018年在世界

500强中居167位，共有16万名员工，其中8.3万名境外员工。2016年资产总额达3776.42亿元，销售收入达3001.27亿元。

发展历程：

（1）从"游击队"到"中央军"：时间被定格在1984年9月1日这一天，时年26岁的任建新，以自己的家产做抵押向兰州化工机械研究院借款1万元，带领7个年轻人组成的崭新团队正式"下海"了。

（2）1994年，蓝星清洗股份公司设立，为公司上市打下基础。

（3）1997年，蓝星清洗股份公司在A股上市。

（4）1999—2003年，蓝星清洗股份公司通过资本市场收购了西南化机等5家上市公司。

（5）2004年4月22日，中国化工集团公司以蓝星清洗股份公司为基础，完成工商登记注册，获得国家工商行政管理总局颁发的营业执照。

（6）10多年来，通过收购、兼并、海外投资等，中国化工集团在全球150个国家和地区拥有生产、研发基地，并有完善的营销网络体系。有6家专业公司、4家直管单位、92家生产经营企业，控股7家A股上市公司，10家海外企业，以及26个科研、设计院所，是国家创新型企业。

中国化工集团公司20多年来，在"资本统领"旗帜下，由"7个人，1万元资产"起步，发展到现在业务遍布全球，年收入实现3000多亿元，它背后成功的"密码"是什么？

（1）胸怀、格局。

在资本领域，我们常讲，资本市场"没有做不到的，只有想不到的"，人们只能得到认知范围内的收获，我们事业的高度就是认知的呈现，我们的财富就是认知的变现。

（2）持续的学习力。

中国化工集团及前身蓝星清洗股份公司的核心层始终注重持续的学习力。自2008年至今，应该是我国唯一一家企业在中央党校每学期都有管理层学员在这里集中学习、培训。

（3）对资本的深刻认知。

资本不是简单的融资、上市、投资，它贯穿于企业发展的每个阶段，是一套思维模式、组织架构、落实手段。

（4）时机的把握。

对中国化工集团而言，在别人不知上市为何物时它上市了，在别人谋求上市时它进行并购了，当别人想并购时它重点进行全球布局了。所以，"前识者，道之华，而愚之始"。前识者为道，大家都知道的"道"，那就是"愚之始"，所以，资本时代永远是"先知先觉者吃肉，后知后觉者喝汤，不知不觉者缴枪"。

（5）社会资源的整合。

以资本为纽带，把政、资、企、产、学、研整合起来，为企所用，为企业提供源源不断的动能。

模式三："价值提升"模式

该模式就是对传统企业，基于产品、行业及市场环境，发掘、提炼出企业的价值，并进行系统提升变革。

我国众多的中小企业至今仍属于传统的加工制造业，产品没有特色，企业没有亮点，但反观众多上市公司，却是风生水起。难道它们"天生丽质"或身怀绝技？其实，在它们发展的早期，也是"寻常百姓家"，但经过价值挖掘、提炼、提升后，就变得"气质高雅"，人见人爱，然后"一朝嫁入豪门"，完成了上市，实现了企业的蜕变突破；再优良的公司，也都成长于"幼稚期"。

所以，我们众多上市公司根子上都是传统企业，但传统企业无一例外都要构建自己企业的价值创造——价值提炼——价值提升——价值推广——价值融合这样的价值链。价值创造就是具体的产品生产与服务，如一家家政服务公司，专业从事阳台封闭施工，这就是它的价值创造。怎样进行价值提炼？就是找出它的特点、唯一性，例如，它的性价比高，那我们就提炼出它的价值为"高效便捷的阳台服务商"。如何提升它的价值？就要赋予它更有感召力的价值，比如，将其提升为"家庭阳光屋运营的一体化服务商"。然后，在此基础上的价值推广及价值融合就水到渠成了。下面，我们通过具体分析这家上市公司，来剖析它的价值提升方法与路径。

案例

企业名称：乐歌人体工学科技股份有限公司

股票代码：300729

上市时间：2017年12月1日

主营业务：家具的研发、生产

价值提升后的描述：

公司主营业务为人体工学产品的研发、生产及销售，致力于以人体工学产品创新日常生活与办公方式，通过产品创新与组合为用户提供舒适、健康、安全和高效的人体工学产品。经过多年的发展与积累，公司已成为国内人体工学行业的领先企业，形成了覆盖市场调研、产品企划、研发设计、供应链管理、生产制造、渠道建设、品牌营销和售后服务的全价值链业务模式。公司"乐歌"品牌为"中国驰名商标"。公司为国家高新技术企业、浙江省专利示范企业，目前拥有专利技术400余项，其中已授权发明专利29项。同时，公司参与起草了国内行业的相关标准，如商务部颁布的《SB/T 10866-2012家用平板电视接收机安装架技术规范与使用要求》、中国电子视像行业协会标准《CVIA-01-2012平板电视机安装支架技术规范》。

通过上述描述我们发现，原来这是一家传统的家具制造企业，通过价值提炼与提升，已经"乌鸡变凤凰"了，它是如何做到的？

（1）提炼、独创了"人体工学家具"这一品类。"公司主营业务为人体工学产品的研发、生产及销售，致力于以人体工学产品创新日常生活与办公方式，通过产品创新与组合为用户提供舒适、健康、安全和高效的人体工学产品"。

通过这一价值提炼与品类划分，公司成为此品类或子行业的龙头老大，这也印证了企业"不做第一，就做唯一"的路径。企业会通过行业——子行业——细分行业——品类这样的市场细分法使自己成为"第一"或"唯一"，以此确立市场立足点；企业也可自己创立一个品类，比如，这一家企业是"人体工学家具"行业的引领者，同样道理，另一家具企业为什么不能构建"健康家具"这一细分行业，而成为行业引领者？

（2）全产业链模式。"经过多年的发展与积累，公司已成为国内人体工学行业的领先企业，形成了覆盖市场调研、产品企划、研发设计、供应链管理、生产制造、渠道建设、品牌营销和售后服务的全价值链业务模式"。

现在企业之间的竞争，已经由产品向企业——平台——生态圈——价值链进化，企业单打独斗已成为过去式。

（3）我们常讲，企业"不但要长得好，更要看得好"，但是企业本质意义上是个"黑箱",谁能看得懂呢?总不能让每位投资者去企业调研,即使去调研,我们看到的也是企业的厂房、设备、员工,它们并不是企业的一切。所以,每一家企业都要通过"头戴花,胸挂牌"来呈现自身的实力。这家企业的"头花与胸牌"为:"乐歌品牌为中国驰名商标,公司为国家高新技术企业、浙江省专利示范企业,目前拥有专利技术400余项,其中已授权发明专利29项"。

(4)通过制定行业及产品标准,实质上就是为企业划了一条"护城河",为企业之间的竞争又增加了"产品标准制定"这一筹码。

公司参与起草了国内行业的相关标准,如商务部颁布的《SB/T 10866-2012 家用平板电视接收机安装架技术规范与使用要求》、中国电子视像行业协会标准《CVIA-01-2012 平板电视机安装支架技术规范》。

模式四:"凤凰涅槃"模式

前面我们说到,数字化、资本化、平台化、融合化是企业变革的四盏路灯。数字化将企业由传统的线下实体转型为线上线下良性互动的互联网企业;资本化则是设立规范的企业架构,消除关联交易与同业竞争,利用股权激励构建企业命运共同体,通过上市提升价值;在此基础上,平台化、融合化就是水到渠成的事了。拟上市公司小狗电器互联网科技(北京)股份有限公司就是依此路径,实现了由传统的小家电制造销售商向互联网平台商的转型,由家族企业向公众公司进军。

案例

企业名称:小狗电器互联网科技(北京)股份有限公司

上市地:创业板

阶段：上市申报期

历史：成立于1999年，主营家庭吸尘器。原来主要利用传统门店销售，产品竞争力转弱，后因资金链断裂，停产，于2006年退出市场。

数字化蜕变：

2007年登录淘宝网，开启自己全网吸尘器王者之路，主要通过以下三把"利剑"登上了小家电市场的"王座"。

（1）聚焦于细分品类，在细分行业认真研发，推出一个又一个"一招捅破天"的爆款产品，使产品的预期远超品牌。

（2）有效的线上渠道策略，砍掉不合理的中间渠道成本，使价格只有传统线下渠道的一半甚是更低。

（3）首创的"中央维修"方式彻底颠覆了传统的服务模式，为用户提供了超预期的服务体验。传统的商家服务，不论口号多响亮，本质上它是企业的成本中心，和顾客之间是一种博弈关系。我们作为顾客，要对购买的一台小家电进行维修，不但要花费时间、交通成本，还时常会受到"怎么弄坏了""带发票了没有""要修就要换部件，而要换部件需要花多少钱"等各种困扰，这难道不是用户的痛点？

"中央维修"方式大致的服务流程是：用户购买了小狗电器的产品，在保修期内，只要产品出问题了，无论是意外还是有意又或是自然损害，都可以联系小狗客服，由顺丰快递取件，快递到中央维修室，免费维修和更换零部件，并快速将修好的产品送上门。整个过程中，用户不须要解释产品为何出现故障，不需要亲自前往线下维修网点，也无须为更换零部件和维修商扯皮，这在以往是难以想象的。这种全新的服务模式完全解决了客户的上述痛点。坚持互联网思维的小狗电器，经过多年发展积累了良好的口碑，从零售量份额及零售额份额两方面来看，2013—2015年，小狗电器线上市场份额都排在第一位，是互联网吸尘器的第一品牌。

资本化蜕变：

2012年8月，创业者跳出原来的经营框架，设立规范的有限责任公司，注册资本1000万元；为了免除同业竞争及关联交易，小狗电器收购了大股东控制的香橙科技、蓝弧科技、中芯线科技等公司，并进行了相关重组。

2016年，设立职工持股平台公司七彩科技。

2016年，在新三板挂牌，并进行了定向增发。

2018年，申请创业板发行、上市。

平台化与融合化蜕变：

资本化与数字化的双轮驱动，强有力地带动了平台建设。目前"中央维修"的方式，背后一定经历过一番深思熟虑。成本孰高孰低，是优先降低成本，还是优先以超预期服务粘住用户。显然，小狗电器是以后者为出发点，那就是"售后是产品的延伸，是产品的组成部分"。当然，这必须要以极高的品控能力、优秀的中央维修管理为支撑，从而在提高服务的同时，控制住成本支出。

资本化与数字化以及数字化的双轮驱动，还带动了边界模糊化与新思维的跨越，小狗的"中央维修"如果只是维修自己的产品，那小狗就是10亿元的公司。如果重新定义一下，把它定义成维修吸尘器，那至少是30亿元的公司了，如果定义成小家电呢？作为全国小家电维修点，就是100亿元的公司了。

这就是思维模式的不同。可以做一个设想，如果小狗电器的"中央维修"模式能够走通，做成了一个极具口碑效应的服务品牌，那么它完全可以将边界模糊化，面向吸尘器行业乃至整个小家电领域输出自己的服务能力。此时，它就成为一个具有网络效应的开放平台，而不再只是企业内部的一个售后服务部门。

这就好比小米用贴着成本走的方式售卖手机和电视，在它眼中，这并非是传统的手机和电视，而是移动互联网的平台，一旦拥有庞大的用户群和可持续的增值服务，硬件或服务的成本完全不用考虑。

总结起来，便是任何一个互联网产品都是半成品，不断迭代优化、强化运营能力才能打造好的产品，服务型产品也是如此。对小狗电器而言，它开了一个好头，给售后服务领域带来了模式上的大颠覆，但要真正走通，还需要持续不断地优化运营。

第二节　并购上市模式

案例：被并购也是快乐的

聂峰辉是广西大泽商贸有限公司（以下简称"大泽公司"）的董事长，他认为，个体企业做到一定程度会遇到发展的瓶颈，外部环境和市场变化太快，而个体老板受年龄、教育水平及格局的限制，往往会成为掉队的人。在没有合并前，他在广西做到2亿元营业额，他也想突破，但收效甚微。

2016年，上市公司怡亚通公司对大泽公司实行并购。怡亚通出资3000万元，整合后占60%股份。聂峰辉有些失望，但怡亚通董事长周国辉说："整合时为什么给不了更多的钱，因为我们不是靠概念的一锤子买卖，而是踏实地共同做事业。"

这次整合，不仅是怡亚通对大泽公司的整合，也是对怡亚通资源、平台、管理经验等多种内容的整合。其整合经历了三个阶段：商业整合阶段、文化融合阶段以及最终的同心同德阶段。2017年，大泽公司的收入突破 10 亿元，比被整合前提升了好几倍，实现了双赢。

我们看到，西方市场经济的企业发展史就是一部并购史，我们国家经过 40 多年的改革开放，现在也到了并购的黄金窗口期，我们中小企业应加倍珍惜眼下的机会。

第一，当下市场竞争已经演变为资本推动的企业品牌与实力的较量，"家家办厂，村村冒烟"已经成为过去式，同质化的"红海"市场已经奄奄一息，各行各业的龙头企业正在借力资本，"合纵连横"，众多中小企业面临"要么归顺，要么消灭"的抉择，可能现在归顺我们还有要价、谈判的筹码，若等到以后企业没有业绩，而按照资产评估值计价，那企业只有废铜烂铁的价格了。

第二，现在回头看我们是历史的最低点，但朝前看也许我们现在是在山顶徘徊。现在的经济两极分化明显，叫苦连天的是那些没有核心竞争力且没有上市的中小企业，而那些已经上市的行业头部企业，现在正是攻城略地、壮大势力的好时机。

第三，中国资本市场独有的高估值不可能一直持续下去，即使二级市场一跌再跌，现在的创业板及中小板的市盈率仍然高达 40 倍以上，放到任何一个国家、任何一个时点，都不可能是常态，价值回归、股价下跌是必然。若现在中小企业和上市公司合并，自然会以高溢价来折算，当然会使被并购方的价值得到充分释放。

第四，国家大力推动资本市场的并购，持续不断地为并购重组"松绑"。现在，大约 90% 的并购都是市场行为，每年的并购案例成千上万，涓涓溪流，汇入大海，每个行业每天都在上演着并购大战。

如果企业有意愿并购，该怎么办？有哪几种模式可借鉴？常见的并购模式有"优势互补"模式、"男女搭配"模式、"强强联合"模式、

"蛇吞大象"模式。

模式一："优势互补"模式

一些企业家认为，"与上市公司合并，被并购对象是有门槛、标准的，我们公司没有条件进行并购"。一般来讲，上市公司总是希望和有2000万元以上利润的企业合并，以增强自身实力，但也有例外。我们来分析一个案例，一个传统园林公司几乎没有业绩，但被一家上市公司并购，它为什么会被并购？

案例

一家"三无"（无资质、无资产、无利润）的园林公司为什么能够被上市公司并购？如何被并购？

（一）和非上市公司并购联合

成都川秀园林公司（以下简称"川秀公司"）于2010年成立，公司成立后，主要依托公司董事长的一些社会资源，并挂靠大的公司，主要在四川境内进行园林项目的承揽、投标。由于员工有限，承揽到项目后，再分包给具体施工方，优势是有一定的市场资源，但资金不足，无法带资承接、组织大的项目。

广州中贸园林公司是一家规模较大的公司，资质较全，且于2010年融资3亿多元，资金较充裕，但对投资者有业绩承诺，业绩压力很大，且业务主要集中于广东，开拓西南市场的难度很大。

川秀公司和中贸园林公司接触后，发现双方互补性很强，一拍即合，通过并购实现优势互补，共同走向资本市场。

2011年，双方通过换股。川秀公司的股东换股成为中贸园林公司的股东；川秀公司被中贸园林公司收购，成为中贸园林公司成都分公司。由此，公司西南地区的业务量快速增长，中贸园林公司的业绩显著提升。

（二）和上市公司通过并购进入资本市场

中贸园林公司原来谋求单独上市，但是经过几年的努力，进展不顺利。此时外部投资者变现的压力越来越大，特别是市场大的客户都要求园林公司垫资施工，园林公司对资金的需求急迫，企业只有实现持续的业绩增长才能融到资金，而融资后又不断开拓市场，现金流更是吃紧，中贸园林公司甚至几次出现资金断流的险情。为此，通过并购上市，已成为企业当时第一要务。

福建天广消防有限公司（以下简称"天广公司"）于2010年上市后业绩下滑明显，也在急于寻找有业绩的公司进行合并，以实现自身增长。为此，中贸园林公司与天广公司实施并购，具体方案如下。

1. 发行股份购买资产

具体为上市公司天广消防有限公司发行1.2亿股份，购买中贸园林公司100%的股份价值，即将中贸园林公司的股东变成天广公司的股东，原始价值为6.3亿元，评估值为12亿元。同时发行1.3亿股份，购买中贸生物100%的股份价值，即将中贸生物的股东变成天广公司的股东，原始价值为2.2亿元，评估值为13亿元。

2. 发行股份募集配套资金

本公司向自然人股东黄如良、尤东海发行股份募集配套资金，配套资金总额为1亿元。

3. 发行价格的确定

本次发行股份的定价基准日为上市公司第三届董事会第二十一次会议决议公告日。

本次发行股份价格为定价基准日前20个交易日股票交易均价的90%，即10.07元/股。

中贸园林、中贸生物2015—2018年预测净利润,如表4-1所示。

表4-1 中贸园林、中贸生物2015—2018年预测净利润　　单位:万元

项目	2015年度	2016年度	2017年度	2018年度
园林预测	2 734.13	17 729.39	19 701.39	21 781.95
生物预测	9 956.85	14 651.76	17 826.77	20 012.00

4. 业绩没有完成的补偿金额及补偿方式

应补偿金额＝(利润补偿期间中贸园林和中贸生物承诺累计净利润合计数－利润补偿期间中贸园林和中贸生物的累计实现净利润合计数)×2.5。

利润补偿方式:在2018年度《专项审核报告》出具后20个交易日内(包含第20个交易日当天),大股东应当用现金向上市公司支付完毕其应补偿金额。如向上市公司支付的现金补偿金额不足邱茂国(中贸园林公司大股东)应补偿金额,则邱茂国应当就上述现金补偿后的差额部分,以邱茂国持有的上市公司股份进行补偿。

由此,成都川秀园林公司成功上市。虽然成都川秀园林公司刚起步,是"三无"园林公司,但是通过两步走,最终成为上市公司天广中贸的股东之一,市值达几千万元,同时,在西南地区借助上市公司的资源得到快速成长。

模式二:"男女搭配"模式

在生活中人们常调侃:男女搭配,干活不累。在资本领域,同样也是"产融结合,干活不累",产业资本与金融资本要相互携手、有机结合才能更好地发挥各自的作用。

一家业绩平平的污水处理公司如何找准定位，和上市公司能"一见钟情"，快速通过并购实现间接上市？

环保产业是一个新兴产业，近年来实现了高速发展，环保领域的新公司如雨后春笋般涌现出来，但行业比较分散，企业众多，规模都不大。许多企业只能维持生存，单独上市难度很大，和上市公司"联姻"应是一条阳光大道，但为什么在运行中又步履蹒跚？

一方面，产业资本基本上专注于产业运营，对此是轻车熟路，但对如何规范自身，怎样对接资本市场，如何寻找并购对象，怎样设计并购整体方案，基本上是一片空白。另一方面，从事金融资本运营的专家，纸上谈兵的多、带兵打仗的少，蜻蜓点水的多、系统筹划的少，空中"飞人"多、落地孵化的少，使产业资本与金融资本时常错位、脱节，这也是我国资本市场，特别是在并购领域，发展滞后的一个重要原因。

新疆新兴环保科技有限公司的资本化发展路径，带给我们一个很好的启发。

案例

新疆新兴环保科技有限公司（以下简称"新兴环保"）公司成立于1998年，注册资本100万元，董事长为刘继武。

公司成立后，和中国传统的环保企业的模式一样，每年持续承接工程，建设实施，而且由于董事长是技术出身，企业的专注点一直在产品服务本身，致力于节约成本，但是无论如何努力，企业经营状况却是每况愈下。殊不知，不是因为自己不努力，而是市场竞争的环境变了，环保工程领域的相互竞争核心点已经由成本对比变为资本实力与品牌之间的竞争了。上市公司自然在资本实力与品牌方面具有天然的优势，所以，企业的资本化是必由之路。那么，企业如何进行资本化的华丽转身？对于已经50多岁的董事长来讲，寻求资本专家的合作，相互借力出海，已成为企业的重中之重了。

投资银行专家张宏，作为我国资深的保荐代表人，在资本领域已驾轻就熟，也希望由原来的纸上谈兵变为弯弓射雕，由一般的顾而不问转为直接操刀，同时张宏与刘继武已经建立了良好的关系，彼此认可，也希望由原来的"互助模式"变为"联姻模式"。于是，张宏也正式从投资公司离职，通过股权激励与资金入股加盟新兴环保，2013年，公司注册资本变为5000万元，刘继武占60%，张宏占40%。

2015年7月，公司挂牌新三板。

2016年年底，上市公司天津天膜科技股份有限公司（以下简介"津膜科技"），以发行股份及支付现金相结合的方式收购新兴环保100%的股权，全部收购价款计41 964.10万元，其中股份对价金额为35 866.85万元；发行价格为第二届董事会第四十次会议前20个交易日的津膜科技股票交易均价的90%，即15.43元/股；发行股份数量为23 244 870股；现金对价金额为6 097.24万元。

上市公司津膜科技主营业务为超、微滤膜及膜组件的研发、生产和销售，并以此为基础向客户提供专业膜法水资源整体解决方案。为促进行业或者产业整合，增强与现有主营业务的协同效应，在其控制权不发生变更的情况下，向控股股东、实际控制人或者其控制关联人之外的特定对象发行股份购买资产。本次交易津膜科技通过向新兴环保股东发行股份及支付现金购买其持有的100%股权。新兴环保在水处理领域积累了丰富的设计以及工程服务和工程组织管理经验，并具有多项专业施工与承包资质。上市公司与标的公司在业务上存在显著的协同效应。上市公司将充分整合标的公司，在业务资源、客户资源、供应商资源、市场资源、研发生产资源等方面与标的公司形成优势互补，不断提升公司的业务规模和盈利能力。本次交易有助于延伸上市公司的产业链，实现规模经济和协同效应，完善上市公司在水处理行业的产业链，增强上市公司的业务承接能力和市场竞争力。

通过上述案例我们看到，一家业绩平平的水处理公司，首先通过产业资本与金融资本联姻，成为"一家人"。然后，通过进入新三板，小试牛刀，初战告捷。随后，和创业板上市公司再次合并，形成优势互补，借船出海，并购上市。把一件别人看来不可能的事变成现实，所以，企业在资本市场需要"好风凭借力"，相互借力，跨上风口，笑傲江湖。

模式三："强强联合"模式

是否只有在不够单独上市条件时才进行并购上市？

目前，企业年利润在5000万元以上就构成了单独上市的基础，很多企业也就开始筹划独立上市，但很多人认为，只有企业在利润较低、不够独立上市条件时，才考虑并购上市。

然而，一家企业连续两年净利润都接近2亿元，为什么却选择并购上市？

案例

收购公司：青松股份

股票代码：300132

福建青松股份有限公司（以下简称"青松股份"）位于福建武夷山，2010年上市，主营樟脑等化学中间体。2017年利润达1亿元，2018年上半年利润为1.5亿元。现在市值为60亿元。

青松股份虽然是一家福建的上市公司，但并购的背后操盘者却是山西首富杨建新。作为原百圆裤业创始人，成功操盘百圆裤业实现转型，并将其打造成为国内跨境电商龙头跨境通，2015年以来，杨建新蝉联山西首富。在跨境通日趋成型之后，杨建新萌生出"退居二线"的想法，有意从"台前"转向"幕后"。2018年4月，跨境通(002640.SZ)发布《关于实际控制人筹划股权转让暨公司控制权拟变更的提示性公告》，杨建新夫妇分别拟将其持有的合计1.1亿股（占上市公司总股本的7.27%）以不低于28元/股的价格转让给公司二股东、总经理——环球易购创始人徐佳东。

在从跨境通全身而退的同时，杨建新又将目光瞄向了另一家意欲转型的上市公司，就是青松股份。

为了取得青松股份的控制权，杨建新从2016年9月到2017年12月，耗时1年多时间，合计斥资10亿元，成功拥有上市公司29.8%的可支配表决权，并顺利接管公司董事会，实现强势入主。

在杨建新入主后，青松股份营业收入、净利润和股价均创出近年来新高，但杨建新似乎并不满足于此。公司上市前他曾表示："在巩固现有主营业务基础上，充分利用上市公司平台，择机布局新兴产业。"进一步的资本运作是大势所趋，所以选择收购诺斯贝尔也是情理之中。

更加有趣的是，青松股份此前曾公告，拟将现有林产化学品深加工业务的部分资产及负债按分拆划转至青松化工和青松物流，其中青松化工承接生产加工业务相关资产及负债，青松物流承接运输业务相关资产及负债。此举，显然意在梳理原有产业为未来运作腾出空间。

青松股份在2018年9月发布公告，拟收购诺斯贝尔化妆品股份有限公司（以下简称"诺斯贝尔"）不低于51%的股份，这是一家集面膜、护肤品、湿巾等产品的设计、研发、生产与销售于一体的专业化妆品生产企业。本次收购构成重大资产重组。

本次公司拟收购标的诺斯贝尔是面膜代工界的龙头，2018年5月从新三板摘牌。2016年诺斯贝尔实现营业收入12.1亿元，净利润1.76亿元；2017年实现营业收入14亿元，净利润1.8亿元。

本次收购完成后，公司有望成为合成樟脑和面膜代工双行业龙头，同时受益于诺斯贝尔与屈臣氏以及各大化妆品品牌的深度合作关系，有望帮助青松股份开拓香料的销售渠道，实现与主业的协同。

所以，我们要将传统的"宁做鸡头，不做凤尾"的理念，转变为"可做鸡头，可做凤尾"。

模式四："蛇吞大象"模式

是否只有小公司才会投奔大公司，不会有小公司并购大公司？

通常在我们的理念中，大公司收购小公司是顺理成章的，而鲜有小公司收购大公司的案例；而在资本市场，只要"一加一大于二"，能实现双赢，任何行为就都是合理的、正常的。

特别是现在，大小之间的标准越来越模糊了。传统上，我们一般是按照资产规模、人员多少、营业额等来划分企业大小。以往我们认为，大企业总是指资产规模大、人员数量多的企业，而今却是，资产规模大、人员数量多，凸显出企业的成本大、费用高，它又是企业的负担，是企业的劣势了。企业的核心价值应该是用最少的资产占用及消耗，创造出最大的资本价值。所以，当下企业的核心资产不一定是土地、厂库等有形资产，而是管理组织等无形资产，是无形资产统领有形资产；企业核心竞争力不是设备、机器，而是能将设备、机器、人力、技术等有机组合的系统集成；经营的系统集成已经远远大于单一的生产要素。企业的核心价值不再是生产某一个产品，而是商业生态圈中能寻找到一个自身存在的支点，哪怕是一根火柴、一棵小草，它也能为我们点明、增绿，在为人类创造价值的同时实现自身的价值；而远离我们生态圈的，哪怕是一座火山、一片森林，于我们有何价值？

大企业收购小企业，被认为是天经地义的；而那些从规模上看是"小"企业，但有胸怀，有眼见，有系统，有运筹力，收购重资产的大公司，也是顺理成章的事。

案例

企业名称：山西振东制药股份有限公司

股票代码：300158

上市地：创业板

上市日期：2011年1月7日

山西振东制药股份有限公司（以下简称"振东制药"）是山西省首家创业板上市公司，下辖振东、泰盛、安特、开元、康远5个药品、健康护理用品企业，9个生产和中药材开发企业，以及北京研究院、生物健康科技、医药贸易等30多个子公司。

泰盛制药有限公司（以下简称"泰盛制药"）成立于1993年7月5日，收购前注册资本为2000万元。振东制药收购泰盛制药的主要原因是拓宽公司产品线，丰富产品结构，实现公司发展的战略目标。

2007年8月，山西振东制药股份有限公司与泰盛制药有限公司股东签订股权转让协议，以10 500万元收购张润成等十名自然人持有的泰盛制药100%股权。泰盛制药主要财务数据占股份公司比重，如表4-2所示。

表 4-2　泰盛制药 2006—2007 年主要财务数据占股份公司比重

项目＼日期	2007 年	2006 年
营业收入占比	26.30%	32.80%
利润总额占比	2.80%	63.26%

从这里我们看到，在收购当年，被收购企业的利润占到了股份公司的 63%，但是在双方愿意的前提下同样完成了交易，山西振东制药股份有限公司也在 2010 年实现了上市。

所以，在资本市场，"没有不能上市的公司，只有不懂筹划的老板"。

第三节　联合上市模式

联合上市，就是中小企业基于某一核心点联合起来做大、做强，一起进入资本市场。

联合的核心点，一般来讲包括以下几个方面：

（1）同一类客户。比如，都是为洗衣机提供零配件的。

（2）相同或相似的生产。比如，都是面粉加工业。

（3）基于某一类研发。比如，某一研究所有很强的研究能力，从事相关新产品的开发、研究。

（4）基于某一商业模式。比如，共同在某一平台上进行电商交易。

不论是哪种联合方式，前提是联合后能显著地降低经营成本与费用，提升企业总体绩效。

为什么要联合上市？

我国中小企业有 4000 多万家，而我国资本市场经过近 40 年的发展，至今上市公司不到 4000 家，企业直接上市的概率不到万分之一。在资本化浪潮中，直接上市的企业屈指可数，绝大多数企业直接上市无望。

从本质上看，企业不是一个简单的加工车间、加工厂，它是要素的系统集成体，更是一个商业生命体，它不光要有"肢体"进行具体劳作，还要有智慧系统，智慧系统的分析、思考、决策能力是企业赖以生存的基础。我国绝大多数企业无力构建自身的智慧系统，只有联合起来才有可能构成一家真正意义上的企业。

目前，企业要单独上市的前提条件是，年净利润在5000万元以上；而并购上市，年净利润的起点在1000万元以上，我们绝大多数企业是无法达到此标准的。

当下，大多数行业呈现小、散、乱、杂的特点，联合起来，进入资本市场，是我国企业发展，行业整合、优化，产业升级的必由之路。具体有以下几种模式。

模式一："同类合并"模式

该模式就是将有相同或相似产品或业务的企业重组、优化，以提升效益，增强竞争力，一起进入资本市场。

有几家县级自来水厂，其利润分别为：439万元、193万元、221万元、279万元、917万元、521万元、531万元、1 314万元，它们能否上市？

回答显然是否定的。这样的企业，在全国有很多，利润只有区区几百万元，同时又只有简单的水务业务，怎么可能上市？

如果是各自孤军奋战，自然它们的上市遥不可及，但是，小帆船联合起来，就成了联合舰队了，战斗力今非昔比，上市就是顺理成章了。

案例

企业名称：安徽中环环保科技股份有限公司

上市地：创业板

上市日期：2017年8月9日

主营业务：主要从事污水处理业务及环境工程业务。其中污水处理业务主要为，通过BOT、TOT等方式开展特许经营权运营业务，以自筹资金投资运营污水处理厂或通过受托运营方式取得已有污水处理厂的经营权，在运营期限内运营污水处理设施并收取污水处理费用。环境工程业务主要为，按照协议约定提供污水处理相关环境工程设计、工程施工、设备采购及集成、安装调试、试运行等阶段的服务。

1. 公司的设立及重组

第一步：设立一家空壳公司，即上市的载体。

公司前身是于2011年12月14日成立的安徽中环环保科技有限公司。公司成立时注册资本为2000万元，由中辰投资、张伯中分别以货币认缴方式出资1200万元和800万元。2015年4月，全体发起人召开了股份公司创立大会，一致同意将安徽中环环保科技有限公司整体变更为安徽中环环保科技股份有限公司。

第二步：由新设的股份公司对九家污水处理公司，通过置换股权或收购股权的方式进行联合，充实这家拟上市公司。

2012—2015年，发行人从控股股东、实际控制人张伯中所控制的企业中辰投资手中收购了安庆清源、桐城清源、泰安清源、舒城清源、全椒清源、寿县清源、望江清源、宁阳清源及宜源环保9家公司的股权。

2. 上市前的公司结构

安徽中环环保科技股份有限公司上市前的公司结构，如图4-1所示。

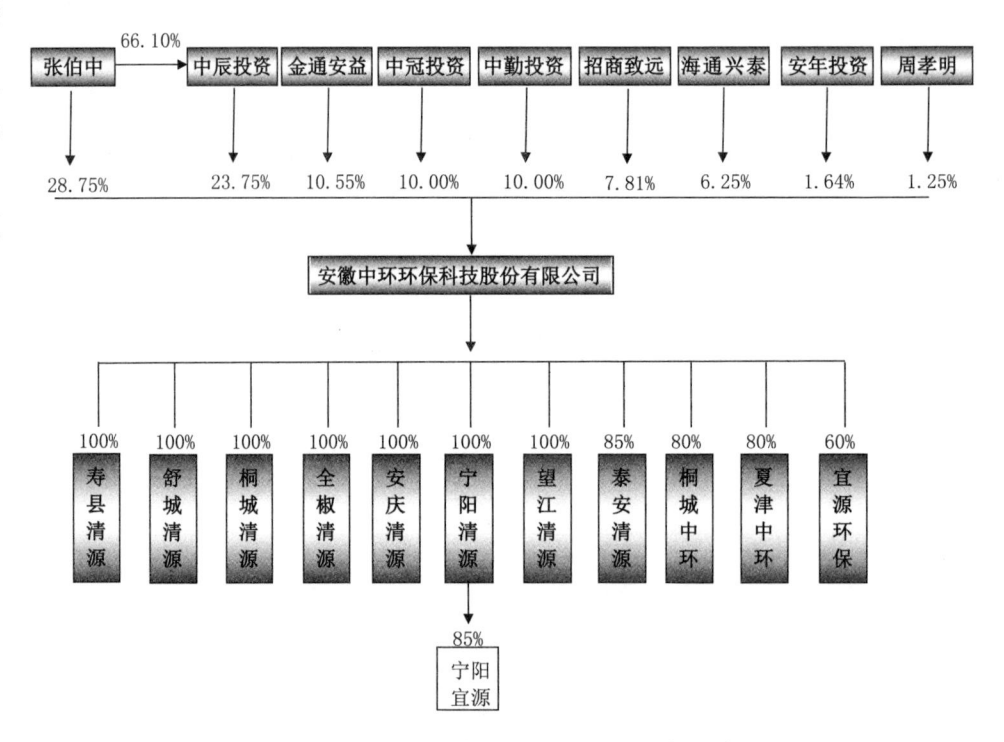

图 4-1 安徽中环环保科技股份有限公司上市前的公司结构

3. 上市前的公司业绩

安徽中环环保科技股份有限公司上市前的公司业绩，如表 4-3 所示。

表 4-3 安徽中环环保科技股份有限公司合并利润表主要数据　　　单位：万元

项目名称	2016 年	2015 年	2014 年
营业收入	17 789.14	14 783.83	14 060.70
营业利润	4 763.98	4 208.37	4 068.26
利润总额	6 685.18	4 480.03	4 066.06
净利润	5 023.15	3 465.98	3 314.48
归属于母公司所有者的净利润	4 618.78	3 281.82	3 184.71

续表

扣除非经常性损益后归属母公司普通股东的净利润	4 077.03	3 211.64	3 237.10
基本每股收益（元/股）	0.58	0.50	—

2016年净利润为：寿县清源439.38万元，舒城清源193.85万元，桐城清源221.20万元，全椒清源279.12万元，安庆清源917.05万元，宜源环保521.61万元，宁阳清源531.74万元，泰安清源1314.85万元。它们相加，总计为4418.8万元。

通过此案例我们看到，资本市场也有"小溪汇成川，同奔资本海"的成功案例。

模式二："内外优化"模式

企业将内部的要素，包括人员、资产、技术等进行结构重组，再与外部的资本、人员、市场等进行优化组合，以构建新的精干、高效的企业组织与资产结构，实现轻装上市。

我们经常看到这样的情况：一家企业优劣势明显，董事长非常保守，但是经理层特别能"打硬仗"；产品市场拓展能力很强，但是财务管理欠缺，企业希望引进外部资本与技术。外部投资者及团队虽想进来却顾虑重重，怎么办？

也就是说，一家企业优劣势并举，如何将内部资源优化组合后，与外部资源有机结合，进入资本市场？我们看看这家企业是如何操作的。

案例

企业名称：深圳科创新源新材料股份有限公司

股票代码：300731

上市地：创业板

上市日期：2017年11月29日

主营业务：公司定位于中国领先的防水绝缘整体方案提供商，致力于为全球通信、电力、汽车密封、石油、海洋工程、航天航空等领域客户提供高品质的橡胶材料整体解决方案和服务，主营业务为防水、防火、防腐、密封、绝缘类新材料及其制品的研发、制造与销售。

1. 公司的设立及重组

2008年公司设立，朱红宇担任公司执行董事兼法定代表人，负责技术研发，周东担任公司总经理，负责整体运营和市场开拓。公司设立时，注册资本为200万元，一直到2013年，公司没有什么起色。

2011年，朱红宇与周东等股东的经营理念出现差异，对公司未来业务发展方向的规划不一致。2013年，朱红宇等股东开始与深圳市汇智创远就股权并购进行商谈。汇智创远预估公司2013年全年净利润约2000万元，以7倍市盈率将公司估值为1.4亿元。由于汇智创远认可周东的技术改进贡献、经营能力及其维系的客户资源，提出周东股权不得出让且须继续负责公司的生产及销售。

周东提出如下要求：周东平价增资成为公司控股股东及实际控制人，并继续掌握公司经营权；汇智创远仅作为财务投资者，不得干涉公司的日常经营。朱红宇认可周东对公司的贡献，同意周东平价增资成为控股股东；将股权提前兑现后不再承担风险，接受对公司估值1.4亿元作为出让股权的基础。经过协商，增资后周东控制公司60%的股权，成为公司控股股东；汇智创远实现并购，向朱红宇支付5600万元现金。经过上述增资及股权转让，公司实际控制人由朱红宇变更为周东。

2015年8月31日，公司股东会做出决议，决定公司由有限责任公司整体变更为股份有限公司。以经审计的净资产 124 474 693.97 元为基础，拆为公司股份 6000 万股，公司整体变更设立为股份有限公司。

2. 发行人股权结构

深圳科创新源新材料股份有限公司发行人股权结构，如图 4-2 所示。

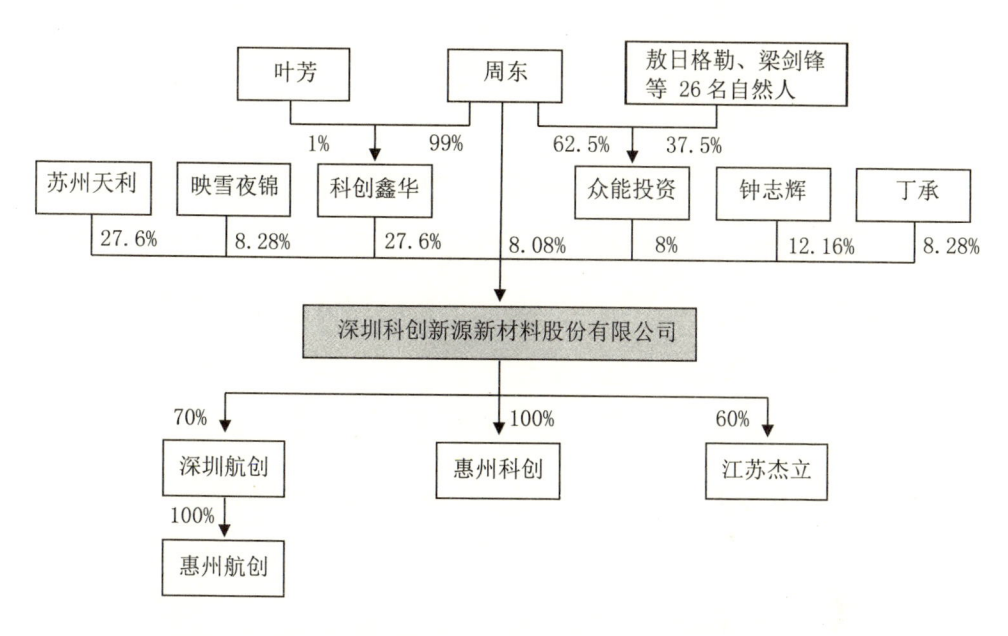

图 4-2 深圳科创新源新材料股份有限公司发行人股权结构

深圳科创新源新材料股份有限公司发行人合并利润，如表 4-4 所示。

表 4-4 深圳科技新源新材料股份有限公司发行人合并利润表主要数据　　单位：元

项目名称	2017 年 1-6 月	2016 年	2015 年	2014 年
营业收入	121 347 945.40	188 324 089.32	154 215 421.57	158 944 940.68
营业利润	36 453 614.52	61 530 966.70	40 533 315.26	63 629 971.25
利润总额	37 574 806.80	62 478 489.85	42 693 223.66	65 406 236.32
净利润	31 782 525.59	53 563 532.09	35 242 542.00	56 069 184.58

续表

项目名称	2017 年 1—6 月	2016 年	2015 年	2014 年
归属于母公司所有者的净利润	33 337 714.60	54 046 539.13	35 358 265.82	56 069 184.58
归属于母公司所有者扣除非经常性损益后的净利润	30 782 923.00	50 255 098.40	31 703 501.43	53 911 336.68

有这样一句话："世界上本没有垃圾，只有放错位置的财富。"在当下大变革时代，这句话我们可以理解成：没有废弃的资源，只有不匹配的要素。每一家企业都需要基于新的环境进行要素的重组与优化，当然，视野要更宽一点，范围要更广一点，速度要更快一点。企业不再是生产产品的组合体，而是顺应市场的"要素自由组合体"，每一位企业家都应有"仰天大笑出门去"的胆识，当然前提是要知道"出门去"的方向与目的。

模式三："新设注销"模式

该模式即设立新股份公司，作为经营与上市的主体，然后收购原来存在瑕疵的企业，并予以注销，使得新设股份公司能够轻装上阵，规范运行，顺利进入资本市场。

有多家中小企业有意愿联合发展，但是每一家企业之前的运营均不规范，且存在瑕疵，如何联合上市？

案例

企业名称：御家汇股份有限公司

股票代码：300740

上市地：创业板

上市日期：2018年2月8日

主营业务：主要从事面膜等护肤品的研发、生产与销售。公司拥有"御泥坊""小迷糊""花瑶花""师夷家""薇风"等主要品牌，产品包括面膜类、水乳膏霜类等，其中以面膜类为主。公司主要通过互联网销售产品，与天猫、京东、唯品会、聚美优品等电商平台建立了良好的合作关系；同时，公司积极拓展线下布局，线上线下全渠道融合加速发展。

1. 公司设立的过程

2012年10月20日，御家汇股份有限公司全体股东一致同意并形成书面决议：成立湖南御家汇化妆品有限公司，注册资本为2000万元。

2016年8月27日，御家汇股份有限公司召开董事会，决定整体变更为"湖南御家汇科技股份有限公司"，以截至2016年7月31日的净资产242 282 514.67元作为出资，按1:0.247645的比例折为股份公司总股本6000万股，每股面值1元，由各股东按原各自出资比例持有，其余净资产182 282 514.67元计入资本公积。

2. 公司重组的过程

（1）2013年4月，戴跃锋、刘海浪签署《重组协议》。

该协议约定将御泥坊生物及其关联公司资产转入新设主体，并注销相关关联公司。御泥坊生物、花瑶花生物、御家汇网络的资产被收购后，业务逐步转移至发行人及其子公司，本次资产重组于2013年年末基本完成，涉及购买固定资产、存货以及无形资产转让等事宜。

（2）注销情况。

2016年4月18日，御泥坊生物、花瑶花生物召开股东会会议，会议同意将公司予以解散。2016年6月24日，御泥坊生物、花瑶花生物完成税务注销登记。2016年7月6日，御泥坊生物、花瑶花生物完成工商注销登记。

2015年11月10日，御家汇网络召开股东会会议，会议同意将公司予以解散。2016年7月28日，御家汇网络完成税务、工商注销登记。

（3）合法合规情况。

御泥坊生物、花瑶花生物和御家汇网络等公司所有股东均确认本次资产重组合法、有效，不存在纠纷或潜在纠纷。根据工商、税务部门以及食品药品监督管理局等部门出具的说明，御泥坊生物、花瑶花生物和御家汇网络存续期间不存在重大违法违规情形。上述公司履行了必要的清算注销程序，并办理完成相关的注销登记手续，符合法律、法规及规范性文件的规定。

3. 公司重组的作用

经过本次重组，公司具备了护肤品相关业务的经营能力，完善了发行人的业务体系，逐步消除了与实际控制人及实际控制人控制的其他企业之间潜在的同业竞争。

本次重组后，公司经营规模迅速扩大，收入和利润大幅提升，盈利能力显著增强。

企业上市申报期的利润，如表4-5所示。

表4-5　企业上市申报期的利润表　　　　　　　　单位：万元

项目名称	2017年	2016年	2015年
营业收入	164 639.99	117 089.27	76 872.25
营业利润	16 235.70	7 456.31	7 974.91
利润总额	19 029.93	9 531.61	8 202.42
净利润	15 817.70	7 259.48	5 298.96
归属于母公司所有者的净利润	15 849.42	7 377.08	5 314.77
扣除非经常性损益后归属于母公司股东的净利润	14 774.90	7 315.76	8 315.51

御家汇股份有限公司上市后的收购情况，如图4-3所示。

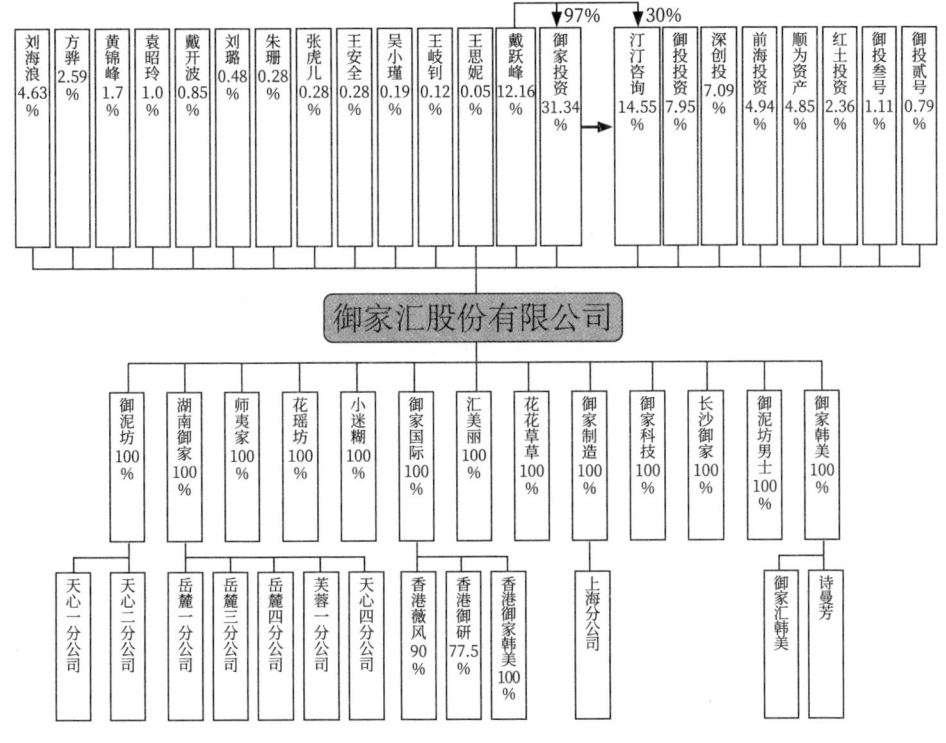

图中股东结构（自左至右）：
- 刘海浪 4.63%
- 方骅 2.59%
- 黄锦峰 1.7%
- 袁昭玲 1.0%
- 戴开波 0.85%
- 刘璐 0.48%
- 朱珊 0.28%
- 张虎儿 0.28%
- 王安全 0.28%
- 吴小瑾 0.19%
- 王岐钊 0.12%
- 王思妮 0.05%
- 戴跃峰 12.16%
- 御家投资 31.34% → 97%
- 汀汀咨询 14.55% ← 30%
- 御投投资 7.95%
- 深创投 7.09%
- 前海投资 4.94%
- 顺为资产 4.85%
- 红土投资 2.36%
- 御投叁号 1.11%
- 御投贰号 0.79%

御家汇股份有限公司下属子公司：
- 御泥坊 100%
- 湖南御家 100%
- 师夷家 100%
- 花瑶坊 100%
- 小迷糊 100%
- 御家国际 100%
- 汇美丽 100%
- 花花草草 100%
- 御家制造 100%
- 御家科技 100%
- 长沙御家 100%
- 御泥坊男士 100%
- 御家韩美 100%

下属分公司：
- 天心一分公司
- 天心二分公司
- 岳麓一分公司
- 岳麓三分公司
- 岳麓四分公司
- 芙蓉一分公司
- 天心四分公司
- 香港薇风 90%
- 香港御研 77.5%
- 香港御家韩美 100%
- 上海分公司
- 御家汇韩美
- 诗曼芳

图4-3 御家汇股份有限公司上市后的收购情况

上市不满半年，公司开始了外延式扩张之路，于2018年6月宣布以10亿元现金收购同样为淘品牌出身的阿芙精油60%的股份，剩余40%以股权方式收购，计划不晚于2020年9月30日完成，前提是被并购方2019年度的净利润不低于6000万元。

此次收购缘起于湖畔大学组织的古田学习，2018年6月，在湖畔大学组织的古田学习期间，在交谈中双方一拍即合，选择合作。于是，阿芙放弃了IPO之路，转嫁御家汇。

在企业产品经营中，四面开花、面面俱到是大忌；在资本经营中也是一样，与其伤其十指，莫若断其一指，需要集中精力，打歼灭战。诚如华为任正非所讲，要"力出一孔，利出一孔"，御家汇股份有限公司以大刀阔斧的变革冲刺资本市场，值得我们借鉴与学习。

模式四："系统集成"型模式

在公司成立时，即进行总体筹划设计，以资本为纽带，按照企业高效发展与快速进入资本市场的目标，进行各经营要素的有机组合，使企业以最快的速度实现上市。

如何在5年内，把100万元的启动资金变成40亿元市值的上市公司？

案例

企业名称：南京越博动力系统股份有限公司

股票代码：300742

上市地：创业板

上市日期：2018年5月8日

主营业务：公司专注于纯电动汽车动力总成系统领域，为新能源汽车整车制造厂商提供整体动力系统解决方案，产品主要为纯电动汽车动力总成系统，适用于纯电动客车、纯电动专用车等领域。

1. 公司设立

公司前身为南京越博汽车电子有限公司（以下简称"越博有限"），于2012年4月19日设立，注册资本100万元。根据《公司章程》约定，越博有限的注册资本分两期出资，第一期出资40万元，第二期出资60万元。

2. 股份有限公司成立

2015年8月21日，越博有限以截至2015年6月30日经审计的净资产127 047 853.49元为基础，以整体变更方式发起设立南京越博动力系统股份有限公司，其中5100万元折合为普通股5100万股，每股面值1元，其余净资产76 047 853.49元作为股本溢价计入资本公积。

公司如何在短短几年内，将各要素高效系统集成，实现顺利上市？

（1）"双轮驱动"的战略。

当下，任何企业都需要产品经营与资本经营双轮驱动。没有资本理念的产品经营，只能是老牛拉旧车；没有产品基础的资本运营，无异于沙地起高楼。公司创始人李占江，既是汽车领域的专家，对产业洞若观火，又在创业板上市公司奥联电子（300585）担任高级管理人员，对资本的价值有切肤之感，所以，在创业之际便将两者相提并论，使其相得益彰，创造出奇迹。

（2）筹划设计先行。

"没有不能上市的企业，只有不懂筹划的老板"，这也是市场经验的总结，特别是对于新兴产业、初创企业，面对全新行业、全新领域，如何成为市场需求或痛点的方案解决商以及相应服务的平台运营商，绝对不是单纯生产一件产品那样简单，它需要各生产要素的系统集成与动态优化。任何单一的要素，不论是资金、技术、团队、市场都只是工具之一，企业的核心是将它们集合起来创造价值。所以，原来创业者习以为常的"三拍"型的决策方式早已被历史淘汰了。

（3）各要素的结合与优化。

定位：为新能源汽车整车制造厂商提供整体动力系统解决方案的运营商。

市场：集中研究开发前五大客户。公司主要为下游整车制造厂提供纯电动汽车动力总成系统，主要客户包括东风特汽、金旅客车、长安客车、申龙客车、南京金龙等。近几年，公司前五名客户销售占比均在80%以上，通过对此五大客户的需求挖掘与市场匹配，保证了公司的基本运行。

资金：股权融资。2015—2016年，公司按照20亿元与40亿元的估值，分三次进行股权融资，筹集资金约3亿元，保障了公司的高速持续增长。

团队：高级管理人员及核心层的股权激励。公司通过越博进驰和协恒投资两个有限合伙企业对董事、监事、高级管理人员以及其他核心员工实行股权激励。

生产：自主生产与外协结合。在产品生产环节，对于自动变速器系统及整车控制系统由公司自主完成生产，对于其他部件公司采取定制化采购的方式交由合格供应商进行生产，最终由公司对各部件进行统一装配与调试，并将成品通过定制化测试设备进行检测下线。

研发与平台建设：公司自设立以来，始终坚持自主创新的理念，已形成较强的自主研发、自主设计及自主创新能力，行业地位及竞争优势明显。公司系国家级高新技术企业，先后入选工信部品牌培育试点企业、江苏省百强创新型企业、苏南国家自主创新示范区瞪羚企业、江苏省高成长中小企业、江苏省科技小巨人企业和江苏省质量标杆企业，被认定为江苏省新能源汽车动力总成工程技术研究中心、江苏省认定企业技术中心、江苏省博士后创新实践基地、江苏省企业研究生工作站和南京市新能源汽车动力总成工程实验室等省、市级研发平台。

3.公司的发展历程

（1）2012—2013年：总体筹划与研发阶段。公司主要从事新能源汽车动力总成系统相关的技术研发与搜寻、洽谈。

（2）2014年：管理架构的初步构建与市场、技术、研发、平台的构建。公司纯电动汽车动力总成系统技术逐步成熟，具备纯电动汽车动力总成系统生产能力,并实现产品销售产业化。

（3）2015年至今,产品定型、生产,各项要素齐备,公司技术持续进步,产品型号不断增加,应用车型增多,销售规模快速增长,从2014年应用于纯电动客车扩展到纯电动物流车、特种车等领域,这也使得公司业务进入快速发展阶段。2015—2017年,公司主营业务收入复合年均增长率达177.43%。

对于公司上市,我们要"深挖洞、广积粮、早称王、不称霸"。

"深挖洞"就是要彻底摒弃传统的"人走我走"的老路,控制风险。

"广积粮"就是要用开放的视角和心态去配置要素,用工匠精神重新认识我们所做事情的本质,做到最好,做到极致。

"早称王"就是要早日成为细分行业的龙头。这个过程的竞争是非常残酷的,当你成为龙头的时候,意味着绝大部分人成为你的"垫脚石"。

成为龙头但是"不称霸",与社会、自然环境和谐友好相处,维持良好的政商关系。西方博弈论里有一个著名的"智猪理论",就是一头大猪和一头小猪关在一起,大猪要允许小猪"搭便车",小猪也要学会"搭便车"。一家独大未必是好事。

那么,"早称王"有没有捷径?原来是"一招鲜,吃遍天",现在则是"十项全能打天下"。

模式五:"筑巢引凤"模式

首先注册一家干净的公司,然后将相关优质企业与资产收购进来,进行再重组与结构优化,使它成为发展与上市主体。

一家注册资本为4000万元的空壳公司,如何在短短的4年时间内,把它打造成电工领域的明星上市公司,市值达30亿元?

案例

企业名称：江苏大烨智能电气股份有限公司

股票代码：300670

上市地：创业板

上市日期：2017年7月3日

主营业务：电气设备、配电网自动化设备、电网安全稳定控制设备、继电保护及自动控制装置、继电器、中压开关及开关柜、电力管理信息系统以及电力通信设备的开发、设计、制造、销售及服务。

1. 公司设立

江苏大烨电气有限公司，于2011年12月21日由南京明昭电气有限公司（以下简称"明昭电气"）和光一科技股份有限公司（以下简称"光一科技"）出资设立，注册资本为4000万元，均为货币出资，其中明昭电气认缴3200万元，光一科技认缴800万元。

2. 股份公司成立

2014年11月17日，大烨电气有限公司整体变更为江苏大烨智能电气股份有限公司。

（1）资产重组。

第一步：2012年10月19日，大烨电气有限公司与安能电气原股东王国华、任长根、高明、杨晓渝签署股权转让协议，由大烨电气有限公司受让安能电气100%的股权，转让价款为1390万元。股权转让完成后，安能电气成为大烨电气有限公司的全资子公司。

第二步：2013年8月30日，为了精简组织架构，减少管理层级，提高经营效率，大烨电气有限公司对全资子公司安能电气进行了吸收合并。

（2）重组后的价值。

吸收合并后，大烨电气有限公司承继了原安能电气的人员、资产及业务，使得公司业务快速发展，公司规模及经营业绩显著提升。

发行人的管理层主要由原安能电气的股东及管理层构成，包括王国华、任长根、高明、杨晓渝等人。公司实际控制人为陈杰，在收购安能电气前后未发生变更。根据《首次公开发行股票并在创业板上市管理办法》，"发行人最近两年内主营业务和董事、高级管理人员均没有发生重大变化，实际控制人没有发生变更"，因此，大烨电气有限公司收购安能电气后，运行了两个完整的会计年度即进行上市申报，符合创业板的申报条件。

公司之所以能快速崛起，其原因主要有以下几个方面：

第一，公司设立的初衷是以进入资本市场为目的，企业规范、干净。

第二，三位创始人分别为资本专家、管理专家、市场专家，资源互补，优势共享，使得企业一成立业务就得到快速推进。

第三，在确立了市场、研发、资本的三足鼎立局势后，通过收购现成的生产基地形成要素集成，极大地节约了生产的组织与安排成本。

所以，当大珠小珠散落盘中时，红线联珠就显得尤为珍贵。在当下产品过剩、服务过剩的现实面前，创新的公司组织就化腐朽为神奇了，而这根"红线"的作用就是使资产变资本。如此各经营要素无缝、高效地运转，从而创造出更大的价值。所以，在资本时代，可以说"资产变资本，万物以相融，高效有机体，腐朽变神奇"。

模式六："换股联合"模式

两家或两家以上的企业进行合并时，通过股权置换完成合并重组，从而实现上市。

两家传统的冰箱零配件企业都无法达到上市条件,如何在不增加任何支出的情况下实现高速增长,并在短时间内实现公司上市这一飞跃?

案例

企业名称:杭州星帅尔电器股份有限公司

股票代码:002860

上市地: 中小板

上市日期:2017年4月12日

公司的主要产品:各种类型的热保护器、起动器和密封接线柱,主要应用于冰箱、冷柜、空调、制冷饮水机等领域的制冷压缩机上。

1. 公司设立

2010年10月7日,由杭州星帅尔电器有限公司整体变更为杭州星帅尔电器股份有限公司(以下简称"星帅尔")。经审计后的全部净资产70 192 905.92元按1.40∶1折股,折合为变更后发行人的注册资本5000万元。

2. 公司的换股并购

星帅尔成立以来,一直专注于冰箱压缩机的零部件的研发、生产与销售。收购华锦电子以前,主要产品为压缩机的热保护器与起动器。华锦电子主要产品为压缩机的连接柱,双方的产品均为压缩机的关键零部件。收购完成后,发行人的产品线更加丰富,客户群更加广泛,主营业务得到加强。

2015年2月10日,华锦电子召开股东会,全体股东一致同意自然人股东赵其祥、戈岩、陆勇剑、林一东、毛红卫、刘四兵分别将其持有的华锦电子986.4万元、308.25万元、308.25万元、183.265万元、

142.165万元、85.57万元出资额以1∶1.2676的比例转让给星帅尔,同意将公司类型变更为一人有限公司(法人独资),同时同意对公司章程做出相应修改。同日,赵其祥、戈岩、陆勇剑、林一东、毛红卫、刘四兵分别与星帅尔签署了《股权转让协议》。经星帅尔2015年第一次临时股东大会同意,上述股东以该等股权对星帅尔进行增资,增资价格5.32元/股,认缴星帅尔注册资本分别为235.038万元、73.449万元、73.449万元、43.668万元、33.875万元和20.389万元。因此,本次股权转让行为实际为华锦电子股东以其持有的华锦电子股权向星帅尔进行增资,公司没有任何成本支出。并购后,公司产能由2013年的6000万只增加到2015年的12 370万只(包括收购子公司华锦电子4600万只),公司的利润由5000多万元增加到7000多万元,实力明显增强,公司上市条件大为增强。

一家中小企业,在资本的汪洋大海中孤舟远航,势单力薄,通过"相互换股成一家,联合出海搏风浪",就会"长风破浪会有时,直挂云帆济沧海",从而不再感慨:行路难!行路难!多歧路,今安在?

第五章 企业资本经营的『四大法宝』

问题

企业在资本化征途中,如何做到自己的命运自己掌控?企业如何防止重金聘请的专业机构在自身利益最大化的驱动下,使企业误入歧途?

问题：

1. "思路决定出路"，企业正确的资本理念是什么？

2. "方法得当，事半功倍"，企业正确的资本方法是什么？

3. "选择比努力重要"，企业正确的资本选择是什么？

4. "程序的科学是结果科学的保证"，企业正确的资本程序是什么？

5. 如何避免所谓的专家"从片面角度进行全面论证"？

6. 企业在资本化征途中，如何做到自己的命运自己掌控？

7. 企业如何防止重金聘请的专业机构在自身利益最大化的驱动下，使企业误入歧途？

8. 中介机构"中介"吗？它是代表企业利益、自身利益、公众利益还是政府利益？

9. 企业在资本化的过程中如何规避"盲人骑瞎马"的危险境况？

10. 我们如何突破传统的进入资本市场的模式，而选择优化的资本模式？

李嘉诚先生曾深有感触地讲："思路清晰远比卖力苦干重要；方法正确远比显示表现重要；选对方向远比努力做事重要；做对的事远比把事情做对重要。"

这是从实践中总结的做事的四个核心点：思路清晰，方法正确，选择恰当，程序科学。这也是我们在资本领域一直探索的认识论、方法论、选择论、程序论。

在产业领域，经过几十年市场经济的洗礼，企业已对产品经营驾轻就熟、得心应手，但在企业资本经营方面，还是不尽如人意。

在认识方面，企业清楚产品的核心是满足消费者的需求，不但要产品好还要包装好、设计好，这是好产品的前提。同理，在资本领域，企业的上市怎样才能满足投资者的需求？企业这个好的资本产品怎样才能包装好？对企业的资本经营该有什么样的筹划设计？

在方法方面，企业在产品经营上采用：管理有六西格玛方法，质量控制有TQC体系，人力资源有专业测试工具。同理，企业在资本经营上，采取了什么方法？我们的公司设立、上市决策、融资报告、招股说明书是否也要引入TQC体系？对外部合作机构、专家有什么测试、考评工具？

在选择方面，企业在产品经营领域，采购要货比三家，要有退货机制，合作伙伴要志同道合。同理，在资本经营领域，我们选择的服务机构以及合作伙伴是否货比三家了？有的机构没有辅助我们的企业融资上市成功，能否让它们退回已经支付的服务费，赔偿由此带来的损失？我们的合作伙伴和我们是志同道合的吗？

在程序方面，每家企业都深信，好产品是通过流程管控生产出来的，就像我们盖一间茅草屋，不但要有设计师、包工头，还要有监理队。同样，公司要制造自己的"资本产品"，它关乎我们企业的生存发展，我们是否确定了生产这个"资本产品"的流程？谁是我们"资本大厦"的总设计师、总承包商、分包商，他们之间会发生冲突吗？谁又是对这些承包商、装饰公司等进行第三方监理的监理公司，它对我们负责任吗？

在此，每位企业家都会产生如下疑惑：

"思路决定出路"，企业正确的资本理念是什么？

"方法得当，事半功倍"，企业正确的资本方法是什么？

"选择比努力重要"，企业正确的资本选择是什么？

"程序的科学是结果科学的保证"，企业正确的资本程序是什么？

所以，多年来我们一直强调，我们要突破传统的进入资本市场的模式。

我们在各自的行业都是行家里手，所以才有今日企业的成功。但面对资本这个全新领域，如果没有系统、深入地学习资本的相关知识，我们企业的管理层可能对资本的认知还停留在肤浅的层面，时常表现为"糊里糊涂"。由于企业没有系统筹划，也不懂得梳理打扮，时常会出现企业的优点埋没了，一点缺点却放大了的现象，看起来是"脏兮兮"。请了营养师来调理，却发现药品是假冒伪劣，请了画师来画像，却把美女画成丑女了，一个好企业显得"歪歪扭扭"。在企业资本经营中，把道听途说、捕风捉影来的消息，作为企业重大资本决策依据，没有流程管控，没有制衡体系，必然是"磕磕绊绊"。最终，一个在产品领域健康卓越的公司，在资本经营中沦落了，结果只能是"听天由命"。

那么，我们选择的优化的资本模式是什么呢？

对企业来讲，资本是出发点，也是归宿，在资本的惊涛骇浪中，企业一定要清楚自己的定位与生存方式，成为资本海洋中的"航母""潜艇"。企业如何航行，航行的方向如何确定，既要集思广益，又要自主命运,只有这样企业才能"明明白白"。做好检测保养,内外兼修,企业才能"清清爽爽"。在资本教练的指导下,"膳食"合理,"营养"搭配,企业才会"健健康康"。有设计、有流程、有反馈,我们企业的资本经营才能"正正确确"。最终,企业的资本经营就会"顺顺利利",成功是必然的,而失败是偶然的了。

第一节 企业资本经营的认识论

马克斯·韦伯在《新教伦理与资本主义精神》一书中提道:一个企业的价值观决定了这个企业的发展模式和路径方向。

时代的变迁,必然伴随着新旧观念的大碰撞、大颠覆。农耕时代走向工业时代,这个时期农场主享受着农业盛宴,日出而作,日落而息,白云小溪畔,悠然见南山。在这些农场主眼中,那些失去土地,流浪到城市做工的平民是如此不屑一顾,但当农业衰落凋敝,工业文明的盛宴精彩呈现之时,他们悔之晚矣。同样,当我们仍然沉浸在工业时代的盛宴中,资本盛宴的大门徐徐开启,滚滚洪流将我们卷入资本时代,只是我们的理念仍留在工业时代,转变观念是何等重要。一个阿拉伯数字,一个角度看是"6";而天地旋转,上下颠倒来看,它就变成"9"了。在这个转换期,常常是好的变成坏的,大的变成小的,正确的变成错误的。许多人认为,劳动可以致富,却没想到资本可以暴富。我们兢兢业业地搞生产,认为这才是经营正道,前进却越来越难,而那些做资本的,看似走的是小路,却突飞猛进。我们认为,设备和厂房是实实在在看得见、摸得着的,是实的,而资本是虚的;你们却宣讲,所有这些可购置、可交易的资产只是手段,而资本才是目的。现在,越是那些看起来四平八稳的企业，经营越发困难，而那些似乎处在风口浪尖的企业，却一飞冲天，企业经历着冰火两重天的大分化。当今，我们绝大多数中小企业，碰到困难，就真的是"困"住了，"木"卡在"口"中，出不去，的确是难了；而把"木"分拆，突破思想之"口"的封闭，就没有困难了。观念转变了，凡墙都是门。

对于个人而言，"我从哪里来？我是谁？我到哪里去？"可能是每一个人都回避不了的问题。对于每一家企业，"我从哪里来？我是谁？我到哪里去？"同样是必须要回答的三大问题。这是企业核心的三个问题。资本时代与工业时代相比发生了翻天覆地的变化。企业盈利方式改变了，判断企业的标准大相径庭了，经营企业的目的不一样了，经营企业的方式也大不一样了。

一、企业盈利的方式改变

为什么我们现在的企业状况是冰火两重天，走向两极分化？因为传统的红利已经消失殆尽，或即将消失，我们的企业所能做的，别的企业也能做，同质化的生产与服务只能带来微薄的利润，直至无利可图；所有的收益必将来自创新，不管是技术创新、产品创新、市场创新、管理创新，还是商业模式与资本模式创新。当然，这种创新一定是持续、动态、迭代的，"一招鲜，吃遍天"已经成为遥远的历史了。企业要么创新，要么出局。我们今天是"船长"，企业的建设者，明天又是"海盗"，企业的破坏者。创新的源泉，就是生产要素持续不断地组合、优化，不同的枝条嫁接，培育出不同的花蕾；不同的生产要素组合、优化，培育出企业持久的生命力。传统时代与资本时代企业盈利的方式有很大的改变。企业盈利方式对比，如图5-1所示。

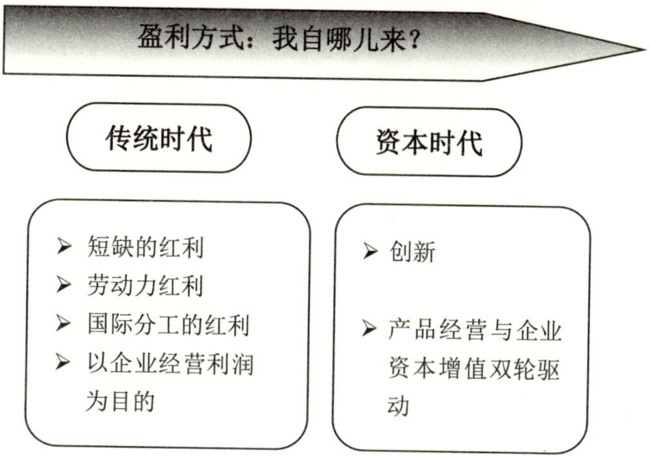

盈利方式：我自哪儿来？

传统时代
- 短缺的红利
- 劳动力红利
- 国际分工的红利
- 以企业经营利润为目的

资本时代
- 创新
- 产品经营与企业资本增值双轮驱动

图 5-1　传统时代与资本时代企业盈利方式对比

二、判断企业的标准改变

传统时代与资本时代，判断企业的标准大相径庭了。企业自身认识对比，如图 5-2 所示。

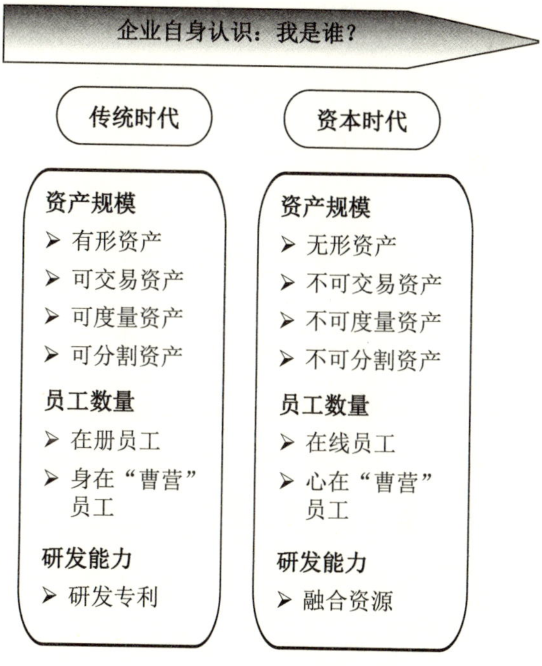

企业自身认识：我是谁？

传统时代

资产规模
- 有形资产
- 可交易资产
- 可度量资产
- 可分割资产

员工数量
- 在册员工
- 身在"曹营"员工

研发能力
- 研发专利

资本时代

资产规模
- 无形资产
- 不可交易资产
- 不可度量资产
- 不可分割资产

员工数量
- 在线员工
- 心在"曹营"员工

研发能力
- 融合资源

图 5-2　传统时代与资本时代企业自身认识对比

几十年来，我们习惯于通过企业的资产规模、人员数量和申请专利数来评价一家企业的优与劣，现在这三项指标的准确性与有效性已经越来越弱了，更主要的是，我们的企业再也不能把追求这三项指标的优劣作为自己的目标了。

（1）从资产的角度看，我们引以为豪的高大厂房是有形资产，一台进口设备是可交易资产，买来的一项专利是可度量资产，一支装修工程队是可分割的资产，所有这些资产都不是核心竞争力，为什么呢？厂房，谁都可以盖；进口的高端设备，别人也可以进口；我也可以购买一项专利，并不比你逊色；是否有这支装修队，对企业无足轻重。所以，它们都不是企业的核心竞争力。

那什么是企业的核心竞争力呢？是无形资产，如企业家的精神；是不可交易资产，如企业的商业模式；是不可度量资产，如企业的创新能力；是不可分割的资产，如企业的文化。

（2）从员工的角度看，原来，我们一听是上万人的企业，不由自主生出仰慕之情。在人们心中，大企业意味着稳定，福利好，但忽略了大企业成本也高。这么多的员工，企业起码要给他们发工资。资本时代，颠覆了人们对大企业的认知，我们不能因为人数少，就想当然地认为是小公司。不求所有，但求所用；不求在册，但求在线；不必亲为，但会借力。好多看起来很小的公司，就是这样异军突起。在纳斯达克，几十人的公司，市值可以达到几十亿美元；在新三板，几十人的公司，市值达到几亿元的比比皆是。世界公认的投资大师巴菲特，他公司的核心员工也只有60多人，难道能说他的公司是小公司么？

（3）从研发的角度看，相对于血汗工厂，一家公司有几个研发人员，已经实属不易，如果再搞出几项专利，他们的汇报资料就可以比较充实了，各级领导络绎不绝地来调研参观，甚至还会申报一点儿科研经费；但是，如果我们仔细分析一下，企业自主研发的专利产品究竟有几项产生了效益？在今天，大开放、大协作的创新方式层出不穷，迭代的步伐加快，闭门造车无异于浪费资源，同时，某一个项目、某一个方向的研究，很可能已经汗牛充栋，企业花大代价做的某项研究很有可能是重复劳动，还不如有专人做相关分析、研究，反而是事半功倍。

三、经营企业的目的改变

传统时代与资本时代，经营企业的目的已经大不一样了。企业经营目的对比，如图5-3所示。

经营企业的目的：我到哪儿去？

传统时代
- 企业做强做大，做百年老店
- 资产增值
- 没有万寿无疆的企业，也没有万寿无疆的产业
- 企业进化果，资本摇钱树

资本时代
- 做企业的目的就是卖企业
- 资本增值
- 只有万寿无疆的资本
- 股权恒久远，一份永流存

图5-3　传统时代与资本时代企业经营目的对比

企业家经营企业的目标是做"中国领先，世界一流，值得敬重"的企业。做企业的目的，传统的认识是做强做大，做成百年老店，而今做企业的目的就是卖企业；传统的认识是追求资产增值，而资本时代追求的是资本增值。企业经营的目的已经彻底地改变了。我们认为，

没有万寿无疆的企业，也没有万寿无疆的产业，只有万寿无疆的资本。以前，有一句广告语"钻石恒久远，一颗永留存"；在资本时代，应该改为"股权恒久远，一份永留存"。

四、经营企业的方式改变

传统时代与资本时代经营企业的方式也不大一样了。企业经营方式对比，如图5-4所示。

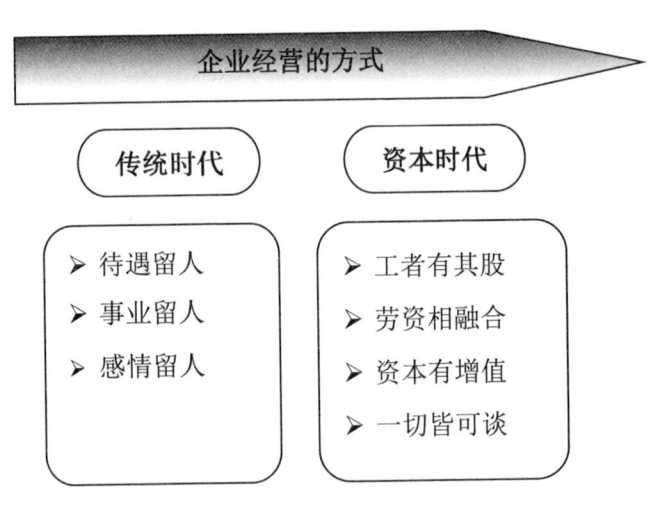

```
企业经营的方式

传统时代                资本时代
➢ 待遇留人              ➢ 工者有其股
➢ 事业留人              ➢ 劳资相融合
➢ 感情留人              ➢ 资本有增值
                       ➢ 一切皆可谈
```

图 5-4　传统时代与资本时代企业经营方式对比

走进 B 企业，看到墙上贴的大幅标语"待遇留人，事业留人，感情留人"，很诚恳，也很感人；而 A 企业的做法却大相径庭，也值得我们思考。A 企业是一家生物医药企业，10 位创始人都是从美国回国的创业者，他们共同设立了 A 企业，平均持有该公司的股权，这 10 位创始人同时又是公司的高级管理人员。按照人们的常规理解，他们应该都是高工资、高福利，年薪几十万元甚至上百万元，但实际上他们的工资很低。为什么？他们更追求资本的价值。按约定他们每人的年薪是 150 万元，但他们却拿得很少，大部分投入了公司下一年的运营，由此，年底公司增加了3000万元的利润，企业由此上市了。3000万元的税后利润，按照50倍的市盈率，市值为15亿元，不但每一个创业者获得了1.5亿元的资本价值，更重要的是，企业由此抢占先机。A企业借助资本的力量，愈战愈强，最后成为行业的龙头。反观B企业，要待遇留人，自然要高工资、高福利，一年下来，企业除了给员工的工资、福利，几乎没有盈利，几年以后，该企业难以为继。同样的两家企业，为何结局差异如此之大？这就是传统经营方式与资本经营方式的差异。很多曾经叱咤风云的企业家，面对无力回天的企业，时常发出这样的感慨："我什么都没有做错，为什么企业就不行了？"B企业是否也会发出这样的感慨？

五、十二个观点

关于对企业资本经营的认识，这里总结了十二个观点，在此一一进行分析、讨论。（误：表示值得商榷；对：表示值得提倡。）

观点一

误："我公司是传统行业，不能上市。"

对："没有传统的行业，只有传统老板。"

一方面，产业的变迁、升级是一个自然的演化过程，原有产业在经济总量中的占比萎缩了，新兴产业占比提升了，产业的重心由第一产业向第二产业及第三业转移，在此过程中，不同时期的产业结构不一样，不同时期的所谓传统产业与新兴产业也不一样，它是一个动态的概念，所以，也就不存在绝对的传统产业与新兴产业的划分。

另一方面，大家普遍理解第一、第二产业是传统产业，第三产业是朝阳产业，所以，在投资界有一句"打碎一个旧世界，建设一个新世界"的说法。所谓旧世界，就是第一、第二产业，即"农业、手工制作业"；新世界，就是第三产业，即"现代服务业或商业"。实质上，"打碎旧世界"的内涵，并不是人类不需要衣食住行了，而是用新理念、新模式、新技术对它进行改变，比如，我们倡导每一家传统企业都要用新"四化"进行变革提升，即企业都要资本化、数字化、平台化、融合化，都要插上新"四化"的翅膀。传统产业不能故步自封。"周虽旧邦，其命维新"，"苟日新，日日新，又日新"，企业也是这样。

今天，我们看到的许多资本市场的明星企业，它们的前身大多是传统的企业。鲤鱼跳过了龙门，它就蜕变为"飞龙"了。传统的钢铁贸易企业和互联网结缘后，变成"找钢网"，上市后，市值上百亿元；养殖业、种植业，几万年的传统产业，和人类的历史紧密相连，不也在资本市场占有了一席之地吗？现在已经在创业板上市的一家企业，市值将近100亿元，是行业产学研的标杆。2002年该公司成立，2005年，当地政府领导到该企业视察时，企业为了突出高技术的特点，购置了几台计算机，招了几个员工。当时，视察领导让一位坐在计算机前的员工演示一下，这位员工居然找不到计算机的启动键，开不了机。但事在人为，通过走出去、请进来，企业产学研体系建立起来了，2010年企业成功上市。这样的事例比比皆是。

观点二

误："我们公司条件差，不能进入资本市场。"

对："资本市场，没有做不到的，只有想不到的。"

关于初创企业，有几个是含着金钥匙诞生的，不都是"草台班子"，艰辛起步。但是小企业有大理想，小公司同样可以很规范。有前景、运作规范的企业就能受到资本的青睐，何愁不能进入资本市场。

传统商业的理念是"良贾善藏"，基于税收等因素，企业基本上都是加大成本、减少利润；资本化的理念则相反，它注重透明、真实，释出利润。按传统核算几乎没有利润的企业，却又往往能释出几千万元的利润，在资本市场是优质企业。实际上，这是两类不同的思维模式造成的。

正因为公司的条件差，才更需要通过资本市场构建开放共享的体系，规范运行，为企业的健康发展保驾护航。没有进入资本市场的企业，它们的获利方式几乎都是通过加大成本以及各种费用来谋取小利。这种商业生存方式，使企业经营越来越困难，于是决定：再难，也要资本化。

观点三

误："企业经营好，现金流充足，为啥还要瞎折腾，上市凑热闹？"

对："大家都不上市，彼此相安太平；行业上几家，大家都倒下。"

并不是效益差、经营不下去的企业才要上市。正因为我们的公司经营好，现金流充足，才更需要快马加鞭，通过上市融合更多的资源，成为行业的引领者与整合者。

如果整个行业的竞争依然是传统产品层面的竞争，那么，我们通过积累的利润，进行扩大再生产，也可以一直保持行业领先地位，但是企业的竞争更多的是资本层面的竞争，特别是在当下。

现在，社会资本化的步伐日益加快，各个行业的公司前赴后继，奔赴资本市场。对上市公司而言，不只是多了几亿元资金，开辟了源源不断的资金渠道，更重要的是在行业中树起了标杆，增强了号召力。通过员工持股及股权激励，增强了凝聚力；利用资本增值，使管理层及员工很容易地获得几千万元或几亿元的股权收益；利用股权的吸引力，上市公司经常把非上市公司的核心骨干吸引过来，壮大了人才队伍。

观点四

误："等我们公司条件具备了，再考虑上市。"

对："提前规范，有条件的，加快进入资本市场；没有条件，创造条件也要进入资本市场。"

该理念把资本市场狭隘化了，认为只有企业在交易所挂牌才叫上市。实质上，自企业成立那一天起，就已经是资本的产物了，因为多个发起人共同投资成立的公司，它已经是社会化的公司，企业的任何经营决策都必须公开透明，企业的所作行为，都必须合乎法律及企业相关规定。从逻辑上来讲，企业每天都可接受外部投资者的投资，股东的股权随时可以转让，所以上市是进行时，我们永远在上市的路上。

资本的理念及规范运行应该是企业的内在灵魂。一个人的健康状态应该是他感觉不到身体的哪个方面需要特别地增加营养，而一个企业的正常状态也应该是合规合法，一切运作都是规范的。突然哪一天，企业要上市，觉得有许多方面需要规范，这说明企业本身就有许多问题了。就如同现在，全国的企业都在进行"互联网+"的变革，搜狐的张朝阳发声了，"我们公司内部从来不讲'互联网+'"，是啊，它们早已内化于心、外化于行了。对我们中小企业来说，十年或二十年后的目标是我们不再强调资本、上市。因为它们对我们企业家，早已内化于心、外化于行了。

企业到交易所挂牌，把这个具体时点作为企业上市的标志，从这个狭义角度来理解，上市是有条件、有标准的。比如，到我国中小创业板或主板上市，一个硬性条件是企业必须要规范运行三年。许多企业想当然地认为，"我暂时不具备条件，先不考虑上市"，也许经过几年后，有了利润了，想上市了，却突然发现，还需要重新设立股份公司，再规范运行三年后才能申报材料。若当初早早设立规范的股份公司，今天就可以顺理成章地申报上市了。更为关键的是，企业现在已经有了几千万元的年利润，可能是上市融资的好时机；若再等几年，谁能保证该企业的业绩一定会更高，万一几年后业绩大幅下滑，企业岂不错失良机？

资本市场领域有一句话："赶一天，可能是赶一年。"资本竞争，是百舸争流，先者胜。企业上市过程中，基于《中华人民共和国公司法》的硬性规定，在中小板、创业板及主板上市，企业要有三个完整会计年度的要求。多年来，许多企业争分夺秒，硬是要赶到当年12月31日拿到公司设立的执照，由此保证来年是一个完整的会计年度。如果再晚一天，即第二年元旦才拿到营业执照，当年就不是完整会计年度了，上市的时间自然要滞后一年了。我们深知，许多细分行业，市场容量有限，一家企业的做强做大是以同行其他企业的变弱变小为代价的，一家企业的成功上市同时也预示着其他企业的上市压力陡增，经营难度加大。

观点五

误："生产经营为实，资本经营为虚。"

对："生产经营为实，资本经营更实。"

我们赞赏"锄禾日当午，汗滴禾下土"的企业家实干精神，但是对于社会化的大生产而言，如果没有资本市场这个风云图及晴雨表，我们永远无法判断哪个产业的产品过剩了，更无法判断产业的发展方向。没有资本导航、资本经营的单纯产品经营，就像无罗盘的航行，无法驶出风浪。

在农业领域，对农场主来说，是一分耕耘一分收获，投入和产出逻辑清晰、比例协调，有多大的投入基本上就有多大的产出；在工业领域，投入——加工——产出，有什么样的投入就有什么样的产出，看得见、摸得着，对企业家而言，是眼见为实。现在，突然横空飞出了"资本"这个神器，对于起步于农业、工业的实业家，怎能理解？许多企业家只好消极地采取惹不起、躲得起的策略。在资本时代，如果产业是月亮，资本则是太阳；如果产业是连队，资本则是司令部。我们产业要追逐"太阳"，也要向"司令部"看齐。

从产业视角看，如果产业是经济基础，资本则是上层建筑；如果产业是生产力，资本则是生产关系。对矛盾的双方而言，怎么可能人为地割裂二者互为依存的关系，它们是一个事物的两个方面，是同一物品的不同表达方式及不同的运行轨迹。

资本，因势、因地、因时、因企业、因各要素之变而变。一个企业，如果因上市而沾沾自喜，自命得到了资本真经，未免太幼稚。上市对于企业来说只是拿到了进入资本市场的入场券，在资本的万里征途中也只是迈出了第一步。

观点六

误："我公司规模小，对我们来说，大院、大所、大公司、大专家高不可攀。"

对："以资本为纽带，一切皆有可能。"

"以企业为主体，以市场为导向，实现产学研一体化"，这是国家科技体制改革的政策文件强调的方向。对每一家企业来说，现在应该是难得的机遇期，如何把这些大院、大所、大专家的资源为我所用，是摆在企业面前的现实问题。

传统的企业和科研机构合作，几乎都是水油两层。不论是项目制或经费制，时常表现为形式大于内容，短期利益大于长期利益。或者企业花了一笔费用，从科研机构处购买了几项专利，这种专利，经常叫好不叫座，技术前景好，商业前景不一定好；或者企业和科研机构联合攻关，更多是关注某一技术问题，基本上都是应急项目，很难自长远角度进行立体合作。单独项目或费用支付型的合作，永远是"甲方"与"乙方"的关系，双方既是合作者，又是利益的对立面，可能是朋友，也可能是竞争者，怎么能水乳交融呢？

双方以"资本"为纽带，首先解决了"屁股决定脑袋"这个难题，由两家或三家机构变为一家机构，相互之间的交易成本、沟通成本大幅度降低。以"资本"为纽带的合作，合作各方只有从整体、长远的角度考虑未来的资本收益，才有合作价值。实质上，这种合作各类生产要素在资本化基础上寻求的最佳组合，科研院所的技术资本化了，管理资本化了，劳动资本化了，而且共同设立公司载体，形成要素共同体，大家自然是利益共同体、道义共同体、命运共同体了。

企业主动寻找资源是基础。大院、大所，庭院深深，有多少专利技术"待字闺中"，企业要主动寻找资源。在资本时代，如果把研究院所比作靓丽的姑娘，那么企业就要派出优秀的小伙，登门"求婚"，而不是坐等"姑娘"找上门来。

观点七

误："肥水不流外人田。"

对："开放、共享。"

案例一

一家食品企业A，成立十多年，业绩稳定，企业利润有5000万元左右。按该企业的条件，应该可以争取在2010年左右上市，如果当初企业顺利上市并筹集到几亿元资金，到今天假如收入达到10多亿元，利润达1亿多元，那么市值应达到50亿元以上。但该企业在2008年改制时，在市中心有几百亩地，价值约2亿多元，老板认为这是自己的"金娃娃"，怎能让外部投资者分享？专家建议，把此块地留在股份公司，外部投资者通过高溢价入股，也可达到利益平衡；但老板坚持要把此块地作为"自留地"，硬是把这块地剥离出来了。由于企业结构发生了重大变化，原来计划2010年可以上市，只能在2010年先设立股份公司。要知道，股份公司要经过三个完整会计年度运行后才能考虑上市。时过境迁，随着业绩下滑，企业离上市渐行渐远……

该企业为了留住自己2亿元的"肥水"，丢失了上百亿元的市值，更重要的是企业命运的航道由此发生了偏离。

案例二

一家电子信息企业，质地优良，每年有近 10 亿元的收入，利润率较高。老板的妻子经营的一家公司也属于信息产业。在几年前改制的时候，该老板盘算，自己的企业上市，变成公众公司，要成为"大家"的，而妻子控制的公司是"我家"的，公私兼顾，旱涝保收。殊不知，它撞上了资本市场的高压线："任何企业要成为公众公司，不得有同业竞争，关联交易。"做商业，首先要避免瓜田桃李嫌疑，任何同业竞争或关联交易，小一点讲可能使企业财务失真，大一点讲可能会断送这个上市公司。该企业最终没有通过上市审核，一个上百亿市值的行业领军企业，由于"算盘太精"，就这样倒在了前进的征途中。

观点八

误："企业做大，如何传承？"

对："企业上市，各就各位。"

案例

2016 年 5 月 20 日新华社：美国共和党总统竞选人唐纳德·特朗普 17 日再次高调炫富，强调自己是"百亿富翁"，民主党竞选人希拉里·克林顿，一面称这名商界大亨吹牛，一面敦促他公布纳税数据。

为什么特朗普自吹百亿美元，而没有忧心于谁来接他的班？为什么希拉里要敦促他公布纳税数据？

企业如何传承？怎样培养"富二代"接班？这是个阶段性的命题，也是个伪命题。单靠家族力量是不够支撑企业发展的，单打独斗的时代很快会成为历史，资本时代的股权结构必然是多元的，一家上市公司创始人的儿子，谁能保证他一定会经过股东们的推选，进入董事会，成为董事长？任何一家股份公司都是由股东会、董事会、监事会、经理层构成的相互支持又互相制衡的运行体制,哪一个创业者的"富二代"能随心所欲地干涉公司的事务?所以,随着传统家族企业一股独大的体制快速土崩瓦解,"富二代现象"终将会飘落在企业的历史长河中。

在高度资本化的国家,资本所有者和企业经营者早已分离,在各自的轨道里独立运行,哪怕是富甲一方的家族,也只是股权持有者,只是在股东会层面参与决策,资本的所有者可以是企业家,或者是政府官员。所以,随着我国社会高度资本化,就会"企业上市,各就各位"了,到那时,"富二代""企业传承"可能就真的只是一个词汇了。

观点九

误:"招商引资,外商外资,开会宣传,吸引投资。"

对:"设立公司,股权引资,公司上市,强企富区。"

2017年,云南几个地区都把招商引资作为重中之重。对欠发达地区而言,区域经济基础薄弱,通过外来项目带动本地经济发展,不失为一条有效路径。有的地区甚至打出巨型广告牌:"无中生有抓项目,不拘一格用人才。"求项若渴,可见一斑,但为什么现在引资的难度越来越大?一个地区,每一次招商大会,合约一签就是几十亿元,甚至几百亿元,可几年后,真正能够落实的项目又有多少?外部资金肯来你这里投资,不外乎有以下几个吸引点:

(1)土地的红利。

特别是一些中小城市,基本上没有其他产业,政府发展经济首要考虑的是开发土地。而今对众多三四线城市来说,不是土地不够,是土地过剩;不是地价上涨,是地价下跌。土地红利已成过去式了。

(2)税收的红利。

原来区域间竞争,招商引资的杀手锏就是税收优惠,一浪更比一浪低;而今国家对税收优惠政策统一要求及标准,使得税收优惠的红利基本消失,区域间唯一的差别就是公司及个人所得税。在少数民族地区，首先必须全额征收企业及个人所得税，然后再由地方财政部门将优惠部分予以返还。

（3）贷款的红利。

一些脑筋活的老板，找到了一条办企业赚钱的捷径：设公司——低价拿土地——高价评估——高额抵押贷款——企业外部的投机操作。一位打火机厂家的老板，在一次培训中直接问授课的老师："今年的股市、楼市、汇市、贵金属市怎样？"作为一个生产制造厂家的老板，不是问如何提升企业管理，而是问这样的一个问题。老师有些疑惑：他是企业家还是投资家？许多企业创业者，针对日益艰难的主业，把主营产品的经营作为融资的工具了，利用企业土地升值与现金流，高额举债，进行各类短期投机活动。这也不难理解，一家正常运营的企业，突然某一天关门跑路了，这条所谓的捷径，让许多企业走上了不归路。

（4）政府补助的红利。

各级地方政府对一些有前景的产业或企业，比如农业、高新技术企业，都有各种名目的补贴或支持，发放一定量的扶持资金。这让一些企业钻了空子，它们似乎找到窍门了，自东部向西部设立各类企业。它们做产业是假，要补贴是真，甚至认为"赚钱不如要钱"；而今随着市场化进程的加快，政府补助的红利越来越小了。

（5）当地资源的红利。

特别是中西部欠发达地区，几乎每一个市区，甚至每一个乡镇，都可列出一两项当地特色产品，却没有形成全国优势。一方面"谁不说俺家乡好"，家乡情结和客观事实有一定的差距；另一方面，资源优势转化为商业优势，要经过层层惊险跳跃，就如同英国立顿茶叶公司，它一年的销售额比我们这个茶叶大国全国的茶叶销售总额都要高，从这个角度看，资源红利也不是红利。

那么，全国各市区面对这些消失或正在消失的招商引资红利，有什么新的机遇及应对之策呢?

第一,在全社会树立资本理念,普及系统集成方法。

市区内的土地、矿山、基础设施等都不再是资产了,它们都是资本,每一个要素都可以被量化,都可以成为资本的一分子,可组合、可交易,真正形成适应变革时代的要素再重组、再聚合。

第二,筹划、论证、完善区域内各要素的优势、劣势,以及组合的方式,用资本思维统领发展。

比如,西北某县域,地理位置独特,当地的羊羔肉全国唯一。那我们可以把养殖大户组织起来,成为我们的货源地,形成稳定的供应商,赋予他们1000万元股权;同时确定以羊肉连锁专卖店及羊肉小吃连锁经营店为市场主打方式,再赋予其2000万元股权;管理团队持有2000万元股权。这样,总股本5000万元股权的股份公司设立起来了。接下来要思考的是,我们有了好的货源这个资本要素,是否还要进一步引进志同道合的管理团队这个资本要素?营销怎样进一步强化?在此基础上,缺什么要素,就找什么要素,使各要素环环相扣,无缝衔接,形成一个资本的生态系统。

第三,全球配置要素资源

跳出区域看区域,站在全球视角做配置。找到了区域内独有的要素这个立足点,再确定我们的目标,自然也就清楚了还需要组合哪些要素,这些要素如何组合才能形成核心竞争力。比如,一个小城市B市,被誉为"厨师之乡",这里的人代代传承,基本上是投亲靠友到各地做厨师,这种模式很难发挥整体效益。如果用资本模式构建一套现代商业的运行体系,效果会不大一样。假如我们把当地厨师招集起来作为我们的现有资本,估值1000万股;再请全球优秀的营养师作为股东,估值1000万股,负责对当地厨师进行培训、辅导;同时寻找优秀的电商及线下运营团队,各赋予1000万股。共同成立"B市厨艺培训服务股份有限公司",成为全国甚至全球唯一一家"厨师供应服务的一体化问题解决商"。该企业即便不能成为市值百亿元,甚至千亿元的上市公司,它也会极大地提升当地经济发展水平。

观点十

误:"做好产品,卖好产品。"

对:"做好产品重要,做好企业更重要;卖好产品重要,卖好企业更重要。"

对许多创业者来说,办企业的目的就是生产出好的产品,卖出一个好价格,在工业时代,这是一个企业经营的主题。

在资本时代,好产品不等于好企业,或者好产品只是好企业的基础。我们认为一个很扎实的企业,不一定能顺利进入资本市场,一家产品经营得很好的企业,在资本市场,估值却很低。我们不能用老眼光,认为他们是在玩虚的,不是在走正道,而是反映出我们可能落伍了,需要更新观念了。

对企业而言,从资本视角看,企业应该是创造价值、发现价值、提炼价值、融合价值、提升价值这个价值体系的创造者。做好产品,只是单纯的价值创造。仅仅针对产品,酒好也怕巷子深,需要发现产品价值;对企业也是一样,好企业也需要让投资者、企业相关方,发现企业的价值。同样一家企业,只有一家机构对其感兴趣时,估值可能只有1亿元,如果同时有10家企业对其感兴趣,估值有可能达到5亿元。为什么同样一家企业,估值差异竟有5倍?因为企业也是一件"商品",不同的市场氛围,企业价格围绕着企业价值上下波动,也是正常商业行为。发现价值后,只有"提炼"出价值亮点,价值才能广为传播。同样一个厨师培训公司,资本价值提炼为"厨师的教学培训基地"与"现代厨艺服务与问题解决的系统提供商",前一个表述,在资本市场,可能无人问津,而后一种提炼表达,在资本市场可能是鲜花簇拥。

把企业价值提炼出来后，并不是为了孤芳自赏，或者束之高阁，而应该成为我们的企业攻城略地、融合资本的利器。商场如战场，在战场上，有时一篇讨伐檄文就能让敌人闻风丧胆，而一篇好的关于企业价值点的提炼总结，在并购中就有可能不战而屈人之兵。

如果一个企业，从创造价值到发现价值、提炼价值、融合价值，进行价值链的培育，那么，最终提升价值可能就是必然的了。如果一个企业，在创造产品价值方面，不是最顶尖的，但它在价值发现、价值提炼、价值融合、价值提升方面都有亮点，假如，价值链的满分是100分，那么5个价值点，各占20分，如果该企业在各价值点上各得10分，总分是50分；而另一个企业，只是产品做得响当当，它只是创造价值，即使是满分，它也只能得20分。两家企业权衡，前一家企业，虽然产品方面逊色一点，但仍然胜出了。

观点十一

误："以产品经营为目标，精益求精，追求产业利润。"

对："以产品经营为手段，内外结合，追求资本市值。"

这个观点，在许多产业从业者眼中，可能会认为不妥，但我们不能否认，在华尔街，在中关村，有太多的创业者，创办企业的目的就是寻求好的时机，能够高价"卖出"，他们做企业的目的就是追求产业利润、资本市值。

如果我们极致地以产品经营为目标，最后我们发现，企业的生产、工艺、流程，基本上是线性的、稳定的，是企业的基础，各企业之界的本质差异有限；而企业如何把外部资源内部化，基于外部变化实现柔性生产，这是企业的核心，而这些举措的实施，更多的是资本的运筹。比如，股权激励是凝聚团队的一个很好的工具，而股权的吸引力就是要使企业市值不断增大。外部资本源源不断地注入，是企业发展的动力，而只有市值不断增大，才能接纳外部资本，从这个视角看，产品经营目标和资本经营目标是高度一致的。

以产品经营为手段，以资本增值为目的，我们也不能就此否定此类模式的价值。这种方式通常是采用高举高打的形式，利用我国资本市场高估值、高溢价、流动性充足、行业集中度低的特点，时常在短时间内爆发。特别是这几年，太多的上市公司，利用这千载难逢的时机，短短三五年，就可以把几十亿元市值的公司轻松提升到几百亿元市值。并购永远是一把双刃剑，胜负各一半；但在目前我国不够成熟的证券市场，并购的利是大于弊的。就像我们回头看，这十多年，我们的房地产，不论何地，几乎都在上涨。我们也坚信，十年后，我们的企业家再回头望，会发觉，原来这是个资本市场遍地"黄金"的时代，恐怕会只恨为什么不资本化？为什么不上市，不并购？

实质上产品经营和资本经营，追求产业利润和资本市值，是相辅相成、互为促进的，但平衡是相对的，不平衡是绝对的。如何通过两者的动态不平衡，推动静态平衡提升高度，是一个永恒的主题。一般而言，企业起步阶段，内功有待完善时期或资本市场估值低迷时期，以产品经营为主要矛盾点；企业由量变发展到质变的阶段，内部结构基础已比较完备，资本市场比较亢奋时，宜加大资本的步伐。

观点十二

误："我公司规模小，上市高不可攀。宁做鸡头，不做凤尾。"

对："公司直接上市好，合并重组上市，也好，可做鸡头，可做凤尾。"

在20世纪90年代初，理论界热议《公司法》，当时，北京大学厉以宁老师极力倡议股份制。实际上，股份制和工厂制的最大区别是，股份制把工厂这个物理形态上的一体化的庞然大物，在价值形态上用相等的份额把它肢解成标准的股份了，以便计量、转让、交易，企业由资产这个单一物质形态变成使用状态的、资产和价值状态的资本双重属性了，这样资本就贯穿于企业的整个生命周期，和企业如影相随，自然就不存在"我的企业规模小,上市高不可攀"这样的误区了。

传统工厂制,没有《公司法》《证券法》等法律保护,基本上都是家族企业,商业业态基本上都是弱肉强食,你死我活,每个企业都是封闭的"孤岛",而且企业都是典型的"黑箱"状态,任何一个外部人员都不知道企业内部的情况,企业生存的基本逻辑就是明哲保身,只能"宁做鸡头,不做凤尾"。企业一旦失去控制权,新来的"鸡头",如果胡作非为,企业是叫天天不应,叫地地不灵啊!《公司法》是1993年推出的,法律对企业的保护不够,在当时,企业之间"鸡犬之声相闻,老死不相往来"也是常态。

现在,《公司法》《证券法》等法律法规的制定及完善,为公司股东及各参与方提供了法律保护的底线,任何侵犯公司股东权益的行为,违背公司议事规则的决策,都纳入法律保护的范畴,为那些小股东、企业利益相关方提供了法律保障。同时,证券市场的巨大利益又在前方向公司的创业者招手,那些合法经营、收益良好、前景远大的公司,资本市场又将赋予它巨大的溢价,在这种法律"大棒"高压与"上市"胡萝卜诱惑下,企业的规范运作已经是必然,对创业者,自然可以是"鸡头",也可以是"凤尾"。

当下,对我们来讲,"鸡头"与"凤尾"均不重要,重要的是如何组建要素齐备、营养良好的企业这个生命体。稻盛和夫曾讲,一个木匠几十年如一日,为庙宇做木工,最后,手艺精到如庖丁解牛,出神入化了,别人问成功的原因,他平淡地讲:"无它,我只把木头当作生命体,每天和它说话交流而已。"海尔张瑞敏曾感慨:"几十年企业管理的体会,所谓企业管理,就是从西方的科学到东方的哲学,最后都回归到永恒的人性,生命的本质,未来阻止海尔无法成为伟大公司的是人的境界。"其中的道理是一样的。这也说明,我们构建的企业生命体是有机协调的组织,核心就是在正确价值观的指引下,各要素能有机协调，互为支持，最后，不但能创造经济效益，更能创造社会价值。

综上所述，我们认为：前二十年，谁远离房地产，谁就是远离财富；后二十年，谁远离资本市场，谁就是远离财富。前三十年，是血汗工厂创造财富；后三十年，是资本市场分配财富。

如果今天企业家面对资本的浩荡洪流仍然执迷不悟，就有可能"辛辛苦苦几十年，一朝回到从前"。

企业资本化，就如同人类的进化：公司上市，企业自此揖别"人猿"；善用资本，商业文明由此开始。

我们希望，通过资本市场，企业实现上市，使企业创业者完成脱胎换骨的改变。

第二节 企业资本经营的方法论

前面我们讲"认识论"，实质上在回答"为什么"的问题，而"方法论"实质上就是要回答"如何做"的问题。就如同黑格尔在《逻辑学》中所讲，"在探索的认识中，方法就是工具，是主观方面的某个手段，主观方面通过这个手段，和客体发生关系"。

在产品经营领域，经过几十年的实践探索，我们总结出适合本公司的基本方法。早期，我们的工具是"三拍"，即碰到决策问题，基本上都是"一拍脑袋，好主意；二拍胸脯，有责任，我承担；三拍大腿，出错，后悔了"。在不断的实践与探索中，我们终于发现，不论是泰勒作业法、绩效考核办法，还是决策树理论，再不完善的办法也总比蛮干强，"盗亦有道"。

在资本领域，绝大多数企业家都是"新兵"，资本经营的风险更大，当然，收益也更可观，更需要方法指导，慎重行事。但是，对众多的中小企业而言，反而"三拍"成为主流的资本运营方法：我们拍脑袋，决定是否上市，怎样融资；拍胸脯，选择合作方和合作机构；拍大腿，吃后悔药。在产品领域，决策失误了，生产出一批废品，还有回旋余地，可以再增加一批正品弥补；而在资本领域，只有"企业"这一个资本产品，不可能有任何"回棋"的机会，"处处可死，时时求生"，需要慎之又慎。许多企业家挂在嘴边的危机意识就是"××公司离破产只有××天了"，这是客观事实，历史在呼唤我们探索资本领域的方法。

一、科学的方法：通过"去伪"来"求真"

英国哲学家K·波普尔总结到，"科学只能证伪，不能证实"；老子讲，"智慧出，有大伪"。东西方哲学大师智慧的光芒聚焦成一点，那就是"打假求真，排雷通路"。

我们只能确定，太阳不能从西边出来，但绝对不能妄定，明天太阳一定会从东边出来，万一明天早晨是雾霾、雨雪天气呢？所以科学的方法就是，不间断地识别、排除风险，最终真理自然会呈现。

在讲到"企业投资策略"时经常会有人问："老师，您讲的是投资理论、方法，但是我究竟如何投资才能赚到钱？"对于这个问题的回答：第一，只有风险排除了，方法找到了，才有可能获取收益；第二，赚钱、成功，永远没有秘籍；第三，如果社会真有你想象的"赚钱技巧"，那为何大家还需要劳动？十多年前，经济学家吴敬链，基于对资本市场黑暗的痛心疾首，发起了一场浩浩荡荡寻找"资本市场大智慧"的学术活动，是否找到了资本大智慧，很难回答，但推动了资本市场环境的净化。

在资本的光明大道上，每家企业的成功，都是我们企业自己的福分，一定是各有各的成功路径，我们唯一能做的是戳穿"伪、假、空"，无限逼近真理。

二、自然科学的辩证法

自己提出假设，反复论证，直到找出答案。就如同胡适先生所倡导的"大胆假设，小心求证"。

在当下，资本化与数字化，已经或正在冲破一切边界、一切要素，在地球村内进行再重组、再优化，可以预见，如何与外部世界构建动态柔性的组织结构，将是任何一个企业今后面对的最大的挑战。在今天的资本市场，投资机构、证券公司、咨询公司、审计所、律师所、公关公司，它们如过江之鲫，接踵而至，它们是我们的朋友，还是我们的"敌人"？投资机构，一方面帮助企业发展了，却又和企业对立，如一些企业最终和投资者走上法庭。没有一家企业不是证券公司保荐上市的，其功不可没。另一方面，为什么又被称为"企业屠夫"？咨询公司，有的把企业引到康庄大道，有的把企业引到沼泽泥塘。审计所，为什么把有的企业利润拔高了，却又把我们的利润压缩了？律师所，为什么我们企业脸上有一点小疤，有的律师认为把它治愈了，就不用讲了；而有的律师坚持，即使治好了，仍然要揭老底"如实披露"……我们要分析他们的利益点，但碰到"吃里爬外"的机构怎么是好？

那怎么办？只有大胆假设。首先假设为坏方案、坏决策，然后小心求证。那么是否为坏方案、坏决策？"阳光是最好的杀虫剂"。在求证、讨论过程中，有问题的露出马脚了，被淘汰了；"真理越辩越明"，好方案、好决策的价值显示出来了。

具体而言，传统方法和创新方法主要有三点差异。

1. 传统：偏听则暗。创新：自主命运

黑格尔曾经说，"世界上最大的悲剧就是从片面的角度进行全面的论证分析"。专家在课堂上教导我们："企业应该换位思考，站在客户的角度来设计生产此产品。"我们的企业是在努力这样做，但同时又告诉我们："他是营销高手，企业营销决定一切……"营销能决定一切吗？

所以，我们认为：每一个机构，是好机构，也是"坏"机构；每一个观点，也对，也错；每一个人，对一个具体企业，可能是好人，也可能是"坏人"。作家菲茨杰拉德讲了一个观点，"能同时拥有两种截然相反的观念，还能正常做事儿的人，才是有第一流智慧的人"。如果商业机构用"矛"来和企业博取利益，那我争取成为企业的"盾"来获取收益；如果有服务机构卖"假药"，那我通过"打假"来生存。企业没有高低贵贱之分，关键是生态平衡。如此，只有企业兼容并包，博采众长，为我所用，才能自主命运。

2. 传统：听天由命；创新：设计先行

资本市场，已经运行20多年了，但资本的理论研究，如漫漫长夜；资本的企业实践，仍摸黑探索。每每听到哪个企业上市了，为它幸运而高兴；得知哪个企业翻船了，又为它的不幸而扼腕。至今，我们仍然时常会听到人们窃窃私语：这个企业顺利上市，是请的那个机构好；那个企业受挫了，是所请团队不当。我们的企业至今还能容忍我们会成为中介机构流水线上的次品？各专业服务机构，大多都是在打造自己资本产品的后院。但是对我们具体的每一家中小企业而言，却要保证我们自身在资本的每一个环节都要"幸运"，没有总体筹划、认真设计，随遇而安能行吗？

每次听到投资银行家们声情并茂地向企业描述"过五关斩六将"的壮举，真想提示一句：你们是否有过走麦城境遇？每当看到他们为成功地辅导几家企业上市而沾沾自喜，又忍不住想问一下：在你们手中被憋死的企业又有多少？

每当听到震耳的鞭炮声，无疑，又是一家企业上市了。一定是某投资家成功地指导某家企业上市了。现在，全国一级市场的私募股权投资基金，敢把所有的投资项目收益都拿出来的又有几家？

翻一翻美国资本市场史，我们看到，从1872年2月17日到3月28日，短短39天时间，洛克菲勒一口气吞并了22个竞争对手，不仅如此，他还曾在48小时内连续买下了6家炼油厂。用洛克菲勒当时常说的一句话就是，"不靠天赐的运气活着，但靠策划的运气发达"。

由此，我们的企业在资本的汪洋大海中乘风破浪，不仅仅依赖于一个合作者，或是一个偶然的机会，而是要依靠我们自己，筹划、设计企业资本方案、路径，成为我们自己命运的主宰。

3. 传统：自力更生；创新：借力发展

传统的模式，小而全，万事不求人，自力更生，自我积累，自我发展。现代社会网状化的结构，使每一个企业，只在一个点上创造价值，其他各点均可通过协作、借力来完成。既然每个企业都是生命体，生命体的核心就是大脑，企业之间的竞争实际上就是两家企业智慧层面的竞争。对当下的中小企业，它们基本上只是从事简单体力活动，面对智慧层面的竞争，企业只有两条路径：要么，通过并购，投奔到有大脑的公司的门下；要么，快速培育自己的大脑。

海尔公司张瑞敏曾深有感触地说："我从事企业管理30多年，体会到所谓企业管理，就是九个字：企业即人，管理即借力。"借力也是大学问，借好了，是"草船借箭"，一本万利；借不好，是"刘备借荆州"，有借无还。

企业在资本市场，面对如此多的合作者、竞争者、破坏者，"统一战线"也成为我们企业取得胜利的"法宝"。

第三节 企业资本经营的选择论

一、决策程序的选择

人们常讲，"人生的道路很长，但关键就是那么几个选择"。此言不虚。回头望，几十年后，曾经年幼同学至今的差距，主要就是在几个点上的选择差异造成的，如高考、就业、行业、区域等几个节点。

对当下的企业，何尝不是呢？每天的备料、生产、销售，是企业的常规业务，就如同人一天的饮食起居一样，它们只是我们生活的组成部分，但决定我们命运的，绝不是这些日常事务，而是关键点的决策选择。可叹的是，我们至今有太多企业家陷入日常事务不能自拔，它们每天沉浸于具体业务，而对重大规划、战略、方案、投资、融资不闻不问，捡了芝麻，丢了西瓜；只见树木，不见森林。对于企业领导来说，这是不务正业啊。企业发展如此慢，只能怪我们自己啊！美国高通公司在全美电信行业排名前几位，在电信研发方面，其地位举足轻重，科学家队伍有上万人，每年专利申请有几万项。这样一家纯粹的高技术公司，它的律师力量居然和研发团队相差无几。因为专利的研发和全球专利申请、保护及应用同样重要，这对我们传统思维是多么震撼。我们一些企业，把财务、法律等人员等同于闲杂人员，这对企业是多么危险。

美国管理科学家赫伯特·西蒙的决策选择理论核心是，所有的结果都是选择的必然产物。今日，是昨日选择的结果；明日，又是今日决策的必然。只不过小的选择是惯性呈现。企业采购什么原料，不用繁文缛节，但大的决策，必然是要严谨慎重。如果按照西蒙的决策选择理论，可以具体分为以下几个阶段：

1. 搜集情报阶段

关注的问题，例如：外部环境发生了什么？有什么机会？为什么它们要上市？成功的原因是什么？为什么另一家企业又失败了？

2. 制订计划阶段

以目标为导向，拟订各种可能的备选方案。在此阶段，一切皆有可能，不要被"不可能"的观念所束缚，即方案设计一定要充分优化。例如，我公司究竟是"做大款,还是傍大款,设大款"？各自利弊是什么？企业的核心业务，留什么，砍什么？构建什么样的企业组织？开放的点子和严谨的论证相结合。

3. 确定方案阶段

从各种备选方案中选定一个，也可称为"抉择活动"。任何选择，都是"两害相权避其重，两利相衡取其重"，没有绝对的好方案与坏方案，任何方案的实施都是有成本的。在企业重大选择中，最忌讳的是"议而不决，决而不定，定而不行"，企业的许多机会都是这样丧失的。所以，在实践中，甚至我们认为，任何方案均有利弊，但只有一类方案是"有弊无利"的，那就是遇到任何问题马上退却，不坚持原则的方案。

4. 评估阶段

对已选方案进行评估，称之为"审查活动"。

企业的资本决策选择，这几个节点一定是绕不过去的。

二、上市路径选择

（一）传统资本化路径

传统资本化的路径，如图5-5所示。

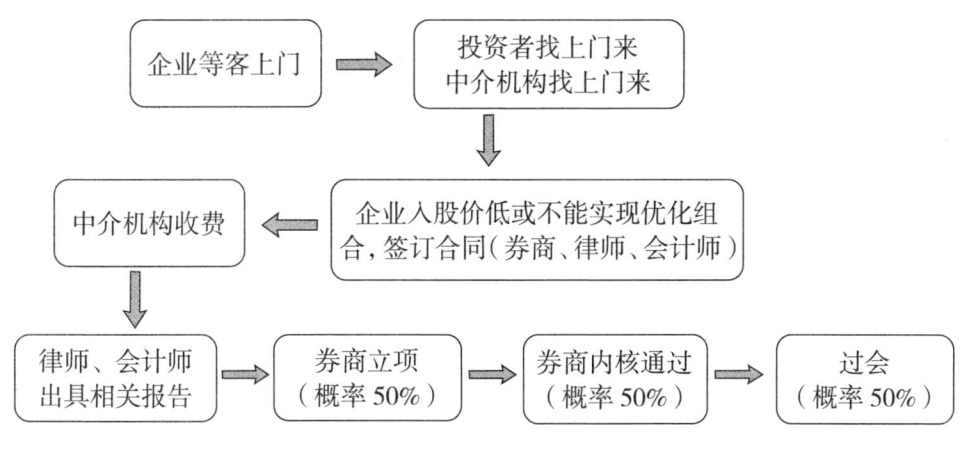

图 5-5 传统资本化路径

传统模式的主要问题有以下几个方面：

（1）上市概率低。在传统模式下，企业坐等各中介机构上门游说，每一家中介机构在承揽生意时，都可以对企业打"包票"，"包你上市没问题"。但是，我们知道，上市过程实质就是层层审核、层层把关的过程，没有一家机构，也没有一个人可以确定能够"过五关，斩六将"，一路绿灯。各中介机构，从立项到审核，再到最终通过，一般都需要经过几道审核环节，特别是对证券公司要求更高，通过难度更大。比如，一位项目经理，鼓动券商与企业签了上市财务顾问协议，进入上市辅导流程。首先，要过公司立项关，再过公司内核关，假定通过的概率均为 50%（有时候通过率比这更低），那么该企业虽然和券商签了合作协议，最终能够申报的概率不到 25%。如果侥幸报到监管部门，发审会的通过率为 50%。也就意味着，一家企业，从与中介机构签订合同，到上市的概率只有 12.5%。

（2）前期费用高，仓促上马，没有规划，抱着硬打硬闯的态度，必然会产生许多费用。

（3）成本很高，营业税、增值税、所得税、中介费用、公关费等不一而足。

（4）带"病"申报，许多问题没有消化和规范完善好，"哑巴吃黄连，有苦难言"。

（5）后果严重，最后的结果是：上市是偶然的，不上市是必然的；企业受损，甚至倒闭。

（二）传统上市路径与传统选美的对比

王昭君为什么要出塞？是因为在选美的过程中，画师把王昭君画丑了，审美审核评选官又没有发觉，所以，美女落选了。王昭君只好出塞。

在传统上市路径中，采取自下而上的审核路径，哪一家企业可以保证，中介机构的"专家"，在制作申报材料，即对企业"画像"时，是把企业画漂亮了还是画丑了？从中介机构的职责出发，他们更容易把企业"画丑"，以示"公正严明"，对此，我们企业该怎么办？

传统选美路径与传统企业上市路径对比，如图5-6所示。

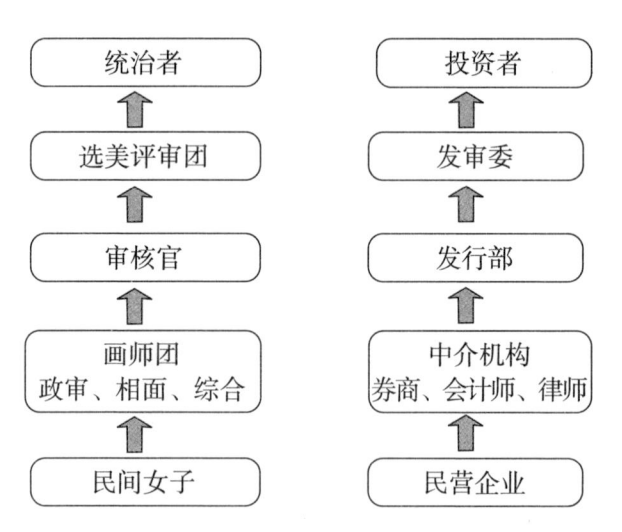

```
统治者              投资者
  ↑                  ↑
选美评审团          发审委
  ↑                  ↑
 审核官             发行部
  ↑                  ↑
 画师团            中介机构
政审、相面、综合   券商、会计师、律师
  ↑                  ↑
 民间女子           民营企业
```

图5-6 传统选美路径与传统企业上市路径对比

（三）优化资本化路径

优化企业上市路径，首先，企业要充分了解中国资本市场的特点

与独有的诀窍，它不是广而告之的，也不一定是教科书上的经典案例，但是有可能是方法、捷径；然后，不是马上请中介机构进场，而是请专业人士对企业进行规范完善；再后，请中介机构进场，对企业进行"素描画像"，企业自然会"漂漂亮亮"；最后，与中介机构的审核层与决策层取得共识，让他们对我们的企业有信心，获得他们的认可，自然就可以顺利地把申报资料报到监管审批部门。至此，最差我们也获得一半通过的概率了。如果企业前期的规范工作做得更扎实一点，那么，顺利上市的概率就更大了。企业优化资本化路径，如图5-7所示。

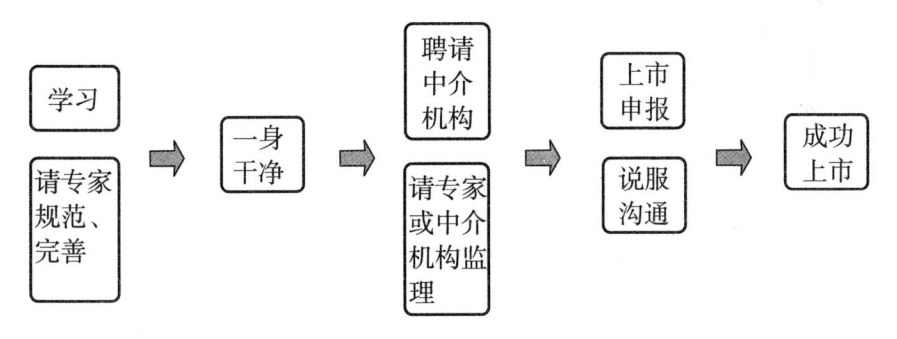

图 5-7 优化资本化路径图

通过优化资本化路径，企业将有以下几个方面的收获：

（1）上市成功的概率达到90%以上，甚至100%。

（2）通过有机筹划，前期费用极低，甚至没有。

（3）企业干净、整齐；使得上市顺顺利利。

（4）企业家可以专心搞经营。

（5）以股权为纽带，集思广益，群策群力。

（6）社会资源整合。

优化的选美路径与优化的企业上市路径对比，如图5-8所示。

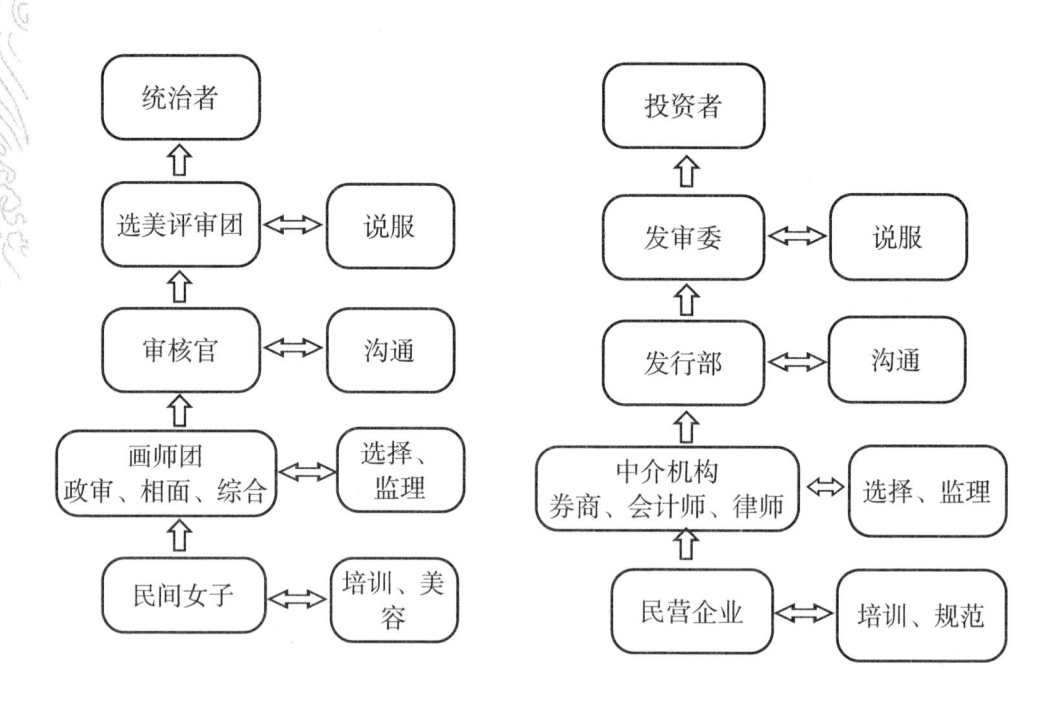

图 5-8　优化的选美路径与优化的企业上市路径对比

三、合作伙伴的选择

首都机场摆渡车上的一则广告，让你眼前一亮："方正投行业务关注你：展翅高飞之前，是否已选对彼此珍重的伙伴？"这一发问，是给所有企业的一副清醒剂。企业资本化本质上就是社会化，需要和各类机构经常合作，相互借力、携手共赢。我们企业，原来就像一家农户，习惯于务农耕田，现在必须到资本的原野上，驭骑奔驰，那最大的危险是什么？"盲人骑瞎马，夜半临深池"，当然，这匹马不一定是瞎马，可能是好马、坏马、善马、恶马、野马、顺马、智马、笨马，也可能是共同过河的马、半路甩客的马。小马探路，老马识途。我们企业这个资本市场的"盲人"，要聚精会神，睁开眼睛看世界。面对资本这个全新的领域，进行系统的而不是零星的，全面的而非局部的学习，在当前尤为重要。同时，我们更要会相马，要找到好马、善马、智马、共同过河的马。"千里马常有，而伯乐不常有"，"相马术"也是一门大学问。在培训课堂上，常有这样的抱怨："我们和合作方合作的过程，就是我们从将军到奴隶、他们从奴隶到将军的过程。没签合约以前，他们笑脸相迎、签了合约以后，他们后背相对。在谈判时，他们认为我们提的要求'一切皆有可能'；在操作落实时，却认为'一切皆无可能'。在签约以前，认为我们的企业在资本市场一定是风情万种，多好的资本产品啊；签约收费后，却又认为我们的企业一无是处。"所以企业一直登不上资本的舞台。

案例

一家农产品综合加工服务企业，在业内名列前茅，几十年来，董事长是妻子，总裁是丈夫，女主外，男主内，业绩欣欣向荣，收入十多亿元，利润上亿元，是一家能上市的好苗子。来"提亲"的资本市场的"红娘"与服务者络绎不绝。最终，企业选择了一家领导推荐的服务机构。企业董事长好高兴，盼星星，盼月亮，终于上市有望了。2012年5月，几个专家到现场和企业董事长开会座谈，专家指示，企业可以2009年、2010年、2011年三年作为上市申报期，要规范企业这三年的会计核算，核心是2009年的纳税申报不规范，要重新申报。企业为此把专家认为的漏报的5亿元的收入又补报了，为此，企业多上缴的税收达2000多万元。2013年5月，千呼万唤专家终于在百忙之中抽空过来了，到企业进行交流，马上又有新的高见了，认为2009年的财务资料不能用，只能采用2010—2012年的年报，企业马上一惊，你们专家不能说变就变，关键是多交了2000多万元的税收啊！这个损失谁承担？专家面面相觑，否认曾出这样的高招，没想到企业把上次专家讲的原话录下来了，经常听听专家的指示。专家们一听，最后无言以答，找原因，竟是专家讲话不严谨，方案有漏洞。结果只能是企业买单，而且是2000多万元的单，企业只能向隅而泣。

第三个年头了，企业又把2010年专家认为的3000多万元税收缴上去，等待上市申报，但这次，企业把那个半信半疑的专家团居然请不过来了，因为他们集体投奔到新的"东家"了。5000多万元的真金白银就这样白白打掉了。该企业至今还没上市。

四、时机选择

《易经》里提到，"夫大人者，与天地合其德，与日月合其明，与四时合其序，与鬼神合其吉凶"。我们企业的掌门人，作为"大人"，首先要合乎天地的意志，就如孟子所言"虽有智慧，不如乘势，虽有镃基，不如待时"。没有成功的企业，只有时代的企业。

企业就如同一个孩童，在时开时关、时大时小的厚重无比的大门面前，只有顺势而动，见机行事。资本时代，外部环境更是无规则的流体，我们企业要精心筹划，设计企业的定位、体系，进入资本市场的时机、方式，而要做到这一点，企业家就必须彻底改变只顾低头拉车、没有抬头看路的做法。抬头看路只是最基本的要求，更要搭建"观天象，测风云"的决策支持体系，企业有了千里眼、顺风耳，一切选择就有基础了。

第四节　企业资本经营的程序论

问题：

1.为什么我们对游走四方的江湖郎中不屑一顾，哪怕是患了个小伤风，我们也一定要去医院，挂上专家号，而对关乎企业生死命脉的企业规划、再定位、上市、融资等重大事项，常常被找上门来的各类"郎中"牵着鼻子走？

2. 我们盖一间茅草屋，也要设计先行，从来没听说业主先找几根木料，几袋水泥，再决定怎样盖房。我们要盖自己公司这座"资本大厦"，是否也要"设计先行"？胸有成竹，才能画出竹子。我们企业一旦想要融资上市，就找投行，找律师，找审计，自行配料，土法上马，程序对吗？

3. 我们去麦当劳店消费，不用害怕卫生能否达标，也不用担心美国本土店的口味和北京店的口味不一样，因为通过流程管控，结果则可控了。为什么有些企业在资本市场领域，却"次次上当,当当不一样"？我们能否通过制订一个"流程"，来保障不上当或少上当？

4. 在服务型社会,一切服务都必须产品化、标准化、流程化、系统化，明天，哪怕我们找个保洁工，他们的服务也需要和这"四化"对齐。我们企业的重大决策、外部合作、项目投资、结构调整等，是否也制订了企业"四化"规则，来为结果保驾护航？

5. 在资本这个一望无际的大草原上，资本所有者是"肉食动物"，呼啸而来，扬长而去；我们中小企业是"草食动物"，逐水草而徙，不可避免地要与狼共舞，我们是否已经有了牧羊犬来保护我们，具备了"与狼共舞"的条件？

6. 为什么司法领域有一句名言，即"程序的科学是结果科学的保证"。各国法庭判决几乎都有四个主体行事：检察官起诉，律师辩护，法官主判，陪审团监督。事先谁也不知这个嫌疑犯应判几年刑期，通过这个科学程序，客观结果出来了。所以，没有完美的个人，只有完美的制度。反观我们企业，是否构建了这个制度？我们投资的可研报告，可靠吗？决策，经过充分辩论了吗？我们企业的商业计划书、股转说明书，是表扬信、说明书还是诬告信、举报信？企业家知道吗？都有可能，它们所导致的结果可能有天壤之别。

具体来讲，企业资本经营的科学程序主要包括以下三个方面。

一、优化路径

（一）设计先行

要彻底打破原来那种道听途说、走亲访友的决策方式。因为，在变革时代，别人成功的经验，有可能是我们失败的教训。独辟蹊径，虽然有风险，但更有可能成功；智者千虑，必有一失。所以，我们企业家不能只有买药的钱，而无看病的费用；不能只有打水漂的损失，而无论证的支出。好方案是设计出来的，通过设计，全面分析外部环境和内部资源，寻找内外结合点，以及具体措施、路径，然后经过论证——提升——再设计，好方案可能就在反复修改、提升的过程中，蓦然回首了。

（二）优选资源

20世纪二三十年代，美国被称为"扒粪时代"，各种媒体不断揭露各种腐败，反而使美国获得了重生。辛克莱的小说《屠宰场》描写道："员工们将那沾满血的肉放在水里一搅，就扔进了机器；将过期的肉切成块制作火腿肠，将洗脸洗手的水用作调味品……"某一天，美国前总统罗斯福吃完早点后，嘴里嚼着口香糖，看着这本小说，看到这里，罗斯福大叫一声，将口香糖吐出，书扔到一边，将身边的火腿肠奋力抛出窗外。

在产品领域，如此黑暗，在资本领域，又何尝不是？就如同马克思讲的:"资本来到世间,从头到脚,每个毛孔都滴着血和肮脏的东西。"由于我们企业不是从几百年资本血与火的搏杀中突围出来的,只是风调雨顺地分享了几十年的产品红利,哪懂什么资本,更遑论资本家,他们没有资本基因,也没有资本免疫力。曾有一个笑话:椰子树上掉下了10个椰子,砸中了9个皮包公司老板,还有一个正在办皮包公司。现在,砸中的9个可能是投资公司的董事长,还有一个是已关门的老板。谁能分清金融与诈骗的边界?

一些抱着资本的人,不论是整合者、投资者,还是服务者,高举为企业服务的大旗,四处设点,搜寻目标。如果一个人说,我是来为你企业融资上市服务的,老板是否有点窃喜:我们还是有点"姿色",要不,他怎会过来献殷勤?实际上,他们更是"为自己服务"的。企业如果没有鉴别力,而签署了合约,企业的苦难可能由此开始。

企业怎样办?"好货不上门,上门无好货",虽不能一概而论,但对我们企业也是一个提示。在这个资本火热的时代,企业一定要破除我是甲方,守株待兔的心态,走出去,寻找资源,为我所用。不论是什么组织,一定是尺有所长,寸有所短,术业有专攻,学有所长。不是听他们说什么,而是看他们做什么;不是让他们讲未来,而是了解他们的历史。在这个过程中,就有可能找到志同道合、品德优秀、经验丰富、优势互补的资本及服务团队,使产业资本与金融资本有机融合,共同发展。

二、规范流程

科学界有句名言:"结果的不确定性,只有通过科学流程来削弱。"这使得无论何时、何地,何人操作,结果无差异。

(1)制订重大决策、投资、融资、机构选聘等重要方面的操作流程。

企业为了保障会议效果，有总裁办公会的流程规定。但企业怎样再定位，选择什么路径，如何变革，更需要通过业务流程优化，使决策科学化。企业招聘几名员工，人事部门要进行筛选、笔试、面试、心理测试，还要审查过去，向社会关系外调，何其重视。我们企业要选聘合作方，不论是顾问、投资、投行、审计、公关、咨询，对企业来说都是至关重要的，企业的身家性命甚至都托付给这些机构了，但我们不知道，有哪些企业制订了筛选、考核、约束、监管这些合作方的流程与制度。至今，我们仍然听到有的企业暗暗庆幸："我们找了小庙里的大和尚，找对人了，对我们企业有帮助。"有的企业后悔不止："我们找了大庙里的小和尚，走了弯路。"这样的戏已经演了几十年了，难道我们还找不出一条控制风险的流程？货好出，钱难回，每个企业，都在绞尽脑汁设计销售业务流程管控，即使这样，仍然是坏账多，账期长，现金流差。我们做一笔投资，少则几千万元，多则几亿元，难道不是风险更大的决策？我们是否建立了严格的决策流程制度？是否有一套严格的项目论证、变量分析、内部讨论、外部支持、系统综合的流程图？在充满风险的市场环境中，还能我行我素吗？同样，企业并购所要求的严谨性和实际操作的随意性也是反差极大。

（2）流程的严格执行落实。

企业资本运营各项流程的制订是基础，也是核心。建立流程，必然是对原有业务体系的校正及改变，相对原来驾轻就熟的业务，必然是由不熟悉到熟悉，由不适应到适应，由不习惯到习惯的过程。

流程的落地是关键，"非知之难，行之惟难，非行之难，终之斯难"，要做到"知、行、终"的一体化，就要做到以下几个方面。

首先，企业一把手要身体力行，决心改变"一言堂""一支笔"的决策习惯。要切实认识到当年"一跺脚打天下"的机会已一去不复返了，机会主义者必然会成为投机的牺牲品，当下的一切红利，几乎都来之于层出不穷的创新；即使偶遇的天上掉"馅饼"的机会，也要管住自己那只在企业"乱动的手"。三国时期，年幼的孔融就观察到"梨在路旁必苦"，今天，我们怦然心动的"馅饼"也许就是陷阱。

其次，流程规则的制订一定要科学。极力避免形式主义的流程，要将设计的先进性与应用的针对性及结果的有效性相结合。在此方面，要广开渠道，多吸收消化优秀的做法与意见。

最后，要有流程的"执法官"，每个环节缺一不可，如同通过钟表的有机结构来保证时间的准时，而不是人为调表。例如，一家企业聘请的审计机构是全球几大所之一，审计师在业内也是大名鼎鼎，企业董事长对此很信任。2017年年报审计初稿是4000万元利润，企业正准备确认时，董事会秘书提出，按新的业务流程还需要再请外部财务专家对此发表意见。外部的专家一看，问题出来了，企业不应是4000万元利润，而至少有6000万元利润。为什么有此2000万元的差异呢？不是水平的差距，而是角度的不同。审计师是从"谨慎"的角度，宁可企业利润低一点，而不冒任何风险；而这位外部财务专家，则是站在企业的角度，认为几千万元的研发费用应该资本化摊销，而不应该都从当年扣除，审计机构也过于谨慎了。最后，企业通过这个流程环节找回了2000多万元的利润。

三、监理保障

任何个人与组织都不完全可靠，必须相互监督、相互制约。

（1）建立第三方体系。

几十年的产品为核心的工厂制，使我们企业在产品监理保障方面已是行家里手。我们都深信不疑，"好产品不是检测出来的，而是生产出来的",打破了几十年前以"检测"为核心的质量管理体系,而是实现了"TQC即全面质量管理体系"。这时候,产品的第三方检测体系也就伴随着企业的整个生产过程而产生了。

现在,我们要"生产"企业这个"资本产品",它远比生产一个小工业品意义重大,我们是否也要有第三方体系?我们的决策方法是否科学?资本方案是否合理?招股说明书是否有漏洞?企业运转有什么风险点?这些都需要企业弄清楚。

(2)第三方体系的常态化。

传承千年的建筑业,它能够保障人类"居者有其屋",是凭借其严格的运行体系。任何建筑,首先要设计先行,设计费甚至可以占到总成本的20%;然后是确定总承包,由总承包再选择分包,再由第三方监理代表业主保证工程质量。对业主而言,不论项目大小,都形成了固定化的"设计先行,施工承包,监理保质"的三足鼎立体系。那么,我们今天讨论企业的投资、融资、上市、并购等重大事项,这些都是决定企业命脉的"大项目",是否设计先行了?是否也有第三方监理体系?

第六章 企业资本经营的『工具箱』

问题

企业如何编制并修正航行图？企业是否需要应对各类变化的联络图？企业如何将静态工具动态化？

问题

1. "医不自治"对企业是否也适合?

2. 中介服务机构、投资机构等对企业所做的各类调查报告是否就是客观反映企业现状的"体检表"?

3. 企业重大决策如何进行会诊?

4. 商场如战场,没有战略地图的商战胜算的概率是多少?

5. 准确定位是企业在资本汪洋大海中航行的前提,如何理解?

6. 企业如何编制并修正航行图?

7. 企业如何应对各类变化的联络图?

8. 企业如何将静态工具动态化?

9. 企业如何通过开发组合型"工具箱",以建立、完善资本经营的预警、校正系统?

10. 企业的资本运营本质就是资本决策系统,如何将各类工具贯穿于资本决策体系?

一驾马车跑在乡间小道上，出现故障可以随时停下来检查修理。如果是一辆小轿车行驶在高速公路上，情况就不一样了。上路前需要对车辆进行全面检查，仔细诊断，做好定位，携带地图，画好路线，还要有联络图，以便在出现情况时向外部发出求救信号。

冷兵器时代，是"两军对垒，勇者胜"；现代战争，则是"一场没有硝烟的战争"，是情报与参谋系统之间的博弈。当然，战前首先要有地点定位、时间定位及目的定位，即本次战役的地点、时间以及要达到什么目的。一场突如其来的遭遇战，获胜总是小概率事件。战略地图的重要性毋庸置疑，纵观古今中外的战争史，将帅之间的高下之分，就是对战略形势的把握与战略地图的规划。对各参战部队而言，行军图是随身必备的，后台支持的联络图已经由原来的班、排配置，变成了士兵标配了。前后台的一体化，相对于前方的单兵突击、后台的支持系统，更是制胜法宝。

当一个工厂蜕变为一家生命体的企业，特别是成为用社会资本武装起来的现代公司的时候，它适宜的路径将不再是乡间小道，而是资本的高速公路。它面对的也将不是长矛大刀队，要拼孔武之力，而是信息化的"战争"，是与看不见的"敌人"较量。它是智慧对智慧、系统对系统、平台对平台、生态圈对生态圈的竞技。我们没有办法传授给企业在资本市场"博弈获利"的"秘籍"，道本无法，法随事变，只是为企业家们准备了一个随身携带的"工具箱"，以帮助企业在进行资本博弈时，由原来的"赤手空拳"打法尽早进化为系统化的较量。这个工具箱包括对企业进行全面调查的"体检表"，各方专家对企业进行专业互补、集思广益的"会诊表"，企业资本决策的支点——定位图，系统的、长期的行动方案——战略地图；局部的、短期的路线图——航行图；企业在航行中的SOS——联络图。它们交相呼应，构成了较完整的企业资本的决策与支持系统。

第一节　体检表

一、体检表不是什么

体检表不是企业向银行、税务部门、工商部门提交的申报表；不是企业的自我总结与分析；不是投资银行、会计师事务所、律师事务所等机构对我们的尽职调查，这些机构作为我们的商业合作方，是为了它们的商业利益而进行的企业调查，怎能成为我们企业的决策基础？

二、体检表是什么

体检表是站在企业的角度，对企业做的检查，而不是站在企业的对立面，对企业做的所谓调查。它是全面的体检，而不是专科检查；它是动态的检测系统，而不是静态的一份报告（如果是一份报告，几天后等企业要做决策参考的时候，那一纸报告可能已经是过去式，失效了）；它不只是了解企业硬件系统，更要分析企业软件系统，软硬并举；它不只是定性分析，更是定量分析，通过体检对企业的状况一目了然；它不光要了解自己，更要了解对手及外部环境；它不但要了解企业的过去及现在，更要预判企业的未来。

三、企业怎样体检

中国经济的转型是从制造业向服务业的提升，而服务业中，生活类如衣食住行、楼堂馆所，在快速向发达国家靠近，特别是一些中心城市，我们的生活服务业已比发达国家更快捷、便利，而且成本更实惠。

但是生产类的服务业，如培训、设计、咨询、外包等，只是刚刚起步，与市场的需求相去甚远。目前，市场上缺乏专业的咨询服务机构，不能给企业以正确的指导。许多专业服务机构，以偏概全，赚钱心切；营销咨询，自然是营销决定一切；财务顾问，当然是财务最重要；培训机构则更是告诫老板"所有的投资都有风险，要降低风险只有投资学习"。

通过这个体检表，由第三方对企业进行一个客观的检查，通过这面镜子，使企业更好地"整整衣冠"。

体检表包括两部分内容：第一部分，判断题，判断对错，共25道题，每道题1分，共25分；第二部分，选择题，共15道题，每道题5分，共75分。两项合计100分。题后备注附有答案，对照后，即可得出分数。特别是选择题，每一项满分是5分，众多企业基本上得分是1~2分，每提高1分，对企业而言，就是要上一个台阶。这个体检是动态的，通过体检——诊断——措施——完善，经过一段时间后，再进入第二轮循环，对企业又是一个提升。

这份企业体检报告，主要侧重于企业轻资产考察。一方面，它构成了企业的核心竞争力；另一方面，重资产的相关数据基本上是现成的，容易获取。体检表就是要帮助企业得出客观的诊断结果。我们设计的体检表要与现场调研、访谈、其他资料结合起来，才会对企业有一个更全面、更准确的把握。

体检表

一、判断题（请根据企业具体情况，结合学习内容，判断下列命题的对错，认为对的地方划"√"，认为错的地方划"×"）

1. 资本主要是指资金，即利用资本市场筹集资金。　　　　　（　）

2. 资本时代的主要含义是指进行资本运作，即企业尽早上市。
　　　　　　　　　　　　　　　　　　　　　　　　　　　（　）

3. 企业资本化是指企业通过上市进入资本市场。　　　　　　（　）

4. 传统行业、传统企业，没有成长性，不适合进入资本市场。
　　　　　　　　　　　　　　　　　　　　　　　　　　　（　）

5. "爱厂如家，誓做百年老店"，对每一家企业来讲，应该有这样的愿景。　　　　　　　　　　　　　　　　　　　　　　（　）

6. "待遇留人、环境留人、事业留人"对一家成长性公司而言，只有这样，才能真正吸引、留住人才。　　　　　　　　　　（　）

7. 等我条件具备了，再考虑上市。　　　　　　　　　　　　（　）

8. 现在上市竞争激烈，积压太多。等几年后申报企业少了，我再考虑上市及申报。　　　　　　　　　　　　　　　　　　（　）

9. 一般来讲，企业在经营出现困难或问题时，才会考虑被别的企业收购或兼并。　　　　　　　　　　　　　　　　　　　（　）

10. 企业的战略、规划、融资、上市等重大事宜，主要以专业机构的意见为主。　　　　　　　　　　　　　　　　　　　　（　）

11. 找到好的券商及其他中介机构，企业上市运筹及申报事宜就可以托付了。　　　　　　　　　　　　　　　　　　　　　（　）

12. 《招股说明书》《上市公告书》等上市公告资料，是企业的"情况说明书"。　　　　　　　　　　　　　　　　　　　　　（　）

13. "招商引资""外商外资"对民营企业家而言,是一条引资的主渠道。（ ）

14. 专业的人做专业的事,企业出现问题,主要应请教专家的意见。（ ）

15. 企业要生存发展,就必须做强做大,成为行业龙头。（ ）

16. 企业专利、技术、资产、人才等构成了当代企业的核心竞争力。（ ）

17. 创新是当代中国企业转型升级最为急迫的问题,即核心是构建自己的研发团队,形成自己的专利产品。（ ）

18. 财务审计与财务税收筹划最好由一家机构组织,企业规范与法律鉴证也同样由一家机构组织,以减少企业成本。（ ）

19. 成功是可以学习、模仿的,所以中小企业成功的关键是向标杆企业学习。（ ）

20. "宁为鸡头,不为凤尾",在商业领域仍是如此。（ ）

21. "平台化"主要是针对互联网及电子商务公司。（ ）

22. "数字化"主要是指IT及电子化公司的发展方向。（ ）

23. "没有万寿无疆的企业,也没有万寿无疆的产业,只有万寿无疆的资本"。（ ）

24. 企业只有先融智力,才能融资金、融资源、融平台、融天下。（ ）

25. 在市场竞争领域,每一家企业不分规模大小、不论所属行业都需要上市并且能够上市,进入资本市场。（ ）

二、企业核心竞争力所处阶段选择题（请根据企业自身情况,对每一项问答做出"能"或"否",或者"是"或"否"的回答,再对每家企业所处阶段做出判断）

备注：（1-3：资本模式；4-7：商业模式；8-11：管理模式；12-15：心智模式）

1. 经营者（董事长）在公司承担的角色：

（1）公司是否举办过一次全面的资本化战略规划研讨会？

（2）公司是否研究过本行业5年后的资本格局？

（3）本公司是否坚信一定能上市？

（4）本公司若上市，能否承受40%以上的税负？

（5）公司是否至少有5名外部专家担任公司的独立董事或顾问？

A. 厂长　B. 总经理　C. 企业家　D. 资本专家　E. 思想家

2. 公司的组织机构：

（1）是否已经进行了股改即设立股份公司？

（2）是否已经上市？

（3）能否审时度势不在乎名誉、品牌、控制权而融入"资本链"？

（4）若现在是好的时间窗口，能否做到马上出售股权和别人并购？

（5）是否吸引了外部投资者？

A. 有限公司　B. 股份公司　C. 形式上市　D. 本质上市

E. 产业整合

3. 公司的价值重点：

（1）公司是否创造了产品的价值？

（2）公司是否有创造公司价值的理念及举措？

（3）公司是否提炼出了公司价值？

（4）是否推广了公司价值？

（5）是否融合了公司价值？

A. 创造产品价值   B. 创造公司价值   C. 提炼公司价值

D. 推广公司价值   E. 融合公司价值

4. 公司的战略：

（1）公司是否有战略？

（2）公司战略是否进行了精心设计？

（3）公司战略是否与时俱进，随时向行业的标杆学习？

（4）公司战略是在定位、细分的基础上领先行业的战略？

（5）公司的战略是否随时进行迭代、完善、提升？

A. 没有战略   B. 跟随战略   C. 战略设计   D. 迭代战略

E. 自控战略

5. 公司目前经营的核心：

（1）公司是否有全国性品牌？

（2）公司是否是本细分行业的标准制定者？

（3）本公司是否牵头发起组织本行业的相关学会、协会？

（4）本公司是否组织了行业内或上下游产业链的线上及线下的交流平台？

（5）本公司是否有资本领域的总体策划？

A. 经营产品   B. 经营品牌   C. 经营标准   D. 经营资本

E. 经营文化

6. 公司的市场营销策略：

（1）公司是否有清晰的目标客户及市场定位？

（2）公司能否经过梳理成为细分品类中的"老大"？

（3）公司是否有专业团队在下游客户处工作或有专业市场调研队伍？

（4）公司能否成为客户某一领域的"系统集成商"或"心智满足

的提供商"？

（5）公司能否不但销售产品，更能销售"企业"，成为企业跨界、融合、创新的开拓者？

A. 销售产品　B. 销售服务　C. 方案解决　D. 平台提供

E. 心智满足

7. 数字化发展阶段：

（1）公司是否想办法在门户网站、社交媒体等平台上进行巧妙的推广？

（2）公司是否在淘宝、京东等电子商务平台上进行销售？

（3）公司是否进行团购、定制化生产、工厂直销等业务互联网化？

（4）公司的组织、流程、经营理念等是否实行全面互联网化？

（5）公司是否在线与合作方进行研发、供应链等方面的合作？

A. 互联网外行　B. 传播互联网化　C. 销售互联网化

D. 业务互联网化　E. 企业互联网化

8. 公司在产学研方面采取的模式：

（1）公司是否和大院、大所有课题合作？

（2）公司是否申请到国家部委级课题经费？

（3）公司是否有省级实验室、工程中心？

（4）公司是否有国家部委级工程中心、重大新产品中心？公司是否参与、组织了"863""985"等课题？

（5）公司是否有院士工作站、博士后工作站、产学研基地等平台？

A. 线性模式　B. 并行模式　C. 耦合模式　D. 系统模式

E. 开放模式

9. 公司供应链的组织：

（1）公司是否尝试过"第三方"供应？

（2）公司是否尝试过"第四方"供应？

（3）公司是否反复测算，尝试"自制""外购"的收益？

（4）公司是否搜索过在本行业通过专注、极致的运营，产生性价比极高的供应商？

（5）公司是否考虑过零库存、订单式采购？

A.资源计划制　B.准时生产制　C.精细供应制　D.供应链制　E.第三方外包

10.公司的财务管理现状：

（1）财务能否高效利用内部现金流？

（2）财务在"开源"方面能否做一些统筹规划？

（3）财务对每项商务活动能否拿出和同行业优秀者的比较分析报告？

（4）财务能否对每项投资项目进行内外综合权衡测算？

（5）财务能否对收购、兼并、重组等进行全面分析？

A.内部核算　B.成本控制　C.利润中心　D.战略决策

E.整合资源

11.公司的内部管理现状：

（1）针对"快变、多变、巨变"的外部环境，内部组织结构是否进行了调整？

（2）我们是否建立了使人印象深刻的企业文化？

（3）我们是否建立了动态化的调整机制？

（4）我们是否构建了让"闻得到硝烟、听得到炮声"的人进行决策的机制？

（5）我们是否做到了"内部资源社会化、外部资源内部化"？

A.传统管理　B.科学管理　C.行为管理　D.企业文化

E. 人本管理

12. 企业文化进化：

（1）我们是否做了 CIS 即企业形象识别系统？

（2）我们是否把企业形象管理制度化了？

（3）企业的行为是否就是我们企业制度的体现与反映？

（4）企业的价值观能否深入人心，言行一致？

（5）社会、客户对我们评价是不是很高？

A. 文化空白　B. 企业形象　C. 管理制度　D. 行为　E. 价值观

13. 公司的组织管理：

（1）公司是否建有外部资源专家库？

（2）公司内部（在册）是否至少有一半的管理人员积极、主动地为公司献计献策，并整合资源？

（3）公司外部（在线）是否至少有20名各领域人士为公司主动介绍、引进资源？

（4）公司是否有相关的激励政策？

（5）公司是否每年至少有5次相关座谈、交流、论证、表彰等活动？

A. 用己之力　B. 用人之力　C. 用人之智　D. 用人之心

E. 用人之愿

14. 公司的决策支持：

（1）公司一些重大决策是否都有内外专家共同参与？

（2）在重大决策时，是否都有专业、科学的研究报告？

（3）能否形成一种机制，突破个人角度、局限，形成知识的"系统集成"？

（4）是否有专人或专项部门研究外部变化？

（5）是否构建了决策的"烽火台""望远镜"？

A. 经验感觉　B. 内部讨论　C 标杆模仿　D. 内外集成

E. 系统预警

15. 公司领导力提升：

（1）公司是否构建了个人领导力提升的路线图？

（2）下属认同我们各级领导吗？

（3）公司是否对各级领导者进行测评、打分，以充分了解各级领导的情况？

（4）公司是否采取措施，推动领导者的个人发展？

（5）公司是否采取措施，使具备领导特质的领导者培养更多的后备人员？

A. 职位　B. 认同　C. 生产力　D. 个人发展　E. 领袖特质

> 备注答案：第一部分共25道题，是判断对错题，其中，23、24、25题是对的，其他均为错。第二部分共15道题，是多选题，每一道题有5个选项。按照企业实际情况进行选择，在每一道题中，圈中一项"是"或"能"，即得一分，圈中两项"是"或"能"，即得两分，以此类推；A、B、C、D、E分别代表1、2、3、4、5分，也就是企业进化的每个阶段。第二部分的分数总和与第一部分的分数总和相加，即得到总成绩。

第二节　会诊表

我们太多的中小企业，在决策方面，要么是一言堂，唯董事长马首是瞻；要么是"清谈会"，即兴发言，决策人员的有机搭配、支持系统、决策流程等完全缺失。这样的论证有何价值？我们现在的商业，是在看不见的空间作战，我们面对的是看不见的人或组织，我们的工作是占领看不见的经济领域，眼睛看不见、手触摸不到的无形活动将成为主流。过去辉煌的成功经验不仅不再起作用，甚至会成为企业发展的羁绊。所以，我们不能沿用过去的方法进行分析与决策，我们应该建立高效的决策与会诊制度。

一、专业多元化

恩格斯在《路德维希·费尔巴哈和德国古典哲学的终结》一文中指出："世界不是一成不变的事物的集合体，而是过程的集合体，其中各个似乎稳定的事物以及它们在我们头脑中的思想映象即概念，都处在生成和灭亡的不断变化中，在这种变化中，前进的发展不管一切表面的偶然性，也不管一切暂时的倒退，终究会给自己开辟道路。"德国著名物理学家普朗克也有一段名言："科学是内在的整体，它被分解为单独的整体不是取决于事物的本身，而是取决于人类认识能力的局限性。"所以，作为生命有机体的企业，单一的问题必然与其他问题因果互联，专业的分工一定是服务于企业整体的价值创造。例如，一家企业的财务指标下滑，通常是由于产品竞争力的减弱引起的，背后的动因又是管理无效造成的。它不是简单改变一项核算办法，就可以解决问题的，本质上是一项系统工程。今日的经营困境，也不是马上换一个总经理就可以扭转乾坤的，它是以前因循守旧经营的结果。所以，只有不同专业、不同视角的相互讨论、启迪，才能产生智慧的火花，形成整体的思路。就如同姜尚在《六韬》中所言："心以启智，智以启财，财以启众，众以启贤。"通过互补的专业来启心智。

二、内外一体化

华为通过"加强交流,思想碰撞,一杯咖啡吸收别人的智慧与能量,把战略技术研讨会变成一个罗马广场,一个开放的思想交流平台,来实现内外一体化"。海尔提出的"外去中间商,内去隔热墙"的理念,具体体现在创建开放的平台上,即让所有的一流资源无障碍进入。我们的中小企业创始人,不但要走出去,了解"为什么",更要引进来,解决"如何做"。我们要把那些学有所成、践有所悟、思有所得、专有所长的各路精英源源不断地导入我们公司,请他们帮助我们发现问题、讨论问题、解决问题。

三、讨论透彻化

英语"discuss"这个词是由"dis"与"cuss"两部分构成的,前者表示否定,后者的意思是怨恨,也就是,即使反对对方的意见,也不会招致怨恨。在犹太人的组织里,为了使讨论深化,总有一位成员敢于提出反驳意见,被称为"恶魔拥护者",为了发现更好的解决办法,他从不同的角度提出反对意见,对讨论的前提提出质疑。

英国哲学家罗素曾论述到:"哲学思辨的过程,在我看来,主要在于从那些显而易见的、含糊不清的、模棱两可的东西,我们感觉非常有把握的东西上,得到某种准确、清晰和确定的东西;通过深思与分析我们发现,这些东西原本包含于初始的那些含糊的东西里,可以说,这正是所谓的真理,而含糊不清的东西不过是它的一种影子而已。"

四、运行常态化

全球化与无国界,使得产品和服务的品质差别越来越小,抢占时机成了核心要素。现在的发展,不是一日千里,而是一秒千里。现实中的一个机会，甚至我们还没有发觉它的到来，居然已经消失了。也就是说，我们还没有进入，就已经出局了，这使得正向高速发展的企业和负向快速衰退的企业壁垒分明，不存在模棱两可的中间企业。这就要求我们要把常态化的交流、会诊体系不但应用到公司的战略层面，更要应用到战术层面，应用到高级管理人员以及公司的各个部门。通过常态化的会诊体系，吸纳更多的资源，搜寻更多的机会。

第三节　定位图

欧洲管理学大师马利克曾讲道："21世纪的巨变是从旧世界到新世界的根本转变，迄今为止，它比任何其他社会的变革都要大，因为它包括了整个世界。超高速、超大系统、超级变化将会存在于一个新的世界中并有辉煌的未来，描述全球联网系统的复杂性以及用文字来表达它变化的多样性，就像用语言去介绍贝多芬的一首交响乐一样困难。"当下，唯一不变的是变，每一家企业，都要蜕变与突破，凤凰涅槃，破蛹化蝶。蛹破茧成蝶后，它们将是两个完全不同的个体。它们有不同的感觉器官，不同的决策系统，不同的导航系统，不同的神经系统。前面我们分析的体检表、会诊表，是基础，在对企业进行全面、综合地了解、把握的基础上，通过定位图建立企业的感觉器官，通过战略图建立企业的决策系统，通过航行图建立企业的导航系统，通过联络图建立企业的神经系统。当然，首先是企业的定位，它是企业一切经营活动的枢纽与中心，一切经营活动，都是围绕此目的展开的，都是实现定位的手段。

走出丛林的人类，一直处于"稀缺资源"的生存状态，"供应的有限性与人类需求的无限性"的矛盾与人类形影不离。一位文学家曾有这样的感慨："学习经济学一定会满含眼泪，因为这是一门悲哀的学问，其悲哀在于，要用有限的资源来满足人们无限的需求。"人类的掠夺、战争，无一不是资源稀缺导致的结果。然而，在短短几十年里，由于科技与管理的巨大成就，人类居然可以像儿童置身于糖果店中一般，置身于"过剩经济"的"幸福"的状态中。在"过剩经济"时代，社会的主要矛盾已经由"供应的有限性与需求的无限性"转变为"供应的无限性与心智容量的有限性"的矛盾，在通向潜在消费者心智的道路上，交通阻塞，引擎过热，火气和温度正在同时上升。如何让你的企业的信息穿越层层屏障，抵达潜在客户的心智，这对每家企业都是挑战。我们企业管理的重心由此必须乾坤大挪移，要由传统的由内而外，以企业自身为出发点而组织商业活动，变革为由外而内，即从消费者的心智与未来的趋势为出发点，组织商业活动。管理大师德鲁克晚年对此深表忧虑："我们已经进入了组织社会，所有组织的共同点，就是组织的成果只限于外部……可是当你去看现今所有管理学的思想和著作，你会发现，其实我们只看到了内部，讨论的都是组织内部的事情，迄今我们仅是由内而外去看管理，尚未开始从外而内去看待它。我有预感，这将是我们未来三四十年的工作。"对于企业这种重新定位，我们可以从以下三个视角具体分析。

一、定位的"由外而内"，以消费者的心智满意与选择为标准

我们认为的好产品，并不是消费者认识到或认可的好产品，我们认为的好企业，投资者就是不买单。我们的思维模式，要由"自以为是，他以为非"，转变为"自以为非，他以为是"。我们的生产，首先应聚焦于客户的认知，而非产品的现实。企业的终极竞争不是工厂，也不在市场，而是心智，心智决定市场。"顾客永远是对的"，这并不是说，企业永远是错的，但如果想让我们企业的信息被别人所接受，我们必须以消费者为中心，除此别无选择。如同我们问："是花好还是草好？"站在养花人的角度，要栽花除草；但从对方、客户的角度就不一定了。做盆景的，是要育花剪草；做草坪的，是要育草除花。

二、"由远而近"，站在未来看现在

全球一体化的快速演变，使产品和服务的品质差异越来越小。现代企业竞争，时机变得越发重要，化天为秒，一秒千里。成功，永远是少数人的特权，只有蓄势待发，趁势而上，捷足先登，才有可能分享领先的红利。对未来把握的洞察力、判断力已经是每位企业家必备的能力了

预言家凯文·凯利在《必然》一书中写道："万物不息，万物不止，万物未竟。这种变化不仅仅意味着事物会变得不一样，它也意味着流程变化之中引擎比产品更重要。在过去200年里，我们最伟大的发明恰恰是科学流程其自身，而非某个特定的工具或玩意儿。正确掌握这种流程，它就能源源不断地带给我们好处，在我们所处的时代，流程完胜产品。未来，我们还会继续使用的汽车、鞋子将会变成服务和流程。"此观点对我们提出的企业资本化的"程序论"也是一个很好的诠释。亨利·切斯布朗在《开放式服务创新》一书中讲了一个观点："万事需开放，万事皆服务。"被业界誉为"互联网革命最伟大的思考者"的克莱·舍基，他的经典作品《人人时代：无组织的组织力量》讲述了社会变革的方向为"从硬框架变成软组织，自干关系链变成湿关系链"。谷歌的创始人埃里克·施密特等人合著的《重新定义公司：谷歌是如何运营的》一书，实际上就是以谷歌为缩影，对"软组织，湿关系"的具体呈现。克里斯·安德森，这位站在商业模式前沿的时

代巨擘，在《免费》一书中津津乐道的商业模式是："并不是一种左口袋出、右口袋进的营销伎俩，用免费的产品和服务去吸引用户，然后再用增值服务或其他产品收费。"说明了消费者心智容量有限，用免费作为敲门砖，先打开消费者的心智，再谋求其他产品的鱼贯而入。约翰·科特的《变革之心》一书则强调："认识到变革的重要性只是一个方面，实践是变革能否成功的关键，将传统的变革流程'分析——思考——变革'优化为'目睹——感受——变革'，更能改变人们的行为，达到变革的目的。"当然，预测，永远是见仁见智。我们将国外与国内、理论与实践结合起来分析，以下这三点应该是比较清楚的。

第一，如何激活个体，已成为一个企业的首要任务。

重化工业，动辄高额的资本投资，人必须依附于机器，顺从于流水线，自然是资本雇佣劳动。现在，随着个体对于知识和信息的把握越来越深，这种雇佣型的管理方式已无法存续了。个人不再依赖于组织，而是依赖于自己的知识和能力；成员与组织的关系，也不再是层级关系，而是合作关系。如何设立并创造共享价值的平台，让组织拥有开放的属性，为个体营造创新的氛围，则成为公司的基本命题。

第二，通过义利并举，来激活个体和企业。

近代日本工商业的精神领袖涩泽荣一在1916年出版了《论语与算盘》一书，成为日本企业界的"圣经"，在书中描绘了经营者的思想境界——"士魂商才"：一个人既要有"士"的操守道德和理想，又要有"商"的才干等务实精神。这如同在西方，一手拿着《国富论》，一手拿着《道德情操论》，是一样的内涵。我们当下绝大多数企业，基本上是"利益共同体"，内部的体系与流程是完全按照公司的目标而设定的，员工依附于冰冷的机器与固化的角色，它忽略了人的需求与作用，它是泯灭个性的。"道义共同体"才能把蕴藏在每个个体身上的无穷动力发掘出来。我们打造"远洋"号航母，不但要给我们船员造船所用的锤子和钉子，更要唤起他们对辽阔大海的渴望。通过"道义共同体"和"利益共同体"的有机融合，使冰冷的机器有了丝丝暖意，干硬的管理变得湿软，劳动者被赋予了灵魂。这也许是人类历史上第一次尝试解决收益和劳动的对立。在道义旗帜的引领下，劳动的投入和人性的绽放完美统一，由此释出的能量使血汗工厂只能望其项背。多年来，我们一直讲，企业创业者首先要感知社会的冷暖，不但要痛苦着社会的痛苦，更要为解决这个痛点登高疾呼，吸引志同道合的人士，组建"道义共同体"这个企业载体，并准确定位，使其目标清晰、结构合理，成为我们的"事业共同体""命运共同体"。

第三，融管理于服务，搭建"命运共同体"的平台。

成功的管理者再次成功的起点就是成为真诚的服务者。管理，在人们以往的印象中，就是有领导高高在上，发号施令，下级遵守执行。未来的成功之道，就是管理者聚集一批创意精英，营造融洽的氛围和支持环境，充分发挥他们的创造力，快速感知客户需求，愉快地创造相应的产品和服务。传统的企业管理理念及手段与未来的组织运行逻辑是背道而驰的，企业创业者或管理者的主要功能可能会演变为：搜寻商业机会，确定市场目标，匹配相关要素，提供后勤保障。通过角色的转变，管理者的职能由管理变服务，由前锋变后勤，将每个团队及个体的动力充分发挥出来，通过真诚的服务，实现"诚者，不勉而中，不思而得，从容中道，圣人也"，达到不是管理、胜于管理，管理于无形的提升。

三、"由上而下"，站在高处看企业

未来学家约翰·奈斯比特的《大趋势：改变我们生活的十个方面》

一书中有这样一个观点："流行是自下而上，趋势是自上而下。"我们从视野及境界两个观察点，来自上而下看企业的层次。

（一）企业家的视野

我们来看一个企业家视野进化图，如图6-1所示。

```
        生态圈
         ↑
        平台体
         ↑
    心智满足或方案解决
         ↑
    产品生产或服务提供
```

图6-1　企业家视野进化图

图6-1中我们看到，从企业家视野及企业定位出发，基层的、传统的企业定位是进行产品生产或服务提供，它已经成为过去式。现在，对于消费品经营类企业，是消费者心智对该企业品牌的接受及认可，它决定了企业的生存空间，依此逻辑，我们希望今后这类"产品好，就是消费者不接受"的企业越来越少，直至消失；而对服务类企业，它不但是客户服务方案的解决者，更是客户需求方案的解决者，即方案运营商，所以，心智满足或方案解决是每一家企业进化的必由之路。企业作为心智满足或方案解决的运营商，面对时时在变的客户需求，如何做到"因你而变"？只有无边界的平台，才能把各类要素快捷地组合起来，以变应变，所以，每一家企业又必然是一个平台体。特别是在当下，企业面对的是社会化大协作这架缜密的商业机器，它是系统的、有机的，环环相扣，丝丝相接，在这个商业系统中万物并作，构成息息相通的生态圈，而任何一家企业一定是不同生态圈的一个有

机组成体。那么,企业如何构建或者进入自己的生态圈?正如老子所言,"致虚极,守静笃,万物并作,吾以观其复",也就是说生态圈的建设者及参与者,要做到"虚、静"。在生态圈中,对方的生存是自身得以生存的首要条件,相濡以沫,守望相助,是每个生态圈能够生存的价值观,而达到"虚、静"状态,知"止"是起点,"知止而后有定,定而后能静,静而后能安,安而后能虑,虑而后能得"。由此,我们也大致看到生态圈的轮廓了,是先虚后实,先失后得。

克里斯·安德森的《长尾理论:为什么我们商业的未来是小众市场》一书中,给我们提供了做大做强之外的新选择,即"小的就是美的"。实际上探讨了生态圈"戒大、戒泛"的弊端。

(二)企业家的境界

企业家的境界进化过程为自然境界——功利境界——道德境界——天地境界,如图6-2所示。

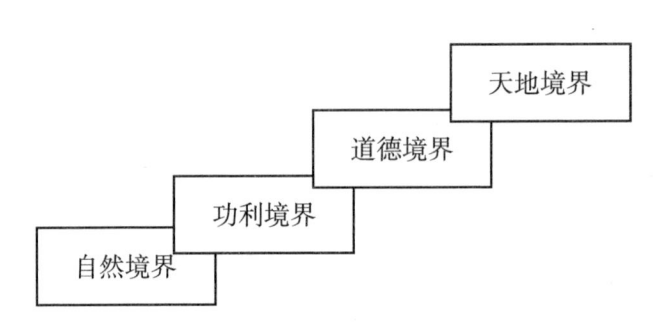

图6-2 企业家的境界进化图

哲学家冯友兰所讲人生的四种境界,实际上也是企业家的四层境界。最初,我们许多创业者是为了养家糊口,才白手起家。从商业的传统逻辑看,是主观为自己,客观为社会。一家企业,它的产品客观上是有利于他人的,其动机则是利己的。有些企业家,境界提升到道德层面,意识到自己是社会的一员,不仅要实现个人利益,更要实现社会利益。企业存在的唯一理由及目标就是能发现并满足自己的客户，而利润、股东价值是目标实现后的结果呈现。财富就像影子一般，如果你把事情做对了，它就会如影随形。"正其义，不谋其利"，结果却是利随义行。

我们在给企业定位时，若从视野与境界的高层着眼，就会"不畏浮云遮望眼，只缘身在最高层"。所以我们讲，赚钱是做事的副产品，做事是做人的副产品，做人是修行的副产品；内修于心，外修于行，企业必然会迎来成功的曙光。

第四节　战略地图

要削履适足，因人画图、指路，构建我们自己的理论，引领我们的企业，减少盲目，少走弯路，共同努力推动中华民族的伟大复兴。

一、战略由谁制定

对于企业，特别是众多的中小企业，不借助专家外脑，很难设计出自己的发展战略。在企业界，专家也是以专业为前提，专注地为客户创造价值。在战略服务领域，我们首先会想到麦肯锡、IBM 等全球咨询公司。麦肯锡的理念是"优先考虑客户，为客户提供最大价值"，但面对令人咋舌的费用，有支付能力的中小企业有多少？企业选择专家要慎重，要根据企业的需求选择能为企业解决实际问题的专家。

二、战略怎样做

柏拉图在《理想国》中说："水手们正在为谁来掌舵而争吵……他们不明白，只有透彻研究一年的各个季节，天空、星辰和风向，领航员才有资格指挥一艘船，这些都是他的专业技术。"实际上企业这艘船，如何基于斗转星移而航行，就是企业战略，它是主观适应客观、内部适应外部、现在适应未来的一部梯子，一张路线图。

观念不是战略。对企业，我们需要根据不同环境制定不同的战略。

一个点子不是战略。战略是体系化、逻辑化的、决定全局的策略，要经过综合分析，是充分权衡比较的结果。

空话不是战略。一家企业提出响亮的战略口号："坚持差异化的发展战略。"这里的关键是怎样做到差异化。一位战略学的教授举了一个生动的案例，他曾看过一家银行的战略规划报告，这家银行的战略目标是"成为以客户为中心的金融枢纽"。金融枢纽意味着该银行接收存款，然后再把这些款贷出去。"以客户为中心"，仔细研究其战略后发现，这个提法没有任何资源能力上的支撑，"成为以客户为中心的金融枢纽"，删掉这些浮华的修饰语后，你会发现该银行的战略就是成为一家银行。

愿景不是战略。在资源短缺的时代，我们企业的愿景是成为此行业最好的生产商；在营销为王的时代，我们致力于成为行业领先的品牌商。现在，在消费领域，必须成为心智满足商；在生产领域，必须成为用户方案的解决商；在大数据时代，应该成为用户方案的运营商，或平台提供商。此为每家企业的必由之路。

三、企业战略方案的制定

第一，切实树立战略先行的理念，把战略作为企业成长的起点。

《孙子兵法》告诉我们，"将者，智、信、仁、勇、严也"。"智"就是智谋韬略，排在第一位，说明战略智谋的重要性。"信、仁、勇、严"，就是具体管理，也就是要赏罚分明，仁慈关爱，果断勇敢，纪律严明。

第一颗扣子扣错了，后面的扣子即使扣得再好，也没有用。

很多人感慨，现在的市场环境已经由原来"做什么赚什么，投什么成什么"变为"做什么赔什么，投什么亏什么"了，企业在十字路口徘徊。现实很残酷，但它是商业本质的回归。在商战中，成功永远是少数人的专利，大家都能看到的阳光大道，一定是人满为患，只有独辟蹊径，才有可能登顶。正如李嘉诚所言："当别人不知道你在做什么的时候，你知道你在做什么；当别人不理解你在做什么的时候，你理解你在做什么；别人知道了，你发达了，别人理解了，你成功了。"

东北的参农认为人参有灵气，总是藏在人迹罕见的地方，参农见到人参苗，总是小心用红头绳拴住，生怕它跑了；西北的牧民也觉得冬虫夏草特"鬼"，不好寻，总在旮旯处，每见一棵虫草，也要赶快用红线绑上。商业机遇也是一样，总藏在平常不易发现之处，大家都认为的机会，不一定是机会，都在做的事，一定要小心。多年前，企业进入市场，就如同进了封闭已久的原始森林或牧场，到处都可找到山参或冬虫夏草，无须筹划，尽管挖就是了。现在，企业需要静下来，进行筹划与设计了，需要具体分析气候、地质条件、资源分布状态，制定具体的行动方案，然后再行动。当下，虽然市场上总有人折戟沉沙，但也孕育出太多异军突起的企业，这些成功者的背后，几乎都是战略筹划先行。

第二，找到企业发展的独有路径。

列夫·托尔斯泰在《安娜·卡列尼娜》中写道："幸福的家庭是一样的,不幸的家庭各有各的不幸。"对于企业,我们也可以这样讲："成功的企业都是一样的，不成功的企业各有各的原因。"那么，成功企业的共同基因是什么呢？创新是它们共同的特点。特别是在当今全球一体化、信息透明化的时代，一个企业成功了，社会资源都向该企业集中。此时，如果你想在此领域创办一个相同的企业，你要成功会非常困难，因为资源的养分被那个成功的先行者吸纳了。从商业逻辑上来看，你所办的这个企业就没有太大的生存空间，所谓大树底下不长草，越是一棵大树，越是阻断了另一棵大树的生长。

中小企业，希望它们快速地将原来四面开花的商业模式进行细分，再聚焦，直至成为这个细分行业或所在领域的第一或唯一，这是每个企业赖以生存的基础。

例如，A企业为中小企业做财务税收培训，一年有3000多万元的收入，在业内位居中游，现在很困惑，决定探索今后的发展路径。专业机构分析后认为，在财务税收培训领域，有几家同行企业，在规模、社会影响方面远远超过A企业，而且有一两家企业正筹划上市，A企业和它们正面竞争，一定是以卵击石，那怎么办呢？通过细分市场，找到第一。所以，此分析机构把该企业目标市场的定位，由财务税收培训细分为税收培训，这时在单纯的税收培训领域，A企业成为行业老大了。同时，对该企业的商业模式进行再优化，因为单纯的税务培训是站在"我"的角度，为客户提供专业服务，我们更要站在客户的角度思考客户的需求。对客户而言，就像碰到安全问题"有困难，找警察"一样，在税收领域，他们一定希望有个可信赖的机构。在前几年，该分析机构会建议A企业成为"企业税收培训、咨询与服务的方案解决商"，现在，面对商品互联网及产业互联网的两条服务高速公路，该分析机构为A企业制定的方案是"企业税收培训、咨询的方案运营商"或"税收培训、咨询的数字平台商"，将原来静态的方案提供变成动态的方案运营，将线下的集中咨询和线上的不间断交流相结合，将点对点的线性交流和数字化平台的立体化服务体系相结合。

第三，以企业即客户为出发点，优化资源，通过流程管控与优化，自然输出战略。

按照常规路径，企业作为甲方，聘请专业机构作为乙方，双方签约后，乙方在尽职调查基础上，为甲方出具战略方案，甲方付费，少则几百万元，多则几千万元，乙方提交报告，结项。这种模式的弊端显而易见。

（1）出发点的落差。

乙方作为服务者，一定是专业人士，而专业人士的"业"，不是自己赚多少钱的"业"，而是为我们的客户创造了多大价值的"业"。当今，有多少战略设计的服务机构，把企业当作它们的顾客，殚精竭虑为其制定战略方案，又有多少专业人士把企业的发展作为他的"业"而精心筹划？作为甲方的企业与作为乙方的服务者，其出发点总是存在落差。

（2）在商言商的利益冲突。

战略方案应该是客观的、中立的，服务于企业的长远利益，如何避免乙方即服务机构迎合甲方的意见，成为甲方一个观点的诠释者、说明者，甚至成为甲方一个错误选择的助推者，以谋求自身的收益，这是一个需要深入探讨并切实解决的问题。

（3）方案优化提升的局限性。

一个好的战略方案，一定应该是兼收并蓄的成果。但是，现在很多企业请了专业机构和专业人士后却是"同行相轻"，或者"自以为是"，要么闭门造车、纸上谈兵，要么以搜索引擎为工具，拼凑资料，限制了方案的开放度及包容性，这无形中使方案的效果打了折扣。

第四，通过科学流程，自动生成、输出战略的步骤。

对企业，特别是中小企业，要找到适合本企业战略设计及优化的流程与路径，而不是人云亦云，亦步亦趋。具体而言，一般经过以下步骤：

（1）公司内部要有部门或专人负责，首先在公司内部收集、整理公司的痛点及盲点，以及公司的诉求及建议。

（2）要拿出本次战略方案设计的目标、方法、流程，要内外交流，充分协商，保证战略方案的科学性、合理性。就如同盖一栋大楼，甲方要制定流程、规则，确保找到好的设计师队伍，设计出好的方案，并且对方案能够进行充分论证及完善。

（3）乙方要有专业的团队，但是又不能完全放任乙方的行为，甲方和乙方要协同合作，保证甲方的知情权及参与权。

（4）最大限度地通过平台化的方式，保证在方案的不同阶段，有不同的机构、不同的专家，从不同的角度，用不同的方式，参与论证、完善方案，只有这样才有可能免除方案可能出现的片面性、本位化、阶段性，使方案臻于完善。

（5）对方案出现的疑虑、矛盾，一定要反复讨论、论证，直至达成一致的意见。

（6）疑案不用，用案不疑。在遵循科学流程、方法的基础上，自然生成、输出的方案，就是我们的行动纲领，成本再大，代价再高，一定要坚决落实，毫不动摇。

第五，迭代更新，小步快走。

没有永恒的方案，也没有完美的方案。哈佛商学院的约翰·韦尔斯教授总结道："三流战略是无视变化，往往被变化所抛弃；二流战略是跟随变化，能够应对变化并快速做出改变；一流战略是创建变化，它们能够快速推动战略创新，这些创新往往是引领变化的潮流。"为此，有以下两个关注点：

（1）在组织内部推动"精益创业"。

这已是硅谷流行的范式，许多公司已放弃传统的"零缺陷"方法，鼓励"不完美，有缺陷"的产品或想法，通过不断改进，加速迭代优化，在快速进化中实现完美。

（2）遵循5%的原则。

约翰·维尔斯提出一个5%的原则，即企业CEO应该每天花5%的时间思考战略。仔细思考：我们哪些假设是错误的？我们存在哪些视觉盲区和战略盲点？我们肯定和否定了哪些未来趋势？

第五节　航行图

企业航行图就是企业在资本海洋中航行的日志。如果战略地图以企业发展的宏观、全面、静态、目标为核心，那么航行图就以企业发展的微观、具体、动态、措施为中心。如果航海日志是每天对舰船航行进行观测、分析、校正，那么企业的航行图就是固定化、周期性地对企业战略及规划以及运行中新出现的问题进行讨论、分析、校正与完善的体系，它包括企业总部及各部门的检讨，以周、月、年为时间单位的定期沟通安排。

正如欧洲的管理大师马利克在《应对复杂新世界的导航仪——战略》中所讲："适宜复杂状态的战略是从极为先进的导航系统中产生的，它对公司所做出的成就等同于卫星导航系统于船舶航行、飞船于宇宙飞行，以及现在的GPS于每个司机。通过正确导航，使我们在任何时候都清楚我们的企业在哪里，然后指导企业正确行驶，找到最佳路线，提醒企业是否越线了，及时警告危险之所在，并且在需要时迅速做出反应。"那么，怎样才能绘制自己的航行图呢？

首先，建立企业的预警系统。

对军事战争来讲，预警系统至关重要。古人用烽火台、狼烟、山顶消息树，甚至侦探作为信息源。今天则是用卫星、侦察机、信息检索等作为信息源，然后通过内部的筛选、处理，以此构建预警系统。

曾经历"二战"，后又任职福特总裁的麦克纳马拉先生认为："了解你的敌人，用敌人的立场思考问题，我们必须把自己放到他们身体里，并且用他们的眼睛来观察我们"。企业也是一样。

正如拉姆·查兰在《持续增长》一书中写的那样："与过去产品时代'制造和销售'的哲学不同，真正的战略需要转到需求时代的'感知和响应'的哲学。"也就是由原来"产"与"销"的对立变成产供销一体化的社区。

其次，建立企业航行的校正系统。

预警系统建立后，对产生的信息可以进行由表及里、去伪存真的综合分析，使企业随时可根据这些信息进行航行较正，企业的战略、路径、管理等在动态环境中能够进行持续优化。

再次，尽快形成企业"自动续航"能力。

钟表能准确报时，核心是构建了环环相扣的制动体系；飞机自动续航，是建立了自动驾驶系统；同样，企业也要构建自己的自动控制系统。在美国以及欧洲国家的一些企业管理专家，依据系统论、控制论及生物论，设计了企业导航系统，很有借鉴价值。

最后，绘制企业自己的导航图。

国外许多管理学家做了许多有益的尝试。例如，卡普兰教授的平衡计分卡图，核心是化无形资产为有形资产，依据财务指称——客户价值主张——内部流程——学习与成长的路径，构建了一个逻辑分析图。马利克教授建立的导航系统，以支付能力—成功—当前的绩效潜力——未来的绩效潜力作为企业导航系统的主体。

对我们的企业，如何绘制自己的航行图，既是企业发展的必须，也是一个挑战。

第六节 联络图

在当今社会，知识正在充盈财富，信息正在打破权力，知识成为财富之源。对企业来讲，在激烈竞争的市场中，并不像鲁迅先生曾经讲的，"世上本来没有路，走的人多了，便有了路"，而是"山中本来有路，走的人多了，便不再是路"。怎样找到出路？不能靠蛮力，试错，也不能凭运气。如果我们搭建了联络图，那就与世界成为有机统一体了。企业如何过河，问桥梁专家；怎样观云，有气象专家；碰到疑难杂症，有远程会诊。有了联络图保驾护航，企业就像长了"千里眼"，有了"顺风耳"。

班恩霍克在《财富的起源》中写道，"在变化的系统里，可持续的竞争优势并不存在，只有永无止境的比赛，看谁能创造出具有暂时优势的新资源。"这种永无止境的比赛内容，就是新理念、新方法、新技术、新模式，源源不断的智慧活水，日益成为企业的核心竞争力了。

一、企业要建立自己的智库

哈佛教授约翰·韦尔斯在《战略的智慧》一书中，把企业的智商分为三个等级：低智商公司主要追求基本的需求；中等智商公司希望通过降低阻力来实现社会满足感和自我尊重的满足感；高智商的公司在试图探索人类永无止境的欲望，找寻共同目标，不断学习和创造，并同时帮助他人也实现同样的人生。

成为高智商公司的基础就是企业要有自己的智库，通过智库内部智慧的碰撞与激荡，为公司源源不断地提供新创意、新方法、新产品，使企业切实分享到创新红利。

二、专长的互补性

"让混沌丛生，然后掌控混沌"，已经成为商业的新常态。原来的商业逻辑是线性的供产销，现在呈现出并排的产业链、生态圈，如同大数据专家维克托的洞见一样："大数据时代最大的转变就是放弃对因果关系的渴求，而转向关注相关关系，这将颠覆千百年来人类的思维惯性，对人类的认知与世界交流的方式提出全新挑战。"

互联网时代，几乎没有一个问题找不到答案，有时会找到多个答案。因为，不同专家，不同角度、不同出发点，自然结论不一样。同样，一位专家，所记忆、了解的知识点，面对当今爆炸的信息源，只能像"寄蜉蝣于天地，渺沧海之一粟"，几乎微不足道了。就如同一家医院的医生如果只按照药品说明书给就诊者看病，那么这家医院必然关门无疑，任何一位就诊者收集到的某一类药品的信息，可能丝毫不亚于任何一个医生，因为药品说明书是公开透明的。一家医院的医生的能力与水平及医院就诊服务流程体系是它的核心竞争力。

所以，我们建立的企业智库是对企业的探索、研究、决策的支持，它不是作秀，不是高谈阔论，一定是基于某一项目、某一目的进行的新的组合，以产生新的思想、意见、结论。"生产要素的新组合"就是一种创新，而我们对不同领域、不同阅历、不同思维方式的专家进行"不同的新组合"，"不同方式"的碰撞，就有可能成为我们创新取之不尽、用之不竭的源泉。

三、智库组织的科学化

诚如德鲁克所指出的,"未来唯一持久的竞争优势,就是比竞争对手学习得更快,应用得更快"。但怎样学习得更快,应用得更快?道听途说,一知半解,以讹传讹,是学习吗?知识经济时代,知识已让位于智慧,内容服务于方法,系统引导个体,整体大于部分。对于企业,成立智库只是基础,但怎样用活、用好,是见仁见智。企业决策,常常按照分析预测外部变化——找出内部自身问题——与专家会诊完善——落地执行四个步骤进行,其中每一个环节该怎样准备,如何环环相扣使结果精彩呈现,科学的组织方法和流程管控至关重要。

第七章 资本推动企业核心竞争力构建的"5T"模型

问题

企业如何避免管理决定论、营销决定论等片面决定论的误导？如何将西方的企业核心竞争力理论与中国企业现实有机结合起来？

问题：

1. 企业如何避免管理决定论、营销决定论等片面决定论的误导？

2. 如何将西方的企业核心竞争力理论与中国企业现实有机结合起来？

3. 怎样客观地认识我国中小企业的现实状况？

4. 企业作为有机生命体，系统与局部如何协调进化？

5. 如何把企业各板块有机协调起来，使企业家"全局着眼，具体着手，参照模型，取长补短"？

6. 如何通过简单的模型，使企业对自身各组成部分的现状、问题以及企业发展方向有清楚的认知？

7. 企业如何通过构建资本模式为自身发展提供充足弹药？

8. 企业如何打造商业模式，为市场拓展攻坚克难？

9. 企业如何优化管理模式，提升企业效益？

10. 怎样激发员工的心智，为企业发展提供动力？

第一节　企业核心竞争力的理论概述

一、企业核心竞争力的定义、特征和识别

（一）企业核心竞争力的定义

1990年，美国密歇根大学商学院教授普拉哈拉德和伦敦商学院教授哈默尔在《哈佛商业评论》上发表《企业核心竞争力》一文，标志着企业核心竞争力理论的正式提出，该理论较目前其他企业理论更好地解释了成功企业竞争优势长期存在的原因。根据这两位学者的定义，所谓核心竞争力，应为"组织中的积累性学识，特别是关于如何协调不同的生产技能以及有机结合多种技术流派的学识"。从此定义我们看出，核心竞争力是从企业过去的成长历程中积累而产生的，是"积累性学识"，而不是通过市场交易可获得的；关键在于"协调"和"有机结合"，而不是某种可分散的技术和技能；存在形态基本上是结构性的、隐性的，而非要素性的、显性的。同时，核心竞争力不是资产，它不会出现在资产负债表上；也不局限于个别产品，而是可以打开多种产品潜在市场大门的能力。

（二）企业核心竞争力的特征

核心竞争力是企业获取持续竞争优势的基础，因此并不是企业所有的资源、知识和能力都能形成核心竞争力，只有当资源、知识和能力同时符合以下特性时，这些资源、知识和能力才有可能成为企业的核心竞争力。

1. 用户价值性

核心竞争力是企业独特的竞争能力，它必须有助于实现用户所看重的核心价值。以海尔和长虹为例，两者同属电器企业，海尔的核心

竞争力是其五星级的销售和服务体系，而长虹的核心竞争力则是它的低成本和规模优势。当用户注重购买方便和售后服务时，就会倾向于购买海尔电器；而当价廉物美成为首要选择时，就会倾向于选择长虹。用户价值除了体现在用户所看重的核心价值上外，还包括企业对用户价值的维护以及用户价值的增值，它包括价值保障、价值提升、价值创新三个方面。价值保障是一个价值传递的过程，它要求在不断降低成本的同时，保证价值的有效传递，保证产品价值及顾客可接受的价值不受影响；价值提升是一个增值的过程，是对现有产品和服务进行不断改进以提高产品和服务的价值含量的过程；价值创新则是一个创造过程，是企业运用核心竞争力开发研制全新的产品和服务，以满足客户新的需求。

2. 延展性

延展性是指企业能够从核心竞争力衍生出一系列的新产品和新服务以满足客户的需求。核心竞争力具有从核心竞争能力到核心技术，到核心产品，到最终产品的延展能力，即企业的核心竞争力包含一项或几项核心技术，而这些核心技术相互配合形成一个或多个核心产品，再由核心产品衍生出最终产品。这个延展过程中，企业的核心竞争力是主导力量。核心竞争力的延展性使企业能够最大限度地满足客户的需求，不仅是当前的需求，而且包括潜在的需求。这种需求的满足是通过核心竞争力充分发挥其延展性，在新的领域内积极运用而得以实现的。延展性使企业的核心竞争力充分发挥出来，从而保证企业衍生性发展的成功。以日本夏普公司为例，其核心竞争力是液晶显示技术，该项技术使夏普公司在笔记本电脑、袖珍计算器、大屏幕显像技术等领域都具有竞争优势。

3. 独特性

独特性又称异质性，是指企业的核心竞争力必须是独一无二的，为企业所特有，没有被当前和潜在的竞争对手所拥有。独特性还要求核心竞争力具有不可模仿和难以被替代的特性。如果核心竞争力容易被替代或模仿，则意味着这种竞争力很弱，无法给企业创造较大的和持续的竞争优势。核心竞争力是企业在其长期经营活动中以特定的方式，沿着特定的技术轨迹逐步积累起来的，它不仅与企业独特的技能高度相关，还深深打上了企业组织管理、市场营销以及企业文化等诸多方面的烙印。作为企业成长过程中个性化发展的产物，企业核心竞争力既具有技术特性又有组织特性，企业的运作模式、营销方式、规章制度，企业员工的素质、能力、观念以及行为方式等因素共同支撑着企业的核心竞争力，因此核心竞争力很难被竞争对手完全掌握而轻易复制，更难进行市场交易。企业核心能力的异质性，不仅决定了企业的异质性，也决定了不同企业的效率差异、收益差别与发展潜力。

4. 动态性

企业核心竞争力是在长期的经营实践中逐步积累形成的，它作为支撑企业长期发展的主动力，具有较强的稳定性，其生命周期也远远超过了一般产品的生命周期。但是企业的核心竞争力总是与一定时期的产业动态、管理模式以及企业资源等变量高度相关。随着时间的推移，企业核心竞争力必然会发展、演变，经历产生、成长、成熟、衰亡等阶段。企业核心竞争力的生命周期可划分为无竞争力阶段、一般竞争力阶段、初级核心竞争力阶段、成熟核心竞争力阶段、核心竞争力弱化阶段、核心竞争力新生阶段六个阶段。

5. 局部优势性

核心竞争力存在于向客户提供服务、产品或技术的某一个环节，而不是在每个环节都优于竞争对手；或者虽然每个环节不能优于竞争对手，但是由各个环节集成的业务流程的整体效率则明显优于竞争对手，从而形成自己的核心竞争力。同时，企业的某一产品或在某一方面具有一定的优势，也并不代表企业就具备了较强的核心竞争力，只有这种产品和技术在一个较长时期内竞争对手难以超越时，才是企业真正拥有了核心竞争力。例如，日本本田公司的核心竞争力之一是引擎、牵引动力技术，NEC公司的核心竞争力是在通信、半导体器件和大型计算机方面，而intel在芯片研制技术方面具有强大的核心竞争力。

6. 不可分离性

企业的核心竞争力是与企业的组织结构、管理模式、企业资源等因素高度融合的，它是由技术因素决定的，同时与企业组织结构产生的系统效应相配合。企业核心竞争力这种资源的载体通常体现为人力资源和技术资源，同时企业的核心竞争力又超越员工个人的能力而存在。由于核心竞争力是企业在实践过程中逐渐培育起来的，在它形成的过程中企业主体的内在特质也在不断变化，因此与企业拥有的实物资产不同，核心竞争能力难以从企业主体中分离出来，一旦形成就较为稳定，与竞争对手之间形成质的差别。

7. 不易模仿性

企业核心竞争力不仅包含企业独特的技术技能、操作技巧等技术特性，还包括企业管理模式和文化特征，因此不易被模仿，竞争对手很难完全了解和复制，所以核心竞争力是支持企业拥有竞争优势的战略资源。

（三）核心竞争力的识别

企业的核心竞争力是能够长期产生竞争优势的竞争力，然而，并不是企业所有的竞争力都能形成核心竞争力。我们可以根据对核心竞争力要求的描述来识别和判断哪些竞争力可以成长为核心竞争力。

1. 核心竞争力是价值高的竞争能力

核心竞争力必须是那些能增加企业外部环境中的机会或减少威胁的竞争能力，它能够帮助企业在激烈的市场竞争中保持长期的竞争优势。

2. 核心竞争力是稀有的竞争能力

核心竞争力是企业独一无二的、当前和潜在的竞争对手所不具备的竞争能力。即使一种竞争能力具有很大价值，但是如果可以被许多竞争对手所拥有，那它产生的则只能是竞争均势而不是竞争优势。

3. 核心竞争力是难以模仿和学习的竞争能力

核心竞争能力必须是不易被其他企业模仿和学习的，或者模仿和学习的成本很高。在以下情况下形成的企业的核心竞争力很难被竞争对手所模仿和学习：企业核心竞争力的形成有其独特的历史和条件；企业核心竞争力与其所表现的竞争优势之间的联系不易被清楚地分析；企业核心竞争力的形成与一定的社会人文环境有关，包括社会文化、价值观念、习俗传统等。例如，日本企业中家族式的管理能创造极高的企业效率，但这种管理模式很难为美国企业所模仿。

4. 核心竞争力是难以被替代的竞争能力

核心竞争力必须是难以被替代的，它应该没有战略性的等价物。所谓战略性等价物是指如果两种不同的资源或竞争力可以分别用于实施同一种战略的话，那么这两种资源或竞争力在战略上讲就是等价的。通常来说，一项竞争力如果来源于知识与技能的结合，就很难找到战略上的替代物。

二、由外而内模型

（一）波特五力分析模型

由外而内模型，又称为五力分析模型，是哈佛大学教授迈克尔·波特于 20 世纪 80 年代初提出的，对企业战略制定及核心竞争力培育具有深远的影响。它是从外部来分析客户的竞争环境，以此来制定企业的战略。这"五力"是：供应商的议价能力、购买者的议价能力、潜在竞争者进入的能力、替代品的替代能力、行业内竞争者现在的竞争能力。五种力量的不同组合变化最终影响行业利润的变化。五种力量模型将大量不同的因素汇集在一个简便的模型中，以此分析一个行业的基本竞争态势。五种力量模型确定了竞争的五种力量主要来源，一种可行战略的提出首先应该包括确认并评价这五种力量，不同力量的特性和重要性因行业和公司的不同而变化。波特五力分析模型主要为企业在进入某一行业时如何选择，提供了一个分析视角。如图 7-1 所示。

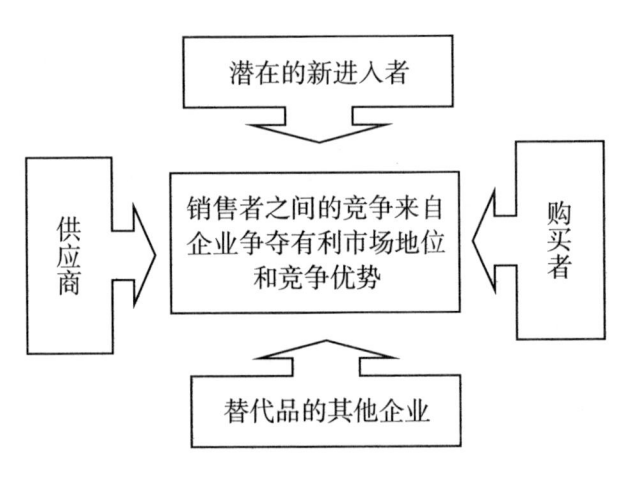

图 7-1 波特五力分析模型

1. 供应商的议价能力

供方主要通过其提高投入要素价格与降低单位价值质量的能力，来影响行业中现有企业的盈利能力与产品竞争力。供方力量的强弱主要取决于他们所提供给买主的投入要素是什么，当供方所提供的投入要素的价值在买主产品总成本中占较大比例，对买主产品生产过程非常重要或者严重影响了买主产品的质量时，供方对于买主的潜在的讨价还价能力会大大增强。

2. 购买者的议价能力

购买者主要通过其压价与要求提供较高的产品或服务质量的能力，来影响行业中现有企业的盈利能力。

3. 新进入者的威胁

新进入者在给行业带来新生产能力、新资源的同时，希望在已被瓜分完毕的市场中赢得一席之地，这就可能会与现有企业发生原材料与市场份额的竞争，最终导致行业中现有企业盈利水平降低，严重的话还有可能危及这些企业的生存。竞争者进入的威胁程度取决于两方面的因素：进入新领域的障碍大小与预期现有企业对于进入者的反应情况。

4. 替代品的威胁

两个处于同行业或不同行业中的企业，可能会由于所生产的产品是互为替代品，从而在它们之间产生相互竞争的行为，这种源自替代品的竞争会以各种形式影响行业中现有企业的竞争战略。

5. 同业竞争者的竞争程度

大部分行业中的企业，相互之间的利益都是紧密联系在一起的，作为企业整体战略一部分的各企业竞争战略，其目标在于使自己的企业获得相对于竞争对手的优势，所以，在实施中就必然会产生冲突与对抗现象，这些冲突与对抗就构成了现有企业之间的竞争。现有企业之间的竞争常常表现在价格、广告、产品介绍、售后服务等方面，其竞争强度与多种因素有关。

根据上面对于五种竞争力量的讨论，企业可以采取以下几种手段对抗这种竞争力量：尽可能地将自身的经营与竞争力量隔绝开来，努力从自身利益需要出发影响行业竞争规则，先占领有利的市场地位再发起进攻性竞争行动。以此增强自己的市场地位与竞争实力。

（二）波特五力分析模型的缺陷

关于五力分析模型的实践运用一直存在许多争论。目前较为一致的看法是，该模型更多是一种理论思考工具，而非可以实际操作的战略工具。

波特的五力分析模型的意义在于，五种竞争力量的抗争中蕴含着三类成功的战略思想，即大家熟知的成本领先战略、差异化战略、集中战略。

三、由内而外模型

传统的自外而内战略（例如，波特五力分析模型），总是将市场、竞争对手、消费者置于战略设计流程的出发点上；而由内而外理论恰好与其相反，认为从长远来看，企业的竞争优势取决于企业能否以低成本，并以超过对手的速度构建核心竞争力。核心竞争力能够造就意想不到的产品。竞争优势的源泉是企业围绕其竞争力整合、巩固工艺技术和生产技术的能力，据此，小企业能够快速调整以适应变化了的商业环境。核心竞争力是具体的、固有的、整合的或应用型的知识、技能和态度的各种不同组合。

普拉哈拉德和哈默尔在他们的《企业核心竞争力》一文中，驳斥了传统的组合战略。根据他们的观点，把战略事业单元（SBU）放在首位，是一个明显的时代错误。企业应该围绕共享的核心竞争力构建企业战略。

SBU 的设置必须要有助于增强企业的核心竞争力。企业的中心部门如财务部门不应该作为一个独立层面，它要能够为企业的战略体系链接、竞争力构建增加价值；而核心竞争力的构建是通过一系列能力的持续提高和强化来实现的，它应该成为企业的战略核心。从战略层面来讲，它的目标就是帮助企业在设计、发展某一独特的产品功能上实现全球领导地位。企业高级管理人员在SBU的帮助下，一旦识别出企业的核心竞争力，就要求企业的项目、人员都必须紧紧围绕这些竞争核心，必须注意不能使企业的核心竞争力发展成为僵化的核心。

四、水桶理论

水桶理论是由美国管理学家彼得提出的。说的是由多块木板构成的水桶，其价值在于盛水量的多少，但决定水桶盛水量多少的关键因素不是其最长的木板，而是其最短的木板。这就是说任何一个组织，可能都面临的一个共同的问题，即构成组织的各个部分往往是优劣不齐的，而劣势部分往往决定整个组织的水平。

对一个企业来说，最短的那块"板"其实也就是企业存在的漏洞，必须立即想办法补上。如果把企业的管理水平比作三长两短的一个木桶，而把企业的生产率或者经营业绩比做桶里装的水，那影响这家企业的生产率或绩效水平的决定性因素就是最短的那块板。企业的板就是各种资源，如研发、生产、市场、行销、管理、品质等。为了做到木桶"容量"的最大化，就要合理配置企业内部的各种资源，及时补上最短的那块"木板"。所以，木桶有大小之分，木桶原理也有整体和局部之分，我们所要做的事情就是找到你自己的"桶"，然后找到那块最短的"板"，加高它。

五、长板理论

木桶最长的一块木板决定了其特色与优势，在一个小范围内成为制高点；对组织而言,凭借其鲜明的特色,独树一帜建立自己的"王国"。

在这个注意力稀缺的时代，特色就是旗帜，凸显才能发展。与木桶原理求稳固的思想不同，长板原理是一种提倡特色凸显的创新思想，要求企业打破思维定式，一切向前看，找准自己的特殊优势，开辟一块崭新的天地。

长板理论认为，在工业化时代，木桶理论的确非常有效，但是在全球互联网时代，这个理论实际早已破产。现在的公司不必精通一切。如果财务不够专业，可以聘用比自己更有优势的会计师事务所；如果在人力资源上欠缺，可以聘用猎头或者人力资源咨询机构；市场、公关如果是短板，有大量的优秀广告和宣传公司为你量身定做方案；同样的还有法律服务、战略咨询、员工心理服务等。

现在的公司只需要有一块足够长的长板，以及一个有"完整的桶"的意识的管理者，就可以通过合作的方式补齐自己的短板。

今天的企业发展已从短板原理变成长板原理，当你把桶倾斜，你会发现能装最多的水决定于你的长板（核心竞争力），而当你有了一块长板，围绕这块长板展开布局，将为你赚到利润。如果你同时拥有系统化的思考，你就可以用合作、购买的方式，补足你其他的短板。

百事可乐在中国的战略就是这样，他们把所有的制作、渠道、发货、物流全部外包，只保留市场部的寥寥几个人运营百事可乐的品牌。专注于做好品牌这个长板就好。你今天喝到的青岛啤酒，都来自你周围100千米的啤酒厂，瓶子和盖子则来自另外一家专门做瓶盖的厂家，而青岛啤酒做的仅仅是拿出自己的配方，贴上自己的标签。Google在2014年年初宣布以29.1亿美元把摩托罗拉移动出售给联想，出售一周，Google股价上涨8%，理由也基于长板理论。Google的CEO佩奇解释说："这笔交易，Google将精力投入到整个安卓生态系统的创新中，从而使全球智能手机用户受惠。"换种说法就是，Google是做系统的，我们买个手机公司回来补短板（硬件），不如专注于我们的长板（系统）。

六、微笑理论

微笑曲线是宏碁集团创办人施振荣于1992年提出的著名商业理论，因其较为贴切地诠释了工业化生产模式中产业分工问题而备受业界认可，已经成为诸多企业的发展哲学。微笑曲线将一条产业链分为三个区间，即研发与设计、生产与制造、营销与服务，其中附加值更多体现在两端，即研发与设计、营销与服务，而处于中间环节的生产与制造附加值最低。于是，生产制造环节的厂商总是不断地追求有朝一日能够走向研发设计和品牌营销两端。而在国际产业分工体系中，发达国家的企业往往占据着研发与设计、营销与服务的产业链高端位置，发展中国家的厂商则被挤压在低利润区的生产与制造环节。在国际产业分工体系中走向产业链高端位置，向微笑曲线两端延伸，已成为发展中国家的制造厂商积极追求的目标。从微笑曲线到全程协同，如图7-2所示。

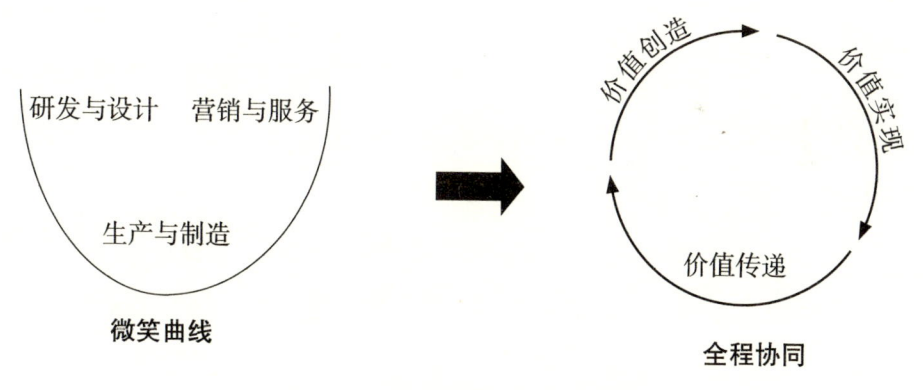

图7-2 从微笑曲线到全程协同

第二节　当前我国中小企业的核心竞争力分析

一、我国中小企业核心竞争力的特点

我国中小企业核心竞争力是什么？

首先，它不是先进的设备，漂亮的厂房，有价值的员工。先进的设备，你可以购置，我也可以购置；漂亮的厂房，你可以修建，我也可以修建；员工，你可以招聘，我也可以招聘。能给企业带来超额利润，才可能成为企业的核心竞争力。

其次，它不是所谓的"资本运作"。多年来，许多企业沉迷于资本运作，层出不穷的倒"贷"部队，连环保、高利贷、投股票、投股权，最后才发觉，原来是一场庞氏骗局，都认为金融"大而不倒"，但当企业想抽身而出时才发觉，覆巢之下，岂有完卵？实际上，做好自己的企业，使自己的企业价值最大化，就是最好的投资。

最后，它不是"优惠政策"。所有的优惠政策，对企业来说是锦上添花，它无法雪中送炭，企业自身的造血功能是发动机，任何基于招商引资、优惠政策的投资决策，基本上都是盲动。

（一）中小企业的核心竞争力的内涵

我国中小企业的核心竞争力，即准确定位基础上的外部资本要素配置与内部资源优化组合的能力。它买不来、偷不来、拆不开、带不走、溜不掉。

准确定位是每一家企业的必选课。"知人者智，自知者明"，对企业也一样。在这个变革时代，我们通过"知人与自知"，来进行重新定位，它包括社会定位、行业定位、战略定位、市场定位、产品定位、资本定位。

外部资本要素配置就是我们常讲的资本模式构建，包括资本筹划设计、投融资安排、上市并购的推动。

内部资源优化的能力就是对商业模式、管理模式、心智模式的进化提升与系统优化。

(二) 中小企业核心竞争力的特点

1. 系统整体性

不论时代如何变迁，商业的本质没有改变，即企业通过有机组合来高效为社会提供产品或服务，既然是有机体，那它就遵从生物的特性，是持续进化的，所以，我们通过大量的教学科研，构建了企业核心竞争力培育的企业"5T"进化模型，以形象地反映企业在每个板块的现状、差距与目标，来推动企业的成长与进步。

2. 内外结合性

将对内的产品生产与对外的资本运营、生产好的产品与塑造好的企业、产值的追求与市值的提升、内部的资源优化与外部的资本优化、产品上市与企业上市等结合起来。

3. 动态组合性

以动制动，以变应变。通过内部的不同要素的动态组合，来适应外部的变化。

(三) 中小企业核心竞争力的内容

1. 准确的定位

(1) 双轮驱动。将传统企业只关注企业产品经营层面，转变为产品经营与资本经营并重，实现双轮驱动。这就意味着，企业经营者不但要生产一个好产品，也要经营一个好企业；不但使产品值钱，也要使企业值钱；不但要卖好产品，也要卖好企业；不但要经营好产品，也要经营好资本；不但要把企业干得好，也要把企业卖得好。

(2) 设计先行。几乎每一位企业家都清楚，企业的好产品是设计出来的。几乎每一家企业都有产品设计部门，专门从事新产品的调研、图纸设计、样品开模、市场反馈、修改调试等专项工作，但是当面对"企业"这个资本产品，需要确定它的定位、战略、组织、路径时，许多企业家几乎都是"土法上马"。有的是别人怎么干,自己就怎么干;有的是依据领导指示……在资本经营领域,要么把资本运作看作是不务正业,排斥躲避;要么简单等同于投资融资,上市圈钱,急功近利,而没有把它当作企业的核心生命线。对此,企业家要像设计产品那样,要对企业整体的资本战略、定位、规划、路径进行专业的设计。只有这样,才能既创造产品价值,又创造企业价值,创造企业的资本价值。

(3)流程再造。没有完美的个人,只有完美的团队;没有完美的产品,只有完美的流程。许多企业家在产品生产领域,对流程把控精益求精,为了生产优质产品,对流程反复进行调试、校正,以确保结果的完美。当企业发展到一定程度,都会面临变革、转型。那么,如何变革,怎样转型?这里也同样需要设计方案,对流程、措施不断修改、校正,以此确保变革转型的成功。然而绝大多数中小企业在这个环节上是欠缺的。同样,在资本的战略规划、路径选择、落地举措、并购上市等方面,企业的经营者们也应该基于企业的特点,设计科学的资本决策流程,以此保证做出合理、科学的决策。

(4)动态修正。企业要发挥专业的优势,同时又不能依赖专业机构。比如,有一家企业,支付了1000万元人民币的高额成本请麦肯锡公司出具了一份管理咨询报告,在当下对这家企业来说,有很高的价值,完全可以成为企业的行动指南,但是,一年以后还能照章操作吗?企业巨额投入研发出的新产品,还没来得及进入市场,就已经被淘汰,怎么办?企业的资本规划,也有可能出现此类情况。因此我们强调,要以"无界、无价、无序"的理念,消除部门、公司、行业、专业等的边界,以科学合理的流程作为保障,基于企业产品创新、战略规划、资本定位、并购上市等需求,把不同专业、不同部门、不同公司、不同区域的专业资源充分整合,有机融合,经过设计、讨论、修正、补充、再修正、再完善的过程,使企业在产品创新、企业战略运营、资本决策层面不断提升,最后使成本大幅度降低,效率极大提高,决策选择的科学性显著上了一个台阶。

2. 资本模式进化

资本模式进化是指企业创业者、组织结构、价值创造的持续蜕变、提升的过程，包括公司创业者的进化、组织结构的进化、价值创造的进化。

3. 商业模式进化

商业模式进化就是企业内外资源配置的持续蜕变、提升及企业效益不断提高的过程，包括企业战略设计进化、企业经营核心进化、企业营销进化、企业数字化进化。

4. 管理模式进化

管理模式进化就是企业内部研发、供应、财务管控、内部管理的有效组合与持续蜕变，包括产学研进化、供应链进化、财务管控进化、内部管理进化。

5. 心智模式进化

心智模式进化就是构成企业发展动力的文化制度、激励体系、决策系统的持续蜕变与提升过程，包括企业文化进化、组织管理进化、决策体系进化、领导力进化。

二、我国中小企业核心竞争力构建流程

企业构建自己的核心竞争力，基本上按照以下五个环节进行。

1. 准备"工具箱"

"工欲善其事，必先利其器"，理论研究也应该工具先行。我们为企业研发了一个"工具箱"，包括体检表、会诊表、定位图、战略地图、航行图、联络图。

2. 确定目标

企业核心竞争力的构建，一定是目标导向型的。但是设定目标，既不是的"要上市""效益提升"等空话，也不是"国内领先，世界

一流"等大话，它一定是建立在综合分析企业外部环境、行业特点、竞争态势、自身禀赋等基础上的规划，因环境、行业、企业而定。有四个共性目标贯穿于企业发展的过程中。

第一，资本化。将资本的理念、方法贯穿于企业发展的每一个阶段，每一个方面，使企业最终成为资本的有机组成部分。

第二，数字化。通过数字化，企业规模再小，也不再是世界的一座孤岛，而是成为万物互联的一个支点，一颗螺钉。

第三，平台化。资本化让万物互联互通，数字化使得信息互联互通，万物与信息互联互通，使得商业成为自由组合的万花筒。各要素新的组合体，构成一个个平台，每一家企业都无法游离于这个平台系统之外。每一家企业，要么构建自己的平台，要么在现有的平台上找到自己的位置。

第四，融合化。生态系统，阳光雨露，共生共长，其乐融融，不论蚂蚁或大象，只要找到自己的生态圈，成为生态圈的有机组成部分，就是适宜的。

3. 双轮驱动

脱离了社会资本支持的产品经营，基本上是小作坊、小生产的形态。这类形态的企业无法构建现代企业制度，无法形成企业的凝聚力，与社会逐渐脱离，成为信息的"孤岛"。

缺乏产品基础的资本经营，无异于沙滩建楼、缘木求鱼，使得资本经营异化为赌博与投机的游戏。

产品与资本二者无法分割，它们是有机统一体。资本支持企业创造出最好的产品价值，实质上，它就是最好的资本经营。良好的产品收益为资本带来巨大的增值，它就是最好的产品经营。

4. "四论"保障

首先，在产品研发、生产层面，要清楚，"认识的错误是一切错误的来源"，所以企业要不断地学习，提升认知，开发出优质产品。"方法得当，事半功倍""选择大于努力"，为此企业应建立一套如何选择的制度，践行"程序的科学是结果科学的保证"，通过流程来保证新产品开发的成功。

其次，在企业战略以及企业整体经营层面，企业如何构建战略、规划，如何应对外部挑战，如何培育核心竞争力，等等，应该有正确的认识、方法、选择、程序，应该建立企业自己的正确的认识论、方法论、选择论、程序论。

最后，在企业资本模式构建及持续优化完善层面，对于企业资本模式构建，融资上市的推动，并购项目的实施，资本市值的提升，等等，应该有正确的认识、方法、选择、程序，并构建相应的制度与体系。

5. "5T"模型分析

5T模型，即把企业各要素的进化划分为5个阶段，使得企业的每个部分都可以和5T模型对比、分析，清晰地知道自己处于哪个阶段，以此明确今后的改进及发展方向。

以"5T"模型为尺度，认清现状，寻找差距，确定目标，制订具体的执行措施，以求达到目标。

企业的核心竞争力，表现为企业各要素有机组合的提升与进化，在具体分析时，各要素又是相对独立的。通常将企业核心竞争力划分为四大类组合，即资本模式、商业模式、管理模式、心智模式。

资本模式就是以资本为载体，以市值为目的，将公司内外资本要素进行组合的方式；商业模式就是以产品为载体，以利润为目的，把公司内外经营要素进行组合的方式；管理模式就是将企业内部资源高效组织，生产性价比最大的产品的组合方式；而心智模式，就是构建优良的文化、组织与决策的结合方式，以充分激发公司员工的创造性，来推动上述三种模式的成功。

企业是动态发展的，会随着外部环境的变化而改变，所以，构成企业核心竞争力的四个模式也不是一成不变的，就像达尔文所言，"在大自然的历史长河中，能够存活下来的物种，既不是那些最强壮的，也不是那些智力最高的，而是那些最能适应环境变化的"。企业作为"生命体"，持续进化是它的天性，具体表现在各板块、各模式的持续进化上。为此，我们推出企业进化的"5T"模型，使每一家企业，在每一个部分，都可以和"5T"模型进行对比、分析，知道自己的企业在哪一个方面，处于该模型的哪一个位置，同时，也要清楚前面还有几层台阶要上，既对企业现状做了准确定位，又确定了进化方向。

第三节 资本模式进化"5T"模型

资本模式进化是指企业创业者、组织结构、价值创造的持续蜕变、提升的过程，包括企业创业者进化、组织结构进化、价值创造进化。

一、创业者进化

创业者进化的"5T"模型，如图7-3所示。

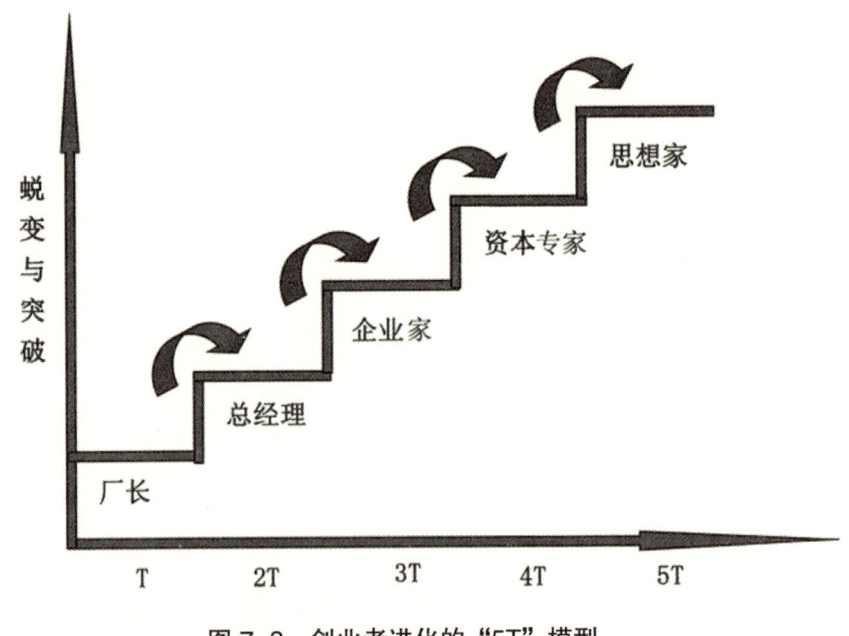

图7-3 创业者进化的"5T"模型

1. 厂长

对应环境：产品短缺，供给有限，社会的主要矛盾为生产能力的有限性与人们需求的无限性，只要能高效生产出产品，就会有效益。

素描：典型的"产品决定论"，全身心地专注于产品质量本身，偏执地认为产品品质就包含了一切，特别是在农业领域，这样的企业主仍然很多。他们总认为，当地的农副产品是有机的，营养价值高、品质好，总是愤愤不平于市场的不认可。

工作重心：聚集于产品本身的生产与加工，很少涉及企业的其他领域。

出路：走出去，寻求合作，"傍大款"，成为行业品牌龙头企业的加工基地，或上市公司的子公司、分公司。树立自身的品牌，逐渐实现蜕变与突破。

2. 总经理

对应环境：市场已经有了一定的竞争，企业之间的竞争已经不是简单的产品品质之间的竞争，而是企业之间的综合实力的竞争。

素描：管理的重心已经不是简单的产品生产，而是各要素的有机协调配合。产品生产只是基础，核心是要完成"产品向商品的转变"这一惊险的一跃，寻找市场、开拓市场已经成为创业者的首要任务。

出路：要充分认识到，"没有生产不出来的产品，只有卖不出去的商品"，开拓市场的主要瓶颈为品牌，人们主要通过品牌认知企业。

3. 企业家

对应环境：由于市场竞争的加剧，产业走向集中是必然趋势，企业不断强化自身的经济实力，树立品牌，以构建自身的核心竞争力，各行各业也涌现出一批有影响力的企业家。

素描：以企业规模扩张为目标与动力，企业的规模有余，而经营弹性不足，众多的企业，冲击顶峰的速度与滑坡的速度一样快，"供给侧改革"就是对企业盲目扩张形成的产能过剩非市场化的调整。

出路：做大做强，做小做精；蓄势突破，实现资本增值。

4. 资本专家

对应环境：资本时代，资本是商业的源泉，资本增值是商业的目的，各项资本要素的高效组织是商业的核心。每一位企业家进化为资本专家是时代的需求，创业者要树立资本的理念，从资本价值的角度统筹安排，权衡取舍。

素描：既生产好产品，又生产好企业；既追求产值，又追求市值；既勇于进攻，又勇于撤退；既发挥资本的价值，又规避资本的风险。

出路：资本是手中之剑，思想是胸中之剑，既要舞手中之剑，更要修胸中之剑。

5. 思想家

对应环境：资本，在全世界是同一语言，是流动的，自由组合的；资本，最终是人的化身，如何因势利导，趋利避害，为我所用，只有用思想的智慧来甄别、选择；资本，最终是人与组织的智慧的映射与表达。如果资本是月亮，智慧就是太阳；如果资本是影子，智慧就是物体；如果资本是木偶，智慧就为控制，这是资本的本质与内涵。

素描：资本是术，思想是道；资本是工具，思想是中枢；资本为表象，思想为本质；一切实际资本最终是人们思想中资本的呈现。

出路：资本是一切商业的归宿与终极动力。

二、组织结构进化

组织结构进化的"5T"模型，如图7-4所示。

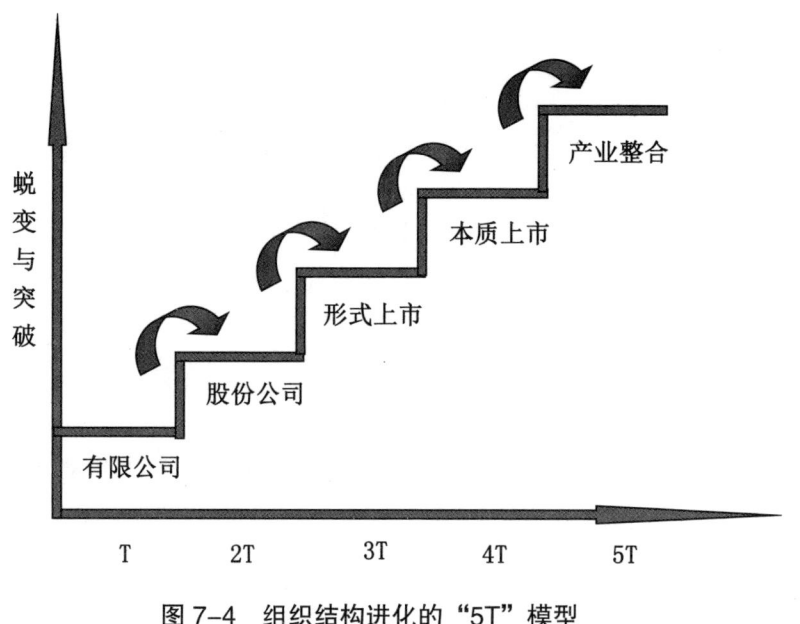

图 7-4　组织结构进化的"5T"模型

1. 有限公司

依据《中华人民共和国公司法》，公司主要包括有限责任公司与股份有限公司两种形式。有限责任公司与股份有限公司相比，有以下几个特点：

（1）有限责任公司是公司的初级形式。

有限责任公司适于成立不久、规模较小的公司，从股东人数上看，有限责任公司的发起人要求在 50 人以下，而股份有限公司的发起人要求是 2 人以上，200 人以下；如果股东人数超过 50 人，那么它就超出了有限责任公司的股东人数范围，只有采取股份有限公司的形式。

（2）有限责任公司的运行比较简单。

有限责任公司可以只设立董事会而不设股东会或监事会，董事会往往由股东个人兼任，机动性较大，运行成本较低；股份有限公司则必须设立股东会、董事会、监事会、经理层这样的法人治理结构，相互制衡，其成本较高。

（3）财务状况公开程度不同。

有限责任公司的财务状况，只需按公司章程规定的期限提交各股东即可，无须公告和备查，财务状况相对保密，因而有封闭公司的说法。股份有限公司，由于其出资人分散，出资人只有通过公司的财务报表才能得知公司的经营状况，股份有限公司因此也被称为开放公司，要求公司定期公布财务状况。

（4）上市的组织结构要求不同。

在公司上市方面，有限责任公司不能直接成为上市公司，必须先改制成为股份公司后，方能申请上市；而股份公司无须改制，即可依法申请上市。所以，在证券交易所挂牌交易的上市公司都是股份有限公司。

（5）股权转让的条件限制不同。

有限责任公司的股权转让时，股东向股东以外的人转让股权，应当经其他过半数股东的同意。股东应就其股权转让事项书面通知其他股东，征求其同意，其他股东自接到书面通知之日起满三十日未答复的，视为同意转让；其他股东半数以上不同意转让的，不同意的股东应当购买该转让的股权，不购买的，视为同意转让。股份有限公司的股东除了对发起人股份，公司内部人员如公司董事、监事、高级管理人员等转让公司股份进行限制之外，基本可以自由交易和转让，但不能退股。由此可以看出，有限责任公司对股东股权的转让要求较为严格，而股份有限公司对此要求明显低一些。

从上述分析中我们可以看出，有限责任公司基本上为内循环性质，更多的是"亲友团"式的公司，特别在股权转让方面，受到很大的限制。任何一家公司，如果希望向外部投资者融资上市，首要条件就是，公司的组织形式要由原来的有限责任公司形式转化为股份有限公司形式，所以，任何一家公司要想融资上市，前提条件是股份公司的改制设立。

2. 股份公司

（1）股份公司是企业融资上市基本的公司组织形式，所以，企业在融资上市以前，都要进行股份公司的改制与设立。当然，也不排除个别公司在对外融资时，它的组织形式仍然是有限责任公司形式，但这只是暂时的形态，它一定会向投资者承诺股份公司的改制设立。

（2）股份公司在公司治理结构方面的要求更高，从法律角度，更好地保障了外部股东的权益。

（3）股权作为有价证券，其核心特点是安全性、收益性、流动性，在企业上市的专业中介机构中，律师事务所与会计师事务所是必备的两家法定机构。律师事务所主要鉴定企业是否合法合规，会计师事务所是对企业的收益状况进行审计，在落实了企业的安全性与收益性后，上市——就是为企业提供了流动性的场所。

（4）上市是股份公司的必然选择。如果一家企业不上市，企业的股权没有流动性，那么，外部投资者如何进入？如果单纯依赖分红，获取税后收益，那么高昂的税率如何承受？企业的员工股权激励如何推广？失去流动性的股权，价值难道不是大打折扣？

3. 形式上市

（1）企业上市，就是企业的股权在一家股权交易所挂牌买卖。产品的市场属性就是在商品市场买卖，股权的市场属性就是在股权市场买卖。一件普通的商品，如果在高级市场，可能价格奇高；如果在地摊，可能价格就是地板价。资本市场也是一样，一家业绩平平的企业，在层级高的资本市场，股价可能很高；相反，一家业绩很好的企业，如果在层级较低的交易所交易，可能估值就很低。由此，对于交易活跃、声誉好的交易所，企业总是趋之若鹜，相应地，门槛也就水涨船高。

（2）对企业，争取踏进较高层级的交易所应该是首选。比如，争取能够在上交所主板上市，或者在深交所中小板、创业板上市，以此获得资本的溢价。

（3）企业在中国资本市场上市，它既不同于西方的核准制，也不是原来的审核制，在许多方面表现得十分复杂。因此，前面提炼的"四论"，即企业资本化的认识论、方法论、选择论、程序论，值得企业家参考借鉴。

4. 本质上市

（1）在中国资本市场，经常有一种现象，即企业上市后，企业没有得到持续发展，反而业绩很快下滑甚至亏损。这其中固然有行业因素，但主要原因还是企业没有树立股权理念，经营不规范，虽然形式上上市了，但是没有转换经营机制，也没有培育出企业核心竞争力，最终企业走向衰退。

（2）有一些企业，虽然没有进入资本市场，但是运作规范，具有核心竞争力，投资机构普遍看好，一再融资。此类企业，虽然形式上还没有上市，但是本质上它已经是一家投资者认可、追捧的优质公司，可以认为实质上它已经上市了，就如同一家企业生产的名优产品，虽然还没有进入超市，但是消费者已在企业门口排队等待购买了。

5. 产业整合

当前消费结构全面升级，需求结构快速调整，对供给质量和水平提出了更高要求，必然给企业带来转型升级压力。在结构调整过程中，行业集中度一般会上升，优势企业胜出，这是市场竞争优胜劣汰的结果。市场波动、经济起伏、结构调整、制度变革，在这样一个复杂的背景下，部分民营企业遇到困难和问题是难免的。对高质量发展的要求，民营企业和国有企业一样都需要逐步适应。如何适应？如何面对行业集中度上升的趋势？出路就是要么成为行业的引领者，要么成为行业的跟随者。通过资本市场进行资源整合，是企业唯一的选择。为此，广大中小企业，首先要摒弃延续几十年的"规模扩张冲动症"，既要适应新的结构调整的需要，更要避免"资金饥渴症"，太多的企业就是在轻易筹集到资金后"翻船"的。资本市场的核心功能应该是价值发现与价值交换的场所，而不仅仅是企业融资的工具，特别是随着资本市场的成熟与完善，并购必将是资本市场的主旋律，企业通过并购融入产业链、资本链将是大趋势。

三、价值创造进化

价值创造进化的"5T"模型，如图 7-5 所示。

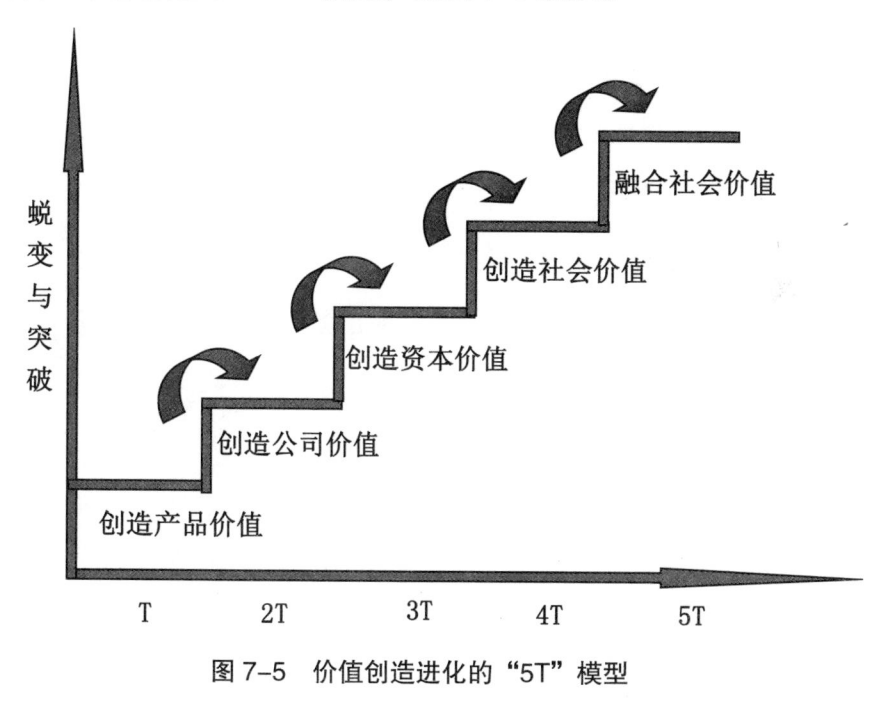

图 7-5 价值创造进化的"5T"模型

1. 创造产品价值

好产品是好企业的基础，任何一家好企业一定是能够生产或提供好产品的。但是并不是生产好产品，就一定会成为好企业，要成为好企业，同时还要具备其他条件。所以，优质产品是成为优秀企业的必要条件，而不是充分条件。小米创始人雷军提出的产品开发口诀"专注、极致、口碑、快"已经被许多企业家奉为不二法则，都在极力研发、推出"超值"的爆款产品，但是最终能得到市场认知、认可、接受的产品，却寥若晨星，众多的产品在攻打市场的征途中，纷纷倒下。好产品是企业的立身之本，但要在市场上占有一席之地，还需要具备更多的条件，也可以说是众多优质要素的集成，正如一匹好马，它要配上好鞍，更要有一位好骑手，才能成为一匹冲锋陷阵的战马。

2. 创造公司价值

公司价值一定是消费者用"购买权"选出来的，公司价值实质上就是市场对企业提供的产品或服务的优劣的奖励，只有将产品、营销、推广、管理等各要素有机结合起来，才有可能把产品价值转换成公司价值。一般来讲，一家有价值的公司，基本上都是以产品为中心，以管理为基础，以资本为动力，以品牌为表达，以此创造出公司价值。

3. 创造资本价值

公司不是一成不变的，它是要持续进化的，特别是在当下，多变、快变、巨变已经成为常态，而变化的直接推动力就是资本的逐利性。只有企业创造了资本的价值，才能得到资本的青睐；反之，资本则会扬长而去。企业价值与资本价值有时是一致的，企业价值高，则资本价值高。然而它们二者之间有时又有偏差，有的企业价值很高，资本估值却较低；而有的企业价值一般，资本价值却很高。只有较高的资本价值，才能为企业的发展提供充足的动力。

4. 创造社会价值

近年来，许多上市公司引入"市值管理"，追求企业资本价值的最大化，这里不乏成功者。但是，为什么又有那么多的公司，突然之间其股价高台跳水，市值大幅缩水，甚至腰斩，更有甚者，只剩下一个零头？原因在于许多企业急功近利，单纯地追求资本市值，甚至铤而走险，唯利是图，稍有不慎便满盘皆输。因此，企业的社会价值是道，资本价值是术，企业在创造社会价值的同时，实现资本价值才是企业的长远方向。

5. 融合社会价值

华为创始人任正非在2018年全国科技大会上讲道：现在的时代，科技进步太快，不确定性越来越多，我们也会从沉浸在产品开发的确定性工作中，加大对不确定性研究的投入，追赶时代的脚步。我们鼓励我们科学家、专家与工程师加强交流，思想碰撞，让思想的火花燃成熊熊大火。从这段话，也可以看到，社会价值创造不是闭门造车，也不是孤军奋战，一定是在融合中创新，在碰撞中产生火花，通过融合，创造社会价值。

第四节　商业模式进化"5T"模型

商业模式进化是指企业内外资源配置的持续蜕变、提升及企业效益不断提高的过程，包括企业战略设计进化、企业经营核心进化、企业营销进化、企业数字化进化。

一、企业战略设计进化

企业战略设计进化"5T"模型，如图7-6所示。

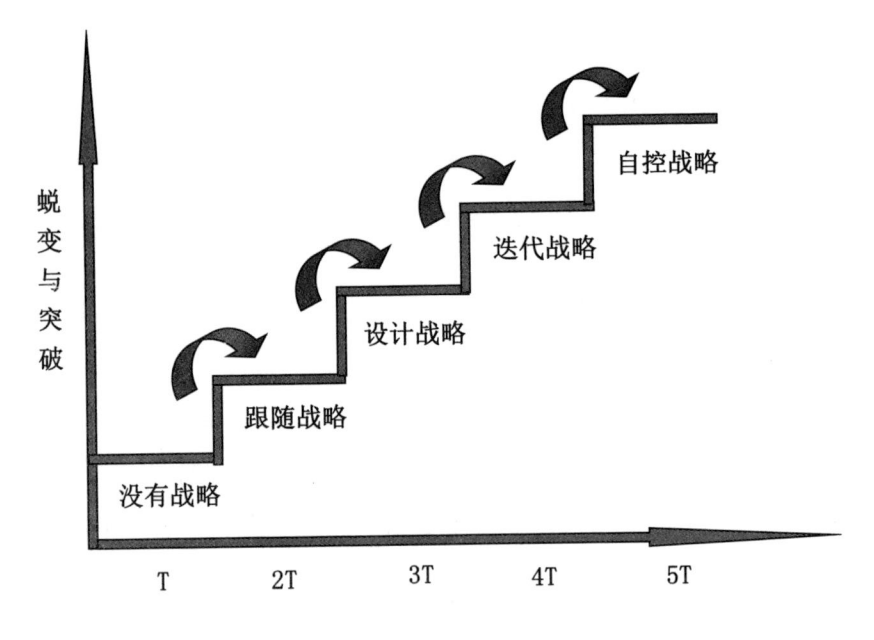

图 7-6　企业战略设计进化"5T"模型

1.没有战略

当下绝大多数中小企业，至今依然没有清晰的战略目标，还是按照经验、惯例、传统进行决策，如同一叶扁舟，任凭风吹雨打，不知明日漂泊到何方，主要表现在以下几个方面：

（1）轻视或蔑视战略，认为战略就是务虚，生产产品才是正道，专注于产品本身的价值。

（2）误把公司的工作计划、年度工作总结当作战略，只有产品生产计划、销售任务等具体的经营安排，缺乏企业总体的筹划与设计。

（3）把公司的愿景、目标、口号等同于战略。

（4）外请一家所谓的专业公司，东拼西凑一个公司战略，放到公司的陈列室，作为宣传、展示的工具。

2.跟随战略

许多企业已经认识到战略的价值，并向优秀的企业学习它们的战略，特别是近几年，众多企业热衷于对同行业标杆企业的考察学习，开拓思路、吸收借鉴，这种形式的跟随战略很大程度上为企业节约了战略成本，促进了企业发展，但是跟随战略绝不能采取拿来主义的方式直接套用。因为任何企业的发展，都是基于行业的秉性、当时的竞争势态、企业的现状而统筹规划的结果，机械地照搬注定是要失败的。

3. 设计战略

所谓的设计战略，就是严格地按照一套科学的流程，进行战略的规划设计。在企业设计战略时，专业互补、内外结合、流程把控、修改校正是必不可少的几个要点。

4. 迭代战略

现在的企业，"小步快走，迭代更新"是常态。战略作为企业的一面旗帜，也要迭代更新，不可能一成不变，但是迭代更新是原来战略的蜕变与突破，而不是全盘否定原来的战略。所以，把握变与不变的尺度是考量的核心，为此需要做好以下两点：

（1）明晰迭代的标准，哪些是不变量，哪些是变量，比如，企业的愿景、目标、文化相对是固定的，而具体的战术、突破口、创新点等是变量。

（2）建立战略迭代的修订规则，使得战略的迭代由随机变为有序。

5. 自控战略

管理的最高境界是没有管理，所谓"无为而治"，就如一款全自动手表，不用人为调整就能自动运行。对战略来讲也是一样，通过规则、系统及磨合，使得公司的战略不再是体外之物，而是公司的有机组成部分，在公司这架大机器上自动运转，需要做的就是巡视与反馈，这应该成为企业的方向。

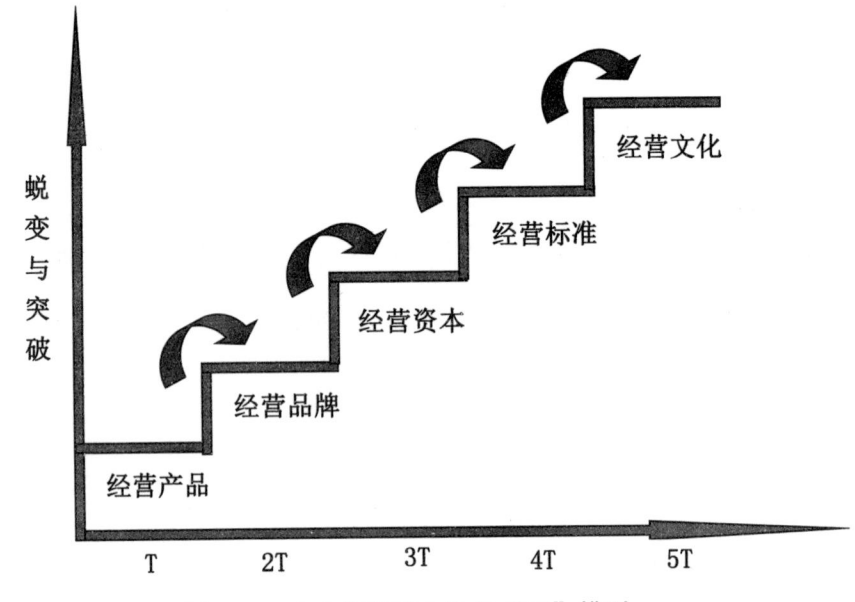

二、企业经营核心进化

企业经营核心进化"5T"模型，如图7-7所示。

图7-7 企业经营核心进化"5T"模型

1. 经营产品

经营产品是企业的基本功能，然而，消费者面对琳琅满目的商品将如何做出选择？品牌就是产品的代言人，也是产品的化身。通常高品质的产品通过名牌来表达，这已经成为企业的内在要求。因此，企业由经营产品进化为经营品牌，这是一条必由之路。

2. 经营品牌

许多企业都清楚品牌的重要性，但是并不是每一家企业都可以成为名牌企业。在通往名牌的道路上，车辆众多，交通拥挤，最终能够到达终点的企业却寥寥无几。其主要原因在于：

（1）许多企业难以规范持久发展。只有规范持久的运营，才能在消费者心目中树立良好的品牌形象，才能获得良好的市场溢价。

（2）企业的运行系统难以稳定。树立品牌，需要千日之功，而品牌的千里大坝，却时常由于自身系统风险毁于一旦。

（3）欠缺资本支撑。现在的市场经济是跨越国别、区域、企业之间的竞争，表面上看是品牌之间的竞争，本质上是企业实力之争，没有资本实力，想要创立品牌，为无米之炊，无水之源。

3. 经营资本

在西方市场经济国家，从事资本配置的投资银行业与财务咨询公司非常发达，投资银行更侧重于企业外部资本配置，财务顾问则侧重于企业内部的资本优化配置。企业经营本质上就是资本经营，反观我国众多企业，在资本经营上存在许多误区。

（1）视外部社会资本为洪水猛兽，总认为企业是"我家的"，对外部资本抱着排斥、抗拒的心理，认为外部投资者一旦进入，就会影响、干预家族的经营、管理，使得企业越做越小，越来越封闭。

（2）没有或不重视企业自身的规范建设，公司没有法人治理结构，税收财务不规范，没有股权价值理念，对股东没有回报，外部投资者进不来，只能是家族企业，小打小闹。

（3）没有认识到企业的资本与投资经营是企业"皇冠上的明珠"，对企业是最重要的决策。资本决策过程缺乏科学的方法和严谨的流程，企业精于小节，疏于大策。

（4）企业内部的财务被认为是企业的核心，总是由董事长信任的人把持。殊不知，企业内部的财务核算汇总是企业最简单的功能，企业投资并购的权衡筹划、资本的高效安排才是企业财务的核心，但是当前众多的中小企业在此领域几乎是一片空白。

4. 经营标准

资本的竞争是同质化的竞争，不论是美元还是人民币都是一样的。

同质化竞争的结果，是形成"红海"市场。资本竞争的背后是企业经营者的竞争，经营者的能力有高低之分，资本也会表现出强弱之别。同质化的资本在竞争中，抢占制高点的路径之一就是成为企业所在行业或产品的标准制定者，企业在行业中或所处品类中，要么是第一，要么是唯一。作为同类产品中的第一或唯一，企业自然需要制定相关的业务、技术标准，在推动行业的规范与进步的同时，提升企业自身核心竞争力门槛。

5. 经营文化

企业与企业之间的竞争，品牌为表象，资本为基础，文化为核心。在企业竞争中，无形的文化统领有形的资本，轻资产驾驭重资产，胸中之剑舞动手中之剑，正如华为创始人任正非所讲："资源是会枯竭的，唯有文化才会生生不息。一切工业品都是人类利用智慧创造的。华为没有可以依从的自然资源，唯有在人的大脑中挖掘出大油田、大森林、大煤矿……"所以，企业的文化建设才是企业发展的长久之功。

三、企业营销进化

企业营销进化"5T"模型，如图7-8所示。

1. 销售产品

这是企业的最原始的形态，其中生产、供应、销售是割裂的。随着商品的极大丰富、服务业的快速发展、产销一体化的推进，该类形式将逐渐弱化。

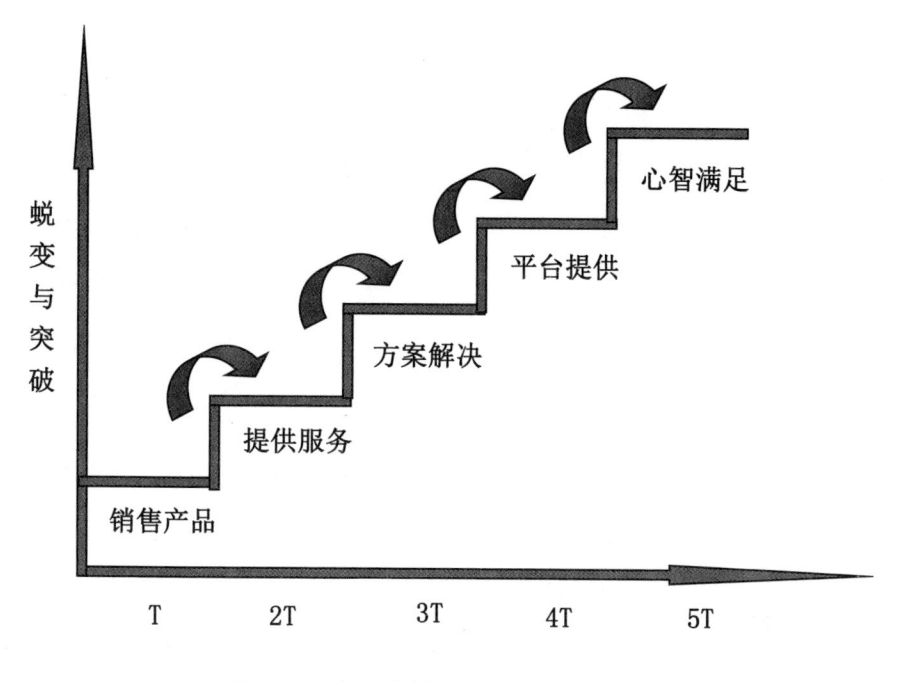

图 7-8 企业营销进化"5T"模型

2. 提供服务

互联网时代的到来，催生了网络化的研发、设计、生产、销售与服务，使得制造业与服务业之间的界限越来越模糊。当前社会经济发展的驱动力已经由传统的物质产品的生产转变为面向客户需求的产品服务生产，工业服务在企业利润中的比重不断提高。同时，制造业企业的管理模式也从面向生产制造的管理转变为面向产品服务系统的管理，即在产品创新的同时，借助产品的服务增值，实施适合自身的服务战略，促进传统制造业向现代服务业转型。比如，IBM 经历了从硬件供应商到软件供应商，再到服务供应商的转型之路，其服务业的比重也从 1995 年的 28% 增长到现在的 70% 以上；苹果公司也从一个纯粹的 PC 制造商转型为一个高端消费电子与服务的供应商。

3. 方案解决

企业提供服务的目的就是为客户提供解决方案。每一家企业，首先要做的是价值识别，即找到客户的价值需求；然后是价值主张，即取得该客户的一致同意，开发价值内涵；再次是价值交付，即依据承诺，交付价值；最后是价值评估，即对价值内涵即创造价值的能力进行评价。

4. 平台提供

平台商业模式指连接两个（或更多）特定群体，为他们提供互动机制，满足所有群体的需求，并巧妙地从中盈利的商业模式。从最早的"市井"到后来的农贸市场都是典型的平台，现在市场构成了平台生态圈。每一家企业都面临着要么成为平台（舞台），要么成为"明星"的选择。成为平台自然是许多企业梦寐以求的，当然，还需要考虑以下条件：

（1）企业要有能力积累规模巨大的用户，至少要获得同行中规模第一的用户，这是一个非常大的挑战。同时，还需要有契合用户强烈需求的市场机缘，以及行之有效的市场推广手段。

（2）企业需要提供给用户有巨大黏性的服务。

（3）需要构建合作共赢、先人后己的商业模式。平台就是为别人搭建的，让别人来赚钱的。只有合作伙伴赚大头，自己赚小头，合作伙伴先赚钱，自己后赚钱，才能成为所有合作伙伴的平台。

企业成为"明星"也不失为一条路径，然而前提条件是需要超值的产品与服务，以及整体的运筹与打造，才有可能脱颖而出。

5. 心智满足

在产品爆炸、信息爆炸、广告爆炸的时代，每一位消费者都不缺好产品，而缺我们"认为"的好产品。认知甚于事实。因此，需要聚焦潜在顾客的认知，而非现实产品。要做到这一点，只有压缩、提炼我们的信息，使它能切入人的心智，其中的捷径就是不做第一，就做唯一。

四、企业数字化进化

企业数字进化"5T"模型，如图7-9所示。

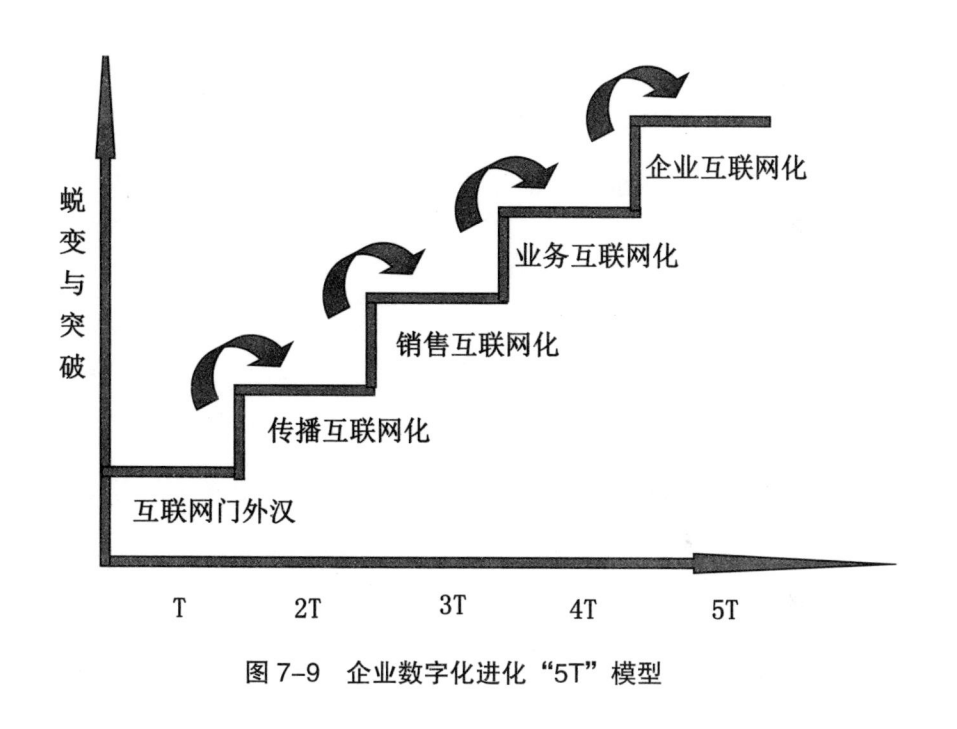

图7-9 企业数字化进化"5T"模型

1. 互联网门外汉

企业在经营过程中，不会借助更不会运用互联网经营管理，而是将互联网排除在企业之外。当前这类情况较少。

2. 传播互联网化

互联网时代的到来，以新浪、搜狐、网易、百度为代表的门户网站改变了人与信息交互的方式，人们从看报纸、杂志的习惯转变为看门户网站新闻，纸媒体开始衰落。

3. 销售互联网化

以淘宝、腾讯为代表的互联网企业解决了人与商品、人与人之间社交的方式，在互联网上形成了庞大的虚拟人文社会和组织，大家开始习惯利用互联网进行购物、交友、交流。信息交互的速度也呈指数级增长，真正的信息爆炸时代已来临。

4. 业务互联网化

以饿了吗、美团、大众点评等为代表的团购网站，以海尔为代表的微创团队，以红领为代表的定制化生产，互联网开始渗透到社会各个角落，线上线下融合成为共识，互联网慢慢成为社会的基础公共设施，平台型企业成为大的赢家。

5. 企业互联网化

企业互联网化就是用互联网重构企业的经营管理方式。按照德鲁克的观点，企业管理无非是做到以下三点：第一，做正确的事，即要有正确的选择，知道做什么，不做什么；第二，正确地做事，即做事的方法、流程要正确；第三，把正确的事转化为商业价值，这也契合了商业上的取势、明道、优术。对于企业互联网化，取势，就是要用互联网的模式重构企业的价值；明道，就是利用互联网的精神来改造企业内部的经营管理与产业链上的上下游企业，"我们不能用战术上的勤奋来掩盖战略上的懒惰"（雷军），我们要用互联网的思维来武装大脑，转变行动；优术，即用互联网来改造企业现有的一切业务。

第五节 管理模式进化"5T"模型

管理模式进化就是企业内部研发、供应、财务管控、内部管理的有效组合与持续蜕变,包括产学研进化、供应链进化、财务管理进化、内部管理进化。

一、产学研进化

企业产学研进化"5T"模型,如图7-10所示。

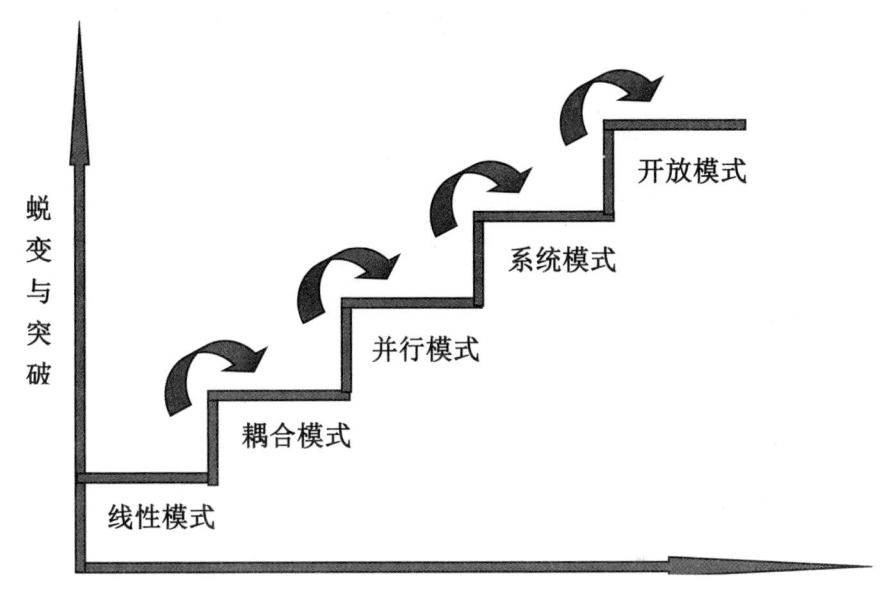

图7-10 企业产学研进化"5T"模型

1. 线性模式

线性模式包括传统的技术推动型和市场拉动型两类线性模式。技术推动线性模式就是从研发开始,依次经过开发——制造——营销——销售环节,此类模式强调技术创新开始于基础科学研究,然后进入包括设计和工程的应用型研究,最后是生产制造和产品推广销售。技术开发是创新的主要推动力,市场只是开发成果的被动接受者。

相反,在市场拉动模式下,市场需求是研发构思的来源,在创新过程中发挥了关键作用,为产品与工艺创新创造了机会,并引导和推动相关技术研发活动逐步展开。在市场拉动模式下，企业能够提高生产效率并确保技术成果的商业价值，从而避免技术成果的商业化问题及其带来的潜在损失。

2. 耦合模式

随着环境不确定性增加，竞争强度加大，产品生命周期缩短，研发活动和其他活动需要紧密结合起来，而线性模式未能体现市场与技术之间的反馈关系，存在明显的缺陷。耦合模式强调企业技术能力与市场需求的有机结合。在耦合模式中，创新过程是一个具有逻辑顺序，但不一定连续的过程，技术推动和市场拉动模式的有机结合，比单纯的市场拉动或技术推动能够更好地推动企业创新点产生与成功。在20世纪80年代中后期，耦合模式为大多数西方企业所采用，并被作为最佳实践加以介绍。

3. 并行模式

并行模式又称为一体化模式，反对技术创新过程中的高度分割和序列化，强调研发部门、设计生产部门、供应商和用户之间的密切联系、沟通与合作，为技术创新过程增加了新的内容。此种模式运用的关键是企业对并行开展活动的调整、控制和集成能力；企业需要定期召开跨部门的创新过程的联席会议，以保证各项创新活动的一致性、可行性、可靠性。它不仅包括公司内部各功能的高度平行交叉，还包括与上下游的相互合作支持，使新产品能够更早、更快地满足客户的需求。

4. 系统模式

系统模式与并行模式的主要区别在于，它是在更大范围、更多要素下的研发协同一体化。相对于并行模式基本聚焦于公司内部或公司利益相关者的研发协同组织，系统模式将协同的范围扩展到公司以外的社会中。它不仅要求企业在内部实现研发功能的平行作业和一体化，而且要求与其他合作伙伴在创新上进行广泛的协作外包；它不仅要充分利用本企业的创新能力与资源优势，而且通过建立更广泛的战略合作关系，动用它们的资源，利用它们的创新能力，更加灵活地进行持续不断的创新，以更快、更好地满足客户的需求。

5. 开放模式

开放模式指企业在内部与外部的广泛资源中系统地寻找创新资源，有意识地把企业内部资源与外部获得的资源整合起来，并通过多渠道开发市场机会的一种创新模式。它也意味着，有价值的创意可以从公司内部与外部同时获得，其商业化路径可以从公司内部开拓，也可以从公司外部开拓。开放模式具有以下三个特点：

（1）它改变了传统的把研发当作"成本"的理念，公司的研发部门也可以成为利润中心3。研发的专利可以在公司进行产业化，也可以通过专利转让获益。例如，美国高通公司其专利收入占公司总收入的70%，美国德州仪器公司每年仅向三星公司收取的转让专利费用就高达10多亿美元。

（2）它完全打破了企业的边界，人员、技术在不同公司间可以充分交流、紧密合作。有些不适合本公司的项目，可以在新的市场发挥巨大价值，也可以通过外部途径使之商业化。公司不再封闭其知识产权，而是通过许可协议、招募短期合伙人以及其他安排，设法让其他公司利用这一技术，然后自己从中获利。

（3）改变了部分公司内部存在的"非我发明不用"的思维习惯，企业必须充分利用外部丰富的知识技术资源，从外部寻找技术，弥补内部创新资源的不足，将内部技术与外部技术整合起来，以创造新产品与新服务。

二、供应链进化

企业供应链进化"5T"模型,如图 7-11 所示。

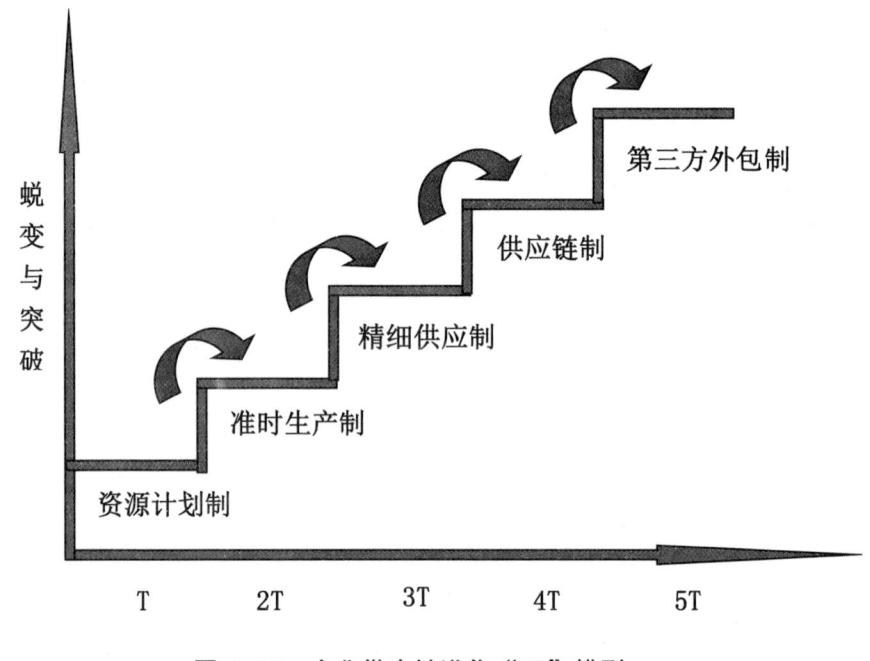

图 7-11　企业供应链进化"5T"模型

1. 资源计划制

资源计划制即推动式供应系统。在资源短缺时代,物资匮乏,企业的大多数生产计划主要依赖相关订货计划和可靠的预测完成,企业根据需求订购物料。现在此类模式已经基本消失。

2. 准时生产制

准时生产制即拉动式系统,以来自最终用户的需求量来确定供应,生产与供应主要与市场的需求相匹配,生产协作单元基本上是固定的,生产批量很小,供应商提前期很短。

3. 精细供应制

随着企业产品寿命周期越来越短,外部市场变化越来越快,小批量、多品种的生产方式已经成为主流，减少供应的时间占用与浪费已经越来越重要，为此，精细化的供应变得更加重要。其主要特点表现为：库存量在制品总量中占比最小，成本在供应链上透明，拥有多技能员工，坚守工件排队，调整转换时间很短，采用多品种、小批量生产方式，在每一阶段连续改进。

4. 供应链制

供应链制是指一个企业获取原料后，生产半成品或最终产品，通过销售渠道把产品送达消费者的网络工具。供应链的本质就是企业能够识别自己的核心业务，把非核心业务外包给具有竞争优势的成员企业。它是为企业总体战略服务的。总体而言，它具有以下明显的优势：

（1）减少企业运作浪费。传统企业从产品开发、生产到销售都是自己承包，不仅要背负沉重的投资负担，而且还需要相当长的生产时间。如果采用供应链管理模式，则可以使企业在最短的时间内寻找到最好的合作伙伴，用最低的成本、最快的速度、最优的质量赢得市场，而且受益的不只是一家企业，而是一个企业群体，因此供应链管理模式吸引了越来越多的企业。

（2）增强成员企业的竞争优势。供应链管理理念强调的是将多个企业联合起来，为共同的利益而奋斗，共同抵挡外来竞争并获胜。企业的联合竞争力远远大于各个企业力量的简单加总，从而大幅提升企业乃至整个供应链的竞争优势。

（3）供应链管理不易被他人复制。供应链中的上下游企业可以形成战略联盟，它们通过信息共享形成双赢关系，实现社会资源的最佳配置，降低社会总成本，避免企业间的恶性竞争，提高各企业和整个供应链的效益。如今"互联网+"的全球化时代，国际市场日趋成熟，无国界化的企业经营趋势加剧，推动市场竞争进入新阶段——企业与企业之间的竞争转变为供应链管理之间的竞争，企业的成功取决于其整个供应链在竞争中的优势。英国经济学家马丁·克里斯托弗指出："世界上只有供应链而没有企业，21世纪的竞争不是企业与企业之间的竞争，而是供应链与供应链之间的竞争。"政府要求重塑产业链、供应链、价值链，改造提升传统动能，使之焕发新的生机与活力。

5. 第三方外包制

第三方外包制就是企业在充分分析核心竞争力的基础上，对于那些不能创造战略差异化优势而第三方企业却可以做得更好、更快、更经济的活动，企业就采取外包战略。它包括以下内容：

（1）传统业务外包。该阶段信息技术还不发达，外包企业还不能得到有效控制，同时，世界经济合作还不够广泛。在这种条件下，企业的外包形式表现为部分有形产品的外包，大多是一些生产过程的外包，企业和外包供应商只是通过短期的合同进行联系，双方缺乏必要的战略合作。

（2）目前业务外包。现阶段，信息技术已经得到较大发展，外包企业已经能够得到有效控制，跨国经济合作的风险较低。这种条件下，企业的外包形式表现为有形产品与无形产品的外包，一些专业生产商（例如富士康）已经形成，企业完全可以把生产的全过程进行外包，企业和外包商的联系更加紧密，该阶段已经开始国际外包。

（3）未来业务外包。信息技术较为发达，外包企业已经得到有效控制，全球经济合作更加深入。在这种条件下，企业开始探讨虚拟企业的发展模式，把非核心竞争力的活动完全外包，这样企业就变成了全球性的虚拟企业。

三、财务管理进化

企业财务管理进化"5T"模型，如图 7-12 所示。

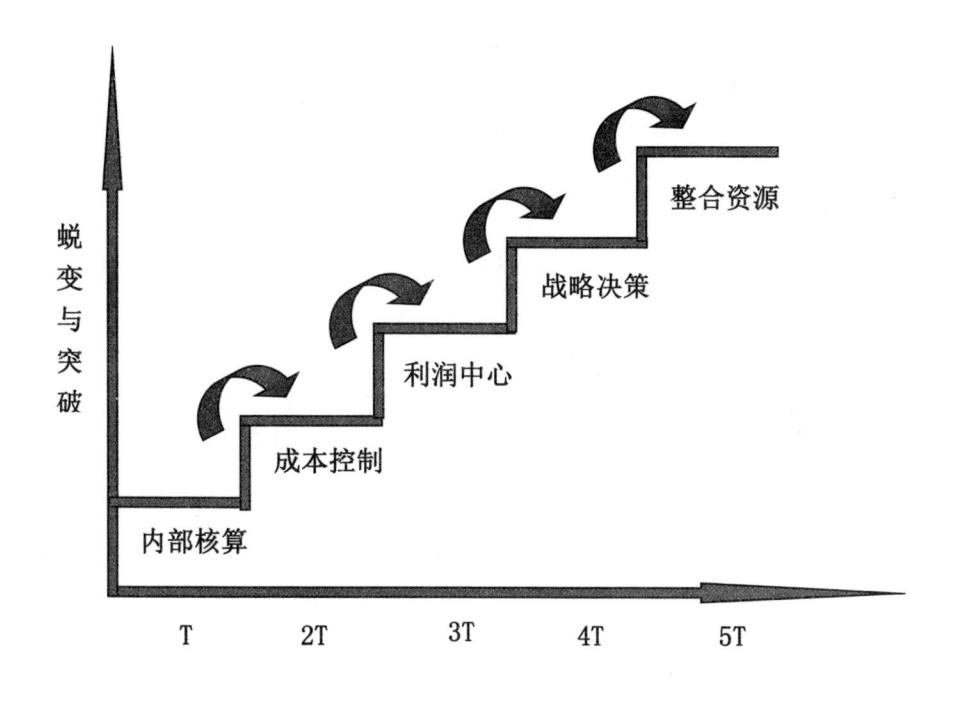

图 7-12　企业财务管理进化"5T"模型

1. 内部核算

内部核算即企业内部各级经济核算单位之间，相互提供产品、物资、劳务时，按照内部结算价格和一定的结算形式进行的结算。它是企业内部最基础的财务管理。通过内部核算，管理者可以了解企业内部产品、半成品、库存、物质、劳务的分布状况，是企业经营的基础。

2. 成本控制

成本控制是运用系统工程的原理对企业在生产经营过程中发生的各种耗费进行计算、调节和监督的过程，也是一个发现薄弱环节、挖掘内部潜力、寻找一切可能降低成本的过程。企业存在的唯一先决条件就是能够产生利润，只有在收入大于成本时，才会产生利润，而成本则主要通过财务来进行控制。一般来讲，企业是通过开源节流来提升效益的，成本控制的侧重点是节流。

3. 利润中心

利润中心即企业的财务管理不仅要研究"节流"，还要发力"开源"，要打破传统的企业职能成本的局限，在开放、无边界的环境中，原来作为职能部门、成本支出的部门，现在不一定完全是成本支出了，它可以在本公司内部提供职能服务的同时，对外提供有效服务，获取收益。比如，公司研发、设计部门，传统企业中它是成本支出部门，但是一旦将它再定位后，不仅可以为本公司提供研究设计，而且也可以为公司以外的客户提供相关研究设计，取得研究设计收益。这时候它又变为利润部门了。所以，在当下广泛协作、积极开放的市场背景下，企业财务管理由成本控制向利润中心进化是一个必然趋势。

4. 战略决策

企业最大的成功是战略决策的成功，同样，企业最大的失败就是战略决策的失败；而要从传统的决策进化到现代科学决策，前提就是要建立一支优秀的决策参谋队伍——财务部，现在财务管理的核心，已经由传统的财务管理演化为管理会计。管理会计就是从传统的会计系统中分离出来，与财务会计并列，为企业提供最优决策、改善经营管理、提高经济效益的一个企业会计分支。为此，管理会计应根据企业管理部门编制计划、决策安排、控制经济活动的需要，记录和分析经济业务，"捕捉"和呈报管理信息，并直接参与决策控制。

5. 整合资源

现代企业的经营，已经打破了企业的边界，就如同一个企业要素的万花筒，每天所做的工作，就是组建新的万花筒，即要素重组与再重组，但是这样的重组，并不是漫无边际的随意组合，而是收益最大化的重组。那么，什么样的重组能够达到收益最大化？这就是财务管理的首要职责，也是面临的最大挑战。所以，财务管理为企业整合资源保驾护航、开疆拓土，为要素组合出谋策划、制订方案，这已经成为现代企业"战必胜，攻必克"的制胜法宝，也是每一家企业财务部门进化的目标。

四、内部管理进化

企业内部管理进化"5T"模型，如图 7-13 所示。

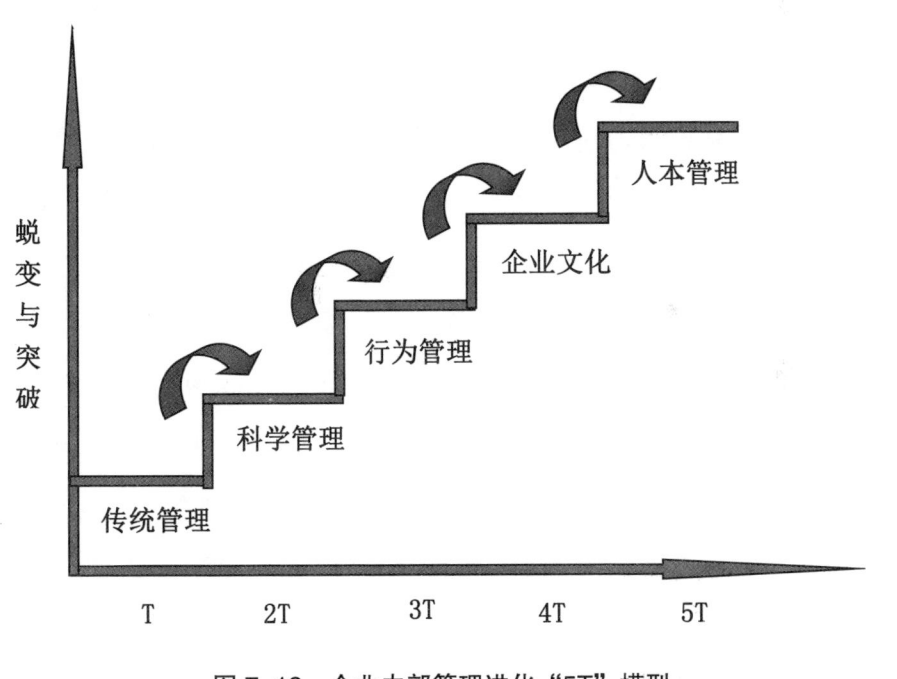

图 7-13　企业内部管理进化"5T"模型

1. 传统管理

企业规模较小，企业主要依据经验进行管理，在此阶段，管理与劳动是二合一的，同样管理与资本也没有分离。企业管理基本上是跟着感觉走，许多传统型的企业以及初创型的企业基本上是传统管理型。

2. 科学管理

随着企业规模的扩大，技术更加复杂，生产工艺流程增加，企业的组织与成本控制变得越来越重要，泰罗的"科学管理"被许多企业重视，其内容包括劳动方法标准化、计时工资制、劳资关系处理等。

被后人誉为"流水线生产之父"的福特发明并完善了汽车生产流水线。随后，被后人誉为"经营管理之父"的法约尔的管理理论在企业中得到了广泛应用，其内容包括管理的五大职能、管理的十二项原则、经营与管理的联系与区别等。

3. 行为科学

随着企业劳资矛盾的加剧，劳动生产率不断下降，企业管理者与理论研究者越来越清晰地认识到，企业员工不是机械人，他们是社会人，是有情感、思想和精神需求的，机械式的管理只是权宜之计。这时候诞生了行为科学，即利用社会学、心理学、管理学等知识，对企业中工人的心理与行为进行研究，从根本上满足他们的需要，提高工人的积极性。行为科学的特点是，注重对工人心理及行为的研究，力图提高工人的积极性。研究行为科学的代表人物有梅奥、马斯洛、佛隆等。其中，梅奥被后人誉为"行为科学之父"，他曾主持过著名的"霍桑实验"，主要贡献为：认为工人是社会人而不是经济人；成功的领导是指能激发工人积极性的领导；企业中除了正式组织外，还存在非正式组织。继梅奥后，许多学者加入了行为科学的研究，管理学教材中的领导理论、激励理论即是行为科学的分支。

4. 企业文化

日本经济在20世纪70年代后迅速崛起，引起了世界各国，特别是美国企业界和学术界的重视。同时，资本主义社会的工人结构发生了巨大的变化，白领工人的比例首次超过了蓝领工人，迫使管理方式也发生了相应的变化。此外，企业的外部竞争日趋激烈，也使得以人为本的管理思想逐渐为多数企业所接受。

企业文化是一种以全体员工为中心，以培养具有管理功能的、系统的、完善的、有适应性的精神文化为内容，以使企业形成具有高度凝聚力的经营理念为目标，增强企业对外的竞争力和生存力，增强企业对内的向心力和活力的一种管理思想及实践方法。企业文化并不完全是一种企业制度，它是一个综合体，由多个层次组成，包括核心层、制度层和外围层等。制度管理突出的是行为规范，文化管理既突出价值观的重要性，也突出价值观对行为规范的指导作用和整合作用。

5. 人本管理

著名管理大师彼得·德鲁克在《21世纪的管理挑战》一书中指出："我们生活在一个意义深远的转型期，变革空前而彻底，现在的管理学思想仍然沿用20世纪的那些基本假设，很少有人去注意它们是不是'事实'。但实际上，它们都已经过时了。如果用不正确的假设去制定战略，将不可避免地把组织引向不正确的轨道。"特别是在移动互联网时代，它不同于工业时代，又一次改变了商业规则、商业模式、管理理念和思维定式，如果我们的管理根基依然是上一次工业革命中的基本假设，难免会把我们的企业引入歧途。当下，信息对称，消费者已经充分赋权，个性化代替了规模化、去中心化，金字塔组织结构已经倒塌，激励方式发生了巨大变化，企业的组织边界正在消失。为此，在人本管理的思想下，需要进行如下创新与变革：

（1）管理理念创新。从"以厂商为中心"到"以用户为中心"。

（2）管理模式创新。从"生产要素管理"到"知识要素管理"。

（3）组织架构创新。从"金字塔式等级制垂直管理"到"网状扁平化水平管理"。

（4）人才管理创新。从"制度约束"到"柔性管理"。

第六节　心智模式进化"5T"模型

心智模式进化就是构成企业发展动力的文化制度、激励体系、决策系统的持续蜕变与提升过程，包括企业文化进化、组织管理进化、决策体系进化、领导力进化。

一、企业文化进化

企业文化进化"5T"模型，如图 7-14 所示。

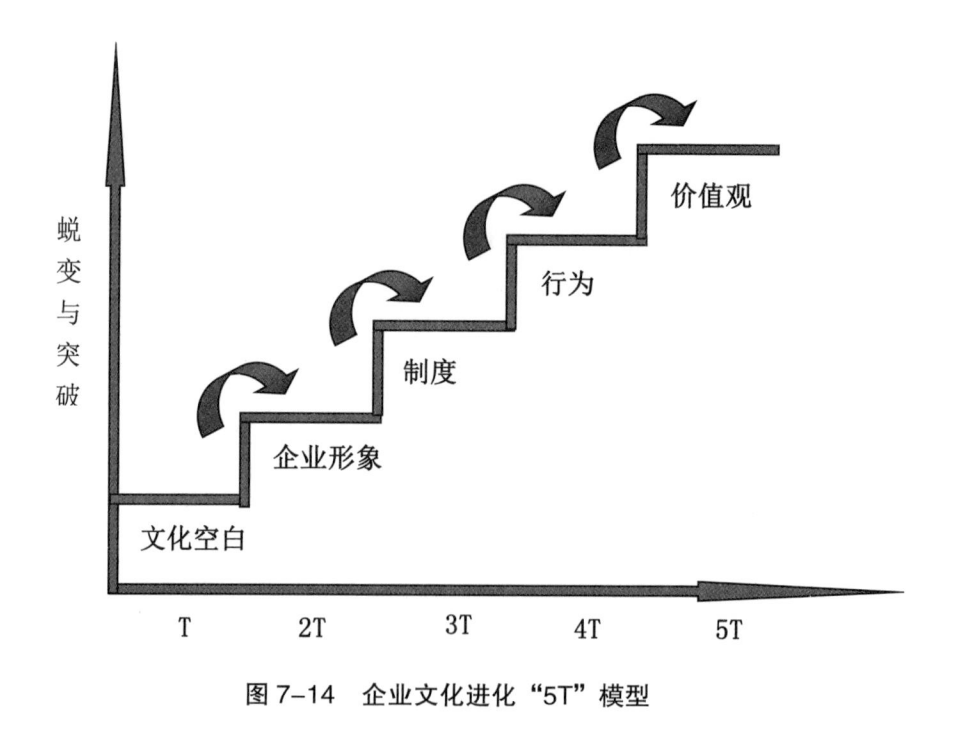

图 7-14　企业文化进化"5T"模型

1. 文化空白

过去，许多传统的企业，既可以称为企业，也可以叫作"加工车间""厂家"，实际就是一个血汗工厂，创办人可能是"泥腿子"出身，唯机器、利润是图，几乎找不到一处保存温暖人性的空间，当然，文化也就无存身之处了。

2. 企业形象

通常人们认识一个企业，总是从它的外在形象开始的，这个形象包括企业的名称、商标、产品、宣传手册、广告、办公环境以及员工服饰等。这些表象所表现出来的文化，我们称之为企业文化的形象层，也称为物质层。它们往往是可听、可见，甚至是可以触摸的，是企业文化的表层，也是企业文化中多变且容易被扭曲的部分。

3. 制度

毋庸置疑，企业的运转是要求有制度作为保证与支撑的。员工准时上下班而不是迟到早退，生产车间的工人按照规范操作而不是任意妄为，上班着装应干净整齐……这些都是制度的激励与约束。

4. 行为

向客户提交产品是否按时并保证质量，为客户服务是否周到热情，上下级之间及员工之间的关系是否融洽，各个部门能否精诚合作，在工作时间、工作场所员工的精神是否饱满，这些行为和企业的文化核心具有直接的关系，是企业经营作风、精神面貌、人际关系的动态体现，也是企业精神、企业价值观的折射，它是以人的行为为表现形式的中层企业文化，是以动态形式存在的。

5. 价值观

价值观是企业文化的本质，是企业文化形成的决定性因素，是企业文化的源泉，是企业文化结构中最稳定的因素。有什么样的价值观，就会有什么样的企业管理制度和企业行为。它是指导人的行为的一系列基本准则和信条。价值观回答了以下问题：什么事至关重要？什么事很重要？我们信奉什么？我们该怎样行动？价值观包括四个方面的内容：核心价值观——长远的，有差异的；目标价值观——想实现什么，但目前没有的；基本价值观——最低标准，公司间无差异；附属价值观——自然而然形成的。

在上述企业文化的五个层次中，我们可以形象地比喻为：

（1）价值观是根。根决定了树的生命力的强弱，价值观决定了企业当前的生存，也决定了企业未来的发展。价值观是企业安身立命的根本，企业的所有行为都是从价值观这个根上发出来的枝丫。

（2）制度是树干和树皮。树干是树这个生命体承上启下的关键部分，下面连接着根，上面支撑着树枝，制度对内直指价值观，对外则生发出组织和个人的全部行为，所以，没有完备良好的制度支撑，价值观就像没有粗壮的树干支撑的树冠一样，不会茂密成荫。

（3）行为是枝丫。树干和枝丫连接在一起，就像制度和行为很难分开一样，制度和行为都是价值观的外在反映。

（4）形象是叶子、花和果。企业在形象上如何做文章，做多少文章，对企业的生存没有根本的影响，但对企业的发展有重要影响。完全不注重形象的企业，一如完全没有叶子、花和果的树一样，缺乏生机。

二、组织管理进化

自工业革命以来，发达国家步入以雇员为主的社会阶段，这种社会体系带来的最大好处就是，稳定的结构，有效的分工，以及伴随着流水线的大工业生产带来的高效率和低成本，让早期的工业社会的创造力得到大幅度提升，并创造出巨大的财富。这个时期，组织更关注的是上下级关系、结构稳定性，及服从、约束以及标准的制定，所以，产业工人与职业经理人成为闪亮的角色。

当下，随着个体对知识和信息的把握能力不断增强，以及个体能力借助于技术发挥得更加充分，企业组织雇佣型的管理模式已经无法适应时代发展了。雇佣型管理模式正在让位于合伙制，企业组织管理模式由强制型变为自愿型；成员不再依赖于组织，而是依赖于自己的知识与能力，成员与组织之间的关系，也不再是层级关系，而是合作关系，甚至是平等的网络关系。这些改变，意味着组织与成员雇佣关系已经解除，人们之所以还在一个组织中,是因为组织拥有资源和平台，倘若资源与平台进一步社会化、网络化，个体的自主性就会更加凸显出来。

企业组织管理进化"5T"模型，如图7-15所示。

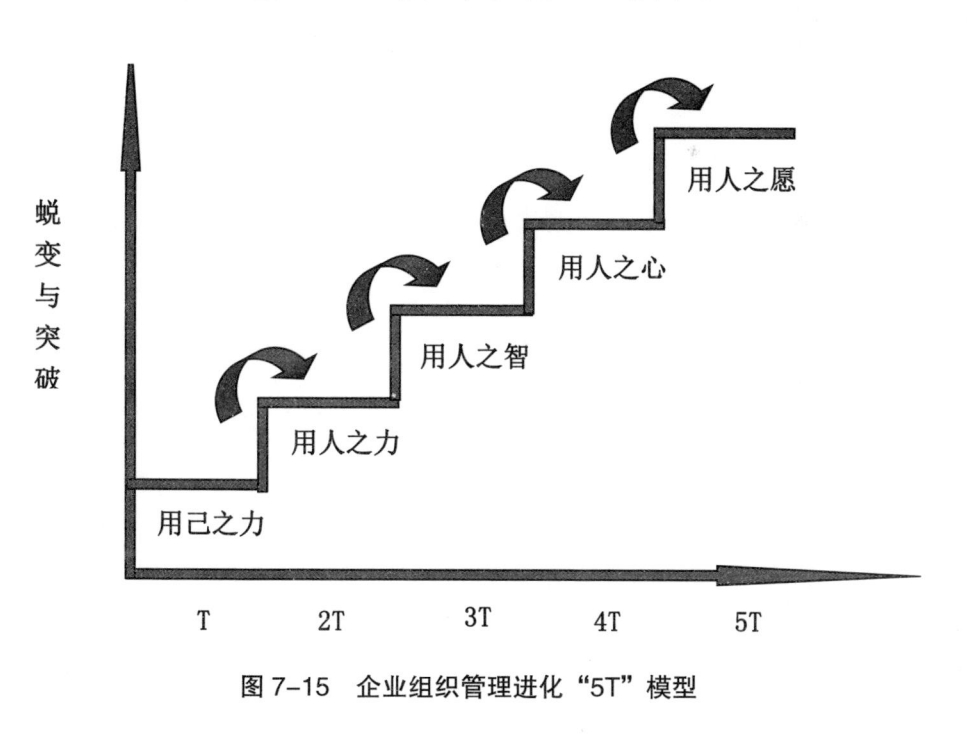

图7-15 企业组织管理进化"5T"模型

1. 用己之力

初创期的公司，时常是夫妻店、父子兵、兄弟队，筚路蓝缕，亲力亲为，里里外外一把手，基本上都是用己之力。

2. 用人之力

随着企业规模的扩大，势必要增加人手，"招兵买马"是必然的过程，特别在工业化的早期，人依附于机器，员工只是社会大机器的一颗螺丝钉。这时盛行的是泰罗的科学管理，对每一项工作进行定量考核，然后分解量化，形成计件工资或者计时工资，这时候的管理基础就是用人之力。

3. 用人之智

"下者用己之力，中者用人之力，上者用人之智"，优秀的企业，必定有一个集众人之长之智的团队。一个企业的成功，绝不是领导一个人或者几个人的成功，而是公司整个团队的成功。为此，需要打造良好的团队，使团队的自主性、思考性、协作性相互支撑。

（1）自主性。形成团队的第一个前提是员工要有自主性，主动汇报、主动沟通、主动关心（公司的事就是自己的事）。

（2）思考性。要善于思考并解决问题。对于公司来讲，就是要经常发现并解决公司存在的问题；对公司员工来讲，就是要经常思考自己所负责的工作并进行改善。不断地进步与完善，定期地反省和检讨，日积月累，公司便进入发展的快车道。

（3）协作性。员工不但要自主做事，开动脑筋做事，还要善于与周围的人合作。没有协作，就没有团队；一名员工缺乏团队精神，就很难在团队中发挥作用。

4. 用人之心

对领导者来说，管理的核心就是知人知面又知心，就如同曾国藩所讲的，"宁可不识字，不可不识人"。在企业管理中，识人选人是第一位的。美国知名心理学家乔艾琳·狄米曲斯在他的《读人》一书中开篇写道："我个人的经验告诉我，读人既不是科学，也不算天分。它侧重的是，知道该去看些什么，听些什么，具有好奇心及耐心去收集重要的资讯，并且从一个人的外貌、肢体语言、声音和行为上归纳出他的模式。"领导用人，要懂得识别人心。在此基础上，要形成良好的团队激励。现代社会，人是一种重要的资源，但如何使这种资源的潜能最大限度地被开发出来，其中激励的作用非常重要。团队要实现高绩效，激励必不可少。激励的方式包括物质激励、精神激励、事物激励、言语激励、人性化激励、公开表扬、上下级相互激励等。

5. 用人之愿

泰戈尔说过，"天空没有留下鸟的痕迹，但我已飞过。我看着摇曳的树枝，想念万物的伟大。让我设想，在群星之中，有一颗星是指导着我的生命通过不可知的黑暗的"。那么在企业，这颗星就是我们企业的愿景。愿景是企业在大海中远航的灯塔，只有清晰地描述企业的愿景，公司员工、合作伙伴才能对企业有更为清晰的认识，才有可能形成凝聚力。成功的企业，不是利益的共同体，而是愿景与价值的共同体。德鲁克认为，企业要考虑的三个问题是：我们的企业是什么？我们的企业将是什么？我们的企业该是什么？这三个问题集中描绘了企业的愿景。

三、决策体系进化

企业决策体系进化"5T"模型，如图7-16所示。

蜕变与突破

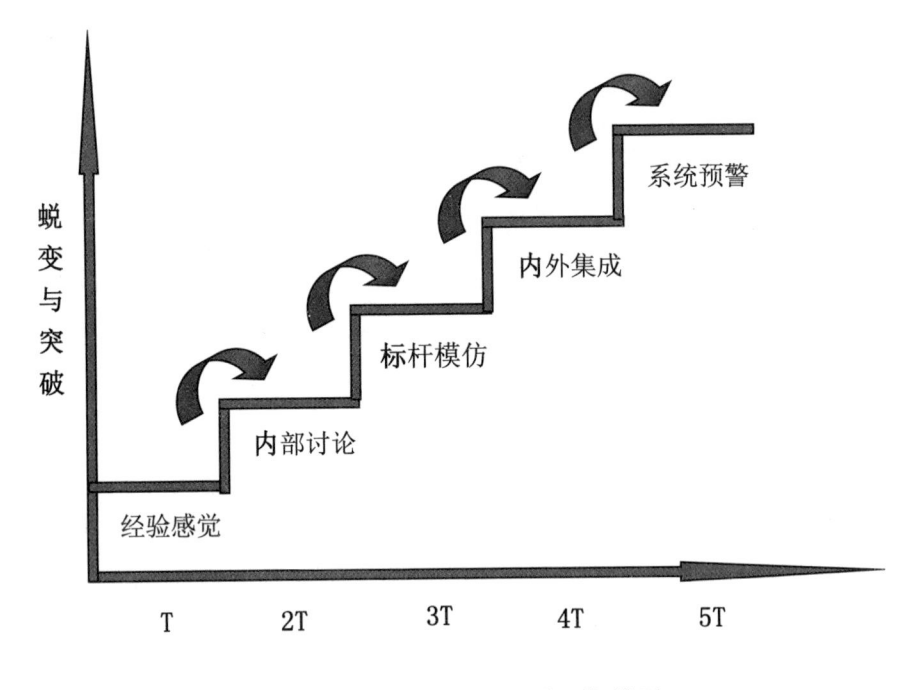

经验感觉　内部讨论　标杆模仿　内外集成　系统预警

T　2T　3T　4T　5T

图 7-16　企业决策体系进化"5T"模型

1. 经验感觉

当下，经验是最不可靠的，独辟蹊径是每一家企业的必由之路。我们曾经的成功，形成的路径依赖，在复制成功的惯性中都几乎"翻船"了。在产品经营领域，一些企业也许对此有所警觉，不再单纯地依赖经验，已形成针对产品开发的调研、论证与分析机制。但是，在关乎企业重大命运的资本领域，绝大多数企业至今仍然是靠经验、凭运气的决策模式，今天上演的债务危机、资金链断裂、财务黑洞、控股权告急等无一例外都是因重大决策失误造成的。方向对了，不怕路远；方向错了，咫尺天涯。一些中小企业家应该醒悟了。

2. 内部讨论

许多已经达到一定规模的企业，也都有一套自己的决策机制，一些重大决策都要经过调研、讨论才能做出，但是参与人员基本上都局限于企业内部。对于绝大多数民营企业来说，创业者仍然是主要的决策人，创业者的威信与决策惯性使得决策的过程只是领导的"一言堂"，决策的流程流于形式。企业在高速飞奔中，已经是危机四伏，但是无人敢拉响警报，最终是企业积重难返，回头无岸。群策群力，集思广益，但一定不能局限于公司内部成员，它一定是公司内外融合的"群策与集思"。

3. 标杆模仿

一些中小企业，要么抱残守缺、墨守成规，要么求成心切，采取拿来主义，向标杆学习、取经，或者直接套用所谓的成功经验，结果是囫囵吞枣，消化不良。所以，管理是一个学习——吸收——消化——提升的过程。

案例

宝塔集团是西北最大的民营炼化企业，也是国内少有的获得国家发改委、商务部审批的原油进口配额资质、原油进口使用资质、国际原油贸易资质、成品油批发资质、燃料油进口资质"五证齐全"的民营石化集团。在2018中国企业500强排行榜上，宝塔集团以524.78亿元的营业收入位列第306位。在宝塔财务公司成立之后，董事长说过这样一段话："没想到，财务公司磁场效应这么强大，成立短短一个月，我们与同业银行的授信额迅速增加，过去求爷爷告奶奶，拿资产这里抵押一点，那里抵押一点，成本高、速度慢，而且融资有限。过去我们对资本缺乏认识，此次新成立的财务公司唤醒'梦中人'，在资本杠杆撬动下，宝塔石化将大有可为，过去被资金卡脖子的历史结束了。"然而，与这番志得意满的讲话形成鲜明对比的是，宝塔石化的债务在财务公司成立之后急剧扩大，最后成了压垮它的致命稻草。

为什么在财务公司成立仅仅一年有余就出现这种情况？就是因为财务公司一成立，就马上向行业标杆海航等取经、学习，直接套用海航的体制，殊不知，这是东施效颦，结果适得其反，最后引火烧身，悔之莫及。

4. 内外集成

开放式决策，毋庸置疑，已经是题中之义。当下的企业之间的竞争已经由企业个体与个体的竞争，变为平台与平台、系统与系统、产业链与产业链、生态圈与生态圈之间的竞争，核心点不再是我能生产什么，而是市场的空隙何在，我们能否快速切入进去。如果决策体系中离开了外部信息、专家、支持力量，无异于盲人摸象。世界是我的专家库，每一位专家，不求所有，但求所用。但是，如何为我所用？如何形成合力？这里强调的是，用方法管结果，用流程管结果，通过制定一套科学的决策方法、流程，来保证结果的合理、科学，以此提高企业的决策水平。

5. 系统预警

"运筹帷幄之中，决胜千里之外"，是我们决策的追求，但是它的前提是认清自己，也认清对方。正如《孙子兵法·谋攻篇》中所说，"知己知彼，百战不殆；不知彼而知己，一胜一负；不知彼，不知己，每战必殆"。即使如老子所讲的圣人，也要"不行而知，不见而明，不为而成"。圣人之所以有如此深刻的洞察力，就在于它是建立在对事物深刻把握的基础上。特别是在当下，不但要把握静态事物，更要把握动态的事物，企业决策的预警、分析系统尤为重要。企业如何建立自己的"烽火台""消息树"，并使信息能够高效、准确地传递，将是每一家企业的必修课。

四、领导力进化

企业领导力进化"5T"模型,如图7-17所示。

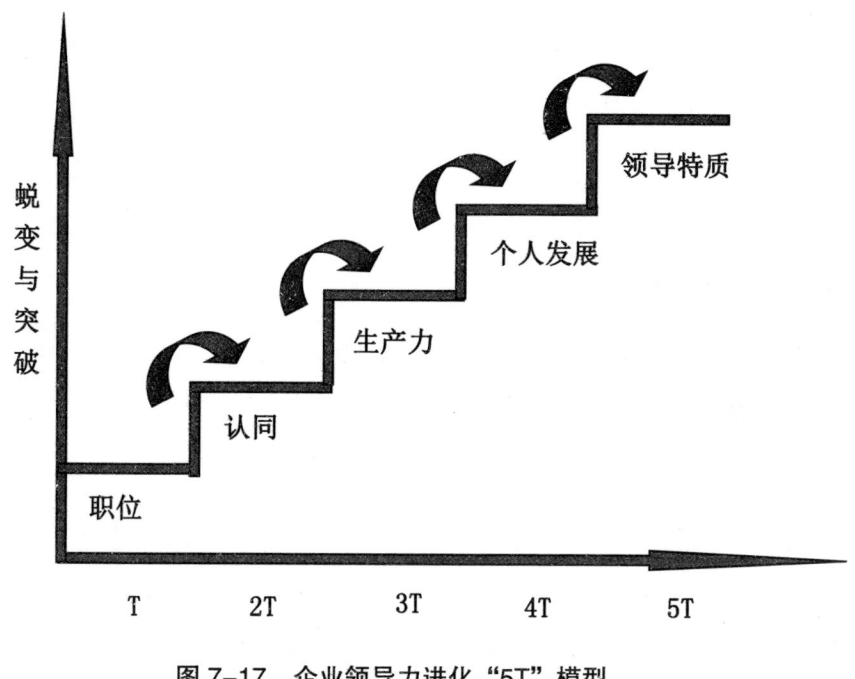

图7-17 企业领导力进化"5T"模型

1. 职位

职位是领导力中的"入门层次"。职位型领导者仅有的影响力来源于他的职位头衔,即使员工服从他,那也往往是因为他们不得不服从。领导者所拥有的职位和头衔衍生出职位权力。此层次的领导者可以是老板,但难以称得上是企业领导,在此理念下,他们拥有的是唯命是从的下属,而非和衷共济的团队。此类领导者,主要依靠各种规章制度、组织条款来管控员工,这样做的直接后果就是员工只会在领导者权威所及范围内服从他们,以完成"分内事"为己任,而领导者于权力范围之外,则很难要求员工付出额外的时间或精力。该类型的领导方式,对年轻员工、高素质员工往往管理难度较大,因为此类员工有强烈的独立倾向，仅仅依靠职务难以对他们施加充分的领导力。

2. 认同

领导力的第二个层次的认同完全是出于人际关系的把握。在这个领导力层面上，人们追随你是因为他们愿意听你的，当你喜欢这些人，会看到他们是血有肉的个体，你就开始影响他们。在此过程中，信任得以建立，工作环境会变得积极向上。处于此层次的领导者，其着眼点已非维持自己的职位，而在于如何去了解身边的人，并努力去探寻和他们的相处之道。领导者和追随者彼此了解，推心置腹，建立起牢固持久的友好关系。如果不能真正关爱他人，你就很难领导好他们，爱人者人恒爱之，方能领导人。

3. 生产力

进入"认同"这一层次的领导者面临的最大危险往往是故步自封，然而，真正优秀的领导者并非只是营造一个舒适的工作环境，他们会把任务更好地完成，把工作做好。这就是为什么领导者要迈向第三层次——生产力。这一领导力层次是基于成果导向，领导者基于达成的成果获得影响力和公信力。当领导力迈向第三层次时，很多有益方面逐渐显现，工作突飞猛进，斗志奋发昂扬，营业利润增长，员工流失减少，目标得以实现，也是在此层次上，领导效果得以充分发挥出来。领导者在此层次上，已经成为变革的代言人，能够勇敢面对并及时解决棘手难题，做出艰难抉择，挽回困局，最终将追随者引领至新的境界。

4. 个人发展

领导者之所以优于普通员工，不在于他们所拥有的权力，而在于他们善于授权的能力。这正是此层阶上的领导者所做的。他们充分运用自身的职务权力、人际关系、生产能力投资于他们的追随者，着力培养他们，直到他们真正成为新的领导者，这就是古人所言"己所立而立人，己所达而达人",这样的结果就是"复制",关注个人发展层面的领导者实际上就是不断地复制他们自己。生产创造或许能够赢得竞争,但是,关注个人发展能够赢得事业发展。处于此层面的领导者,实际上改变了追随者的人生,人们之所以追随他们,也是因为领导者为他们的付出。这种条件下结成的人际关系往往能延续终身,牢不可破。

5. 领导特质

领导力的最高境界,也是最难的层次,就是领导特质。虽然大多数人能够实现从第一层次向第四层次的跨越,但是第五层次显然只是极少数人才能达到的,它需要千锤百炼,需要付出更多的努力。那么,走到第五层次的领导者又在做什么?他们致力于培养实现第四层次的领导者。

在所有的领导力任务中,难度最大的是将领导者培养成能够并愿意去培养其他领导者的人。最高层次的领导者能够创造出其他领导者所不能创造的机遇,他们以实际行动传承精神遗产,人们追随他们是因为他们的领导特质及他们所代表的精神。换言之,他们的领导力为他们赢得了好口碑和高声誉。因此,具备领导特质的领导者往往能超越自己的职位、所处的组织,乃至所处的行业,登峰论剑,舍我其谁。

第八章 主要交易所上市要求及CDR、科创板与注册制简析

问题

中资企业奔赴中国香港上市的主要方式有哪些？不同上市模式的优缺点有哪些？在中国香港上市究竟有哪些优劣势？

问题：

1. A股IPO发行条件规则体系是怎么组成的？A股上市的具体条件是什么？

2. A股IPO发行的核心程序有哪些？各程序所需时间大致有多长？

3. 中国香港主板、创业板IPO上市核心条件是什么？哪些企业适合在香港上市？

4. 中资企业奔赴中国香港上市的主要方式有哪些？不同上市模式的优缺点有哪些？香港上市究竟有哪些优劣势？

5. 美国IPO上市主要板块及核心条件有哪些？美国上市的核心优劣势有哪些？

6. 英国IPO上市主要板块及核心条件有哪些？英国上市的核心优劣势有哪些？

7. 澳大利亚IPO上市主要板块及核心条件是什么？澳大利亚上市的核心优劣势有哪些？中国香港、美国、英国、澳大利亚四地主要上市参数对比有哪些？

8. 中国存托凭证（CDR）的投资模式有哪些，其重大意义？

9. 科创板的重大意义？注册制对中国股市的重大意义？

10. 美国、中国香港注册制有何借鉴意义？

第一节 A股IPO发行条件体系

一、A股IPO发行条件规则体系

（一）A股IPO的发行规则

A股IPO的发行规则，由三个层次组成。

第一个层次是法律。《中华人民共和国证券法》（以下简称《证券法》）第十三条第一款规定了公司公开发行新股应当符合的四个条件，包括：①具备健全且运行良好的组织机构；②具有持续盈利能力，财务状况良好；③最近三年财务会计文件无虚假记载，无其他重大违法行为；④经国务院批准的国务院证券监督管理机构规定的其他条件。

第二个层次是中国证监会的行政规章。中国证监会根据《证券法》的规定颁布了《首次公开发行股票并上市管理办法》（以下简称《首发办法》）和《首次公开发行股票并在创业板上市管理办法》（以下简称《创业板首发办法》），对"其他条件"做了明确规定。在主板、中小板上市的企业须满足《首发办法》的相关规定；在创业板上市的企业须满足《创业板首发办法》的相关规定。

此外，中国证监会2015年开始强调以信息披露为中心的审核工作要求，将部分原来在《首发办法》和《创业板首发办法》中规定的发行条件改为披露性要求，体现在招股书准则中，即《公开发行证券的公司信息披露内容与格式准则第1号——招股说明书（2015年修订）》和《公开发行证券的公司信息披露内容与格式准则第28号——创业板公司招股说明书（2015年修订）》。

第三个层次是交易所的上市条件。体现在《上海证券交易所股票上市规则（2014年修订）》《深圳证券交易所股票上市规则（2014年修订）》和《深圳证券交易所创业板股票上市规则（2014年修订）》中，分别适用于申请在上海证券交易所（以下简称"上交所"）主板、深圳证券交易所（以下简称"深交所"）中小企业板、深交所创业板上市的企业。

名义上，我国实行股票发行与上市分离的制度，发行人完成首次股票公开发行后，向交易所提交上市申请和相应申请文件，证券交易所审查通过后，可安排公司发行的股票在证券交易所上市交易。但实际上，我国A股的股票发行与上市是一体联动的。上市的前提是要取得证监会核准，核准后一定会安排上市。因此，要具备发行条件就必须具备上市条件。

（二）申请股票在上交所主板和深交所中小板上市应符合的条件

（1）股票经中国证监会核准已公开发行。

（2）公司股本总额不少于人民币5000万元。

（3）公开发行的股份达到公司股份总数的25%以上；公司股本总额超过人民币4亿元的，公开发行股份的比例为10%以上。

（4）公司最近3年无重大违法行为，财务会计报告无虚假记载。

（5）证券交易所要求的其他条件。

（三）申请在深交所创业板上市需符合的条件

（1）股票经中国证监会核准已公开发行。

（2）公司股本总额不少于3000万元。

（3）公开发行的股份达到公司股份总数的25%以上；公司股本总额超过人民币4亿元的，公开发行股份的比例为10%以上。

（4）公司股东人数不少于200人。

（5）公司最近3年无重大违法行为，财务会计报告无虚假记载。

（6）深交所要求的其他条件。

此外，中国证监会及其发行监管部也通过一些规范性文件对涉及发行条件的相关问题进行解释与说明，例如《证券期货法律适用意见第1号》（《首次公开发行股票并上市管理办法》第十二条"实际控制人没有发生变更"的理解和适用）、《证券期货法律适用意见第3号》（《首次公开发行股票并上市管理办法》第十二条"发行人最近3年内主营业务没有发生重大变化的适用意见"）等。

二、A股IPO发行条件梳理

根据A股IPO发行条件体系，对发行条件梳理如下，主要包括主体条件、财务与内控条件、公司治理与规范运作条件三个方面。

（一）主体条件

A股IPO发行主体条件，如表8-1所示。

表8-1 A股IPO发行主体条件

	条件	主板、中小板	创业板
1	主体资格	依法设立且合法存续的股份有限公司	
2	经营年限	持续经营3年以上，但经国务院批准的除外	持续经营3年以上
		有限责任公司按原账面净资产值折股整体变更为股份有限公司的，持续经营时间可以从有限责任公司成立之日起计算	
3	出资	发行人的注册资本已足额缴纳，发起人或者股东用作出资的资产的财产权转移手续已办理完毕，发行人的主要资产不存在重大权属纠纷	
4	股权	股权清晰，控股股东和受控股股东、实际控制人支配的股东持有的发行人股份不存在重大权属纠纷	

续表

	条件	主板、中小板	创业板
5	持续经营要求	最近3年内主营业务和董事、高级管理人员没有发生重大变化，实际控制人没有发生变更	最近2年内主营业务和董事、高级管理人员均没有发生重大变化，实际控制人没有发生变更
6	主营业务	最近3年主营业务没有发生重大变化	最近2年主营业务没有发生重大变化，主要经营一种业务
		生产经营活动符合法律、行政法规和公司章程的规定，符合国家产业政策及环境保护政策	
7	股本要求	发行前股本总额不少于人民币3000万元（上市条件要求发行后股本总额不少于人民币5000万元）	发行后股本总额不少于人民币3000万元

（二）财务与内控条件

A股IPO发行财务与内控条件，如表8-2所示。

表8-2　A股IPO发行财务与内控条件

	条件	主板、中小板	创业板
1	财务状况	发行人资产质量良好，资产负债结构合理，盈利能力较强，现金流量正常	
2	盈利能力	最近3个会计年度净利润均为正数且累计超过人民币3000万元，净利润以扣除非经常性损益前后较低者为计算依据 最近3个会计年度经营活动产生的现金流量净额累计超过人民币5000万元，或者最近3个会计年度营业收入累计超过人民币3亿元	标准一：最近两年连续盈利，最近两年净利润累计不少于人民币1000万元 标准二：最近一年盈利，最近一年营业收入不少于人民币5000万元。净利润以扣除非经常性损益前后较低者为计算依据

续表

	条件	主板、中小板	创业板
3	资产要求	最近一期末无形资产（扣除土地使用权、水面养殖权和采矿权等后）占净资产的比例不高于20% 最近一期末不存在未弥补亏损	最近一期末净资产不少于人民币2000万元，且不存在未弥补亏损
4	内部控制	发行人的内部控制制度健全且被有效执行，能够合理保证财务报告的可靠性、生产经营的合法性、营运的效率与效果。发行人的内部控制在所有重大方面是有效的，并由注册会计师出具了无保留结论的内部控制鉴证报告 公司章程中已明确对外担保的审批权限和审议程序，不存在为控股股东、实际控制人及其控制的其他企业进行违规担保的情形 有严格的资金管理制度，不得有资金被控股股东、实际控制人及其控制的其他企业以借款、代偿债务、代垫款项或者其他方式占用的情形	发行人内部控制制度健全且被有效执行，能够合理保证公司运行效率、合法合规和财务报告的可靠性，并由注册会计师出具无保留结论的内部控制鉴证报告
5	或有事项	发行人不存在重大偿债风险，不存在影响持续经营的担保、诉讼以及仲裁等重大或有事项	
6	持续盈利能力	发行人不得有下列影响持续盈利能力的情形：（一）发行人的经营模式、产品或服务的品种结构已经或者将发生重大变化，并对发行人的持续盈利能力构成重大不利影响；（二）发行人的行业地位或发行人所处行业的经营环境已经或者将发生重大变化，并对发行人的持续盈利能力构成重大不利影响；（三）发行人最近1个会计年度的营业收入或净利润对关联方或者存在重大不确定性的客户存在重大依赖；（四）发行人最近1个会计年度的净利润主要来自合并财务报表范围以外的投资收益；（五）发行人在用的商标、专利、专有技术以及特许经营权等重要资产或技术的取得或者使用存在重大不利变化的风险；	保荐人及其保荐代表人应当对发行人是否具备持续盈利能力、是否符合法定发行条件做出专业判断 发行人应当在招股说明书中分析并完整披露对其持续盈利能力产生重大不利影响的所有因素，充分揭示相关风险，并披露保荐人对发行人是否具备持续盈利能力的核查结论意见

续表

条件		主板、中小板	创业板
		（六）其他可能对发行人持续盈利能力构成重大不利影响的情形	
7	募集资金运用	募集资金原则上应用于主营业务	募集资金应当围绕主营业务进行投资安排

（三）公司治理与规范运行条件

A 股 IPO 公司与规范运行事件，如表 8-3 所示。

表 8-3　A 股 IPO 公司与规范运行条件

	条件	主板、中小板	创业板
1	公司治理结构	依法建立健全股东大会、董事会、监事会、独立董事、董事会秘书制度，相关机构和人员能够依法履行职责	具有完善的公司治理结构，依法建立健全股东大会、董事会、监事会以及独立董事、董事会秘书、审计委员会制度，相关机构和人员能够依法履行职责 发行人应当建立健全股东投票计票制度，建立发行人与股东之间的多元化纠纷解决机制，切实保障投资者依法行使收益权、知情权、参与权、监督权、求偿权等股东权利

续表

	条件	主板、中小板	创业板
2	董事、监事和高级管理人员	董事、监事和高级管理人员已经了解与股票发行上市有关的法律法规，知悉上市公司及其董事、监事和高级管理人员的法定义务和责任，符合法律、行政法规和规章规定的任职资格，且不得有下列情形：（一）被中国证监会采取证券市场禁入措施尚在禁入期的；（二）最近36个月内受到中国证监会行政处罚，或者最近12个月内受到证券交易所公开谴责；（三）因涉嫌犯罪被司法机关立案侦查或者涉嫌违法违	董事、监事和高级管理人员应当忠实、勤勉，具备法律、行政法规和规章规定的资格，且不存在下列情形：（一）被中国证监会采取证券市场禁入措施尚在禁入期的；（二）最近3年内受到中国证监会行政处
2	董事、监事和高级管理人员	规被中国证监会立案调查，尚未有明确结论意见的	罚，或者最近1年内受到证券交易所公开谴责的；（三）因涉嫌犯罪被司法机关立案侦查或者涉嫌违法违规被中国证监会立案调查，尚未有明确结论意见的
3	对行为规范的要求	发行人不得有下列情形：（一）最近36个月内未经法定机关核准，擅自公开或者变相公开发行过证券；或者有关违法行为虽然发生在36个月前，但目前仍处于持续状态。（二）最近36个月内违反工商、税收、土地、环保、海关以及其他法律、行政法规，受到行政处罚，且情节严重。（三）最近36个月内曾向中国证监会提出发行申请，但报送的发行申请文件有虚假记载、误导性陈述或重大遗漏；或者不符合发行条件以欺骗手段骗取发行核准；或者以不正当手段干扰中国证监会及其发行审核委员会审核工作；或者伪造、变造发行人或其董事、监事、高级管理人员的签字、盖章。（四）本次报送的发行申请文件有虚假记载、误导性陈述或者重大遗漏。（五）涉嫌犯罪被司法机关立案侦查，	发行人及其控股股东、实际控制人最近3年内不存在损害投资者合法权益和社会公共利益的重大违法行为 发行人及其控股股东、实际控制人最近3年内不存在未经法定机关核准，擅自公开或者变相公开发行证券，或者有关违法行为虽然发生在3年前，但目前仍处于持续状态的情形

续表

	条件	主板、中小板	创业板
3	对行为规范的要求	尚未有明确结论意见。（六）严重损害投资者合法权益和社会公共利益的其他情形	
4	税收	发行人依法纳税，各项税收优惠符合相关法律法规的规定。发行人的经营成果对税收优惠不存在严重依赖	—
5	独立性	发行人应当在招股说明书中披露已达到发行监管对公司独立性的基本要求 发行人应披露已达到发行监管对公司独立性的下列基本要求：（一）资产完整方面，生产型企业具备与生产经营有关的主要生产系统、辅助生产系统和配套设施，合法拥有与生产经营有关的主要土地、厂房、机器设备以及商标、专利、非专利技术的所有权或者使用权，具有独立的原料采购和产品销售系统，非生产型企业具备与经营有关的业务体系及主要相关资产；（二）人员独立方面，发行人的总经理、副总经理、财务负责人和董事会秘书等高级管理人员不在控股股东、实际控制人及其控制的其他企业中担任除董事、监事以外的其他职务，不在控股股东、实际控制人及其控制的其他企业领薪，发行人的财务人员不在控股股东、实际控制人及其控制的其他企业中兼职；（三）财务独立方面，发行人已建立独立的财务核算体系，能够独立做出财务决策，具有规范的财务会计制度和对分公司、子公司的财务管理制度，发行人未与控股股东、实际控制人及其控制的其他企业共用银行账户；（四）机构独立方面，发行人已建立健全内部经营管理机构，独立行使经营管理职权，与控股股东和实际控制人及其控制的其他企业间不存在机构混同的情形；（五）业务独立	—

续表

	条件	主板、中小板	创业板
	独立性	方面,发行人的业务独立于控股股东、实际控制人及其控制的其他企业,与控股股东、实际控制人及其控制的其他企业间不存在同业竞争或者显失公平的关联交易 发行人应披露是否存在与控股股东、实际控制人及其控制的其他企业从事相同或相似业务的情况。对存在相同或相似业务的,发行人应对是否存在同业竞争做出合理解释	—
6	信息披露	发行人申报文件中不得有下列情形:(一)故意遗漏或虚构交易、事项或者其他重要信息;(二)滥用会计政策或者会计估计;(三)操纵、伪造或篡改编制财务报表所依据的会计记录或者相关凭证	—

(四)量化发行条件简表

在上文梳理发行条件的基础上,最被关注的主板、中小板及创业板上市量化发行条件,如表8-4所示。

表8-4 主板、中小板及创业板上市量化条件

项目	主板、中小板	创业板	
		标准一	标准二
净利润	最近3年连续盈利且净利润累计超过人民币3000万元(净利润以扣除非经常性损益前后较低者为计算依据)	最近两年连续盈利且净利润累计不少于人民币1000万元(净利润以扣除非经常性损益前后较低者为计算依据)	最近1年盈利

续表

项目	主板、中小板	创业板
营业收入或现金流	最近3年经营活动产生的现金流量净额累计超过人民币5000万元，或者最近3年营业收入累计超过人民币3亿元	最近1年营业收入不少于人民币5000万元
发行后股本	不低于5000万股	不低于3000万股
发行前净资产或股本	发行前股本总额不少于3000万股，最近一期末无形资产占净资产比例不高于20% 最近一期不存在未弥补亏损	最近一期末净资产不少于人民币2000万元

三、A股上市简要程序

企业上市，大致需要经历五个程序。

1. 改制与设立股份公司

上市前，部分拟上市企业以有限责任公司的形式经营，为了符合上市对主体资格的要求，企业需要将组织形式改为股份有限公司。

2. 尽职调查与辅导

尽职调查是中介机构对拟上市企业，从业务、财务和法律三个方面进行调查的过程，目的是评估企业是否达到上市条件，并对照条件进行整改。然后通过上市辅导，帮助企业满足发行审核的监管要求。

3. 申请文件的制作与申报

在确定各项指标达到上市要求后，企业和中介机构要按照证监会的要求，制作各种申请文件。

保荐机构审核通过后，向证监会尽职推荐。符合申报条件的，证监会将在5个工作日内受理文件。

4. 申请文件的审核

关键的审核过程通常需要 3~9 个月。

富士康 20 个工作日的纪录，就是在申报、审核这个阶段创下的。

5. 发行与上市

如果能够通过包括持续盈利能力、关联交易、财务问题、合规问题、项目合理性、客户信赖问题等在内的全面审查，就可以开始定价、申购等流程，等待最终的上市了。

第二节　中资企业在中国香港与境外上市
——主要上市交易所对比

中资企业在中国香港与境外上市主要集中在中国香港、美国、澳大利亚、英国，根据相关统计数据，上述四地中资企业的上市企业家数占所有中资企业在中国香港与境外上市总数的 90% 以上，其中仅中国香港一地就占有 70% 左右。虽然此四地法律体系不同，但在具体上市条件、市场行业倾向性及上市监管机制等方面仍有相当大的差异。

一、中国香港

中国香港在亚洲乃至世界都有很高的金融地位。优越的地理位置，高度的国际化，以及与内地的特殊地缘文化关系，使其成为中资企业接受度最高的资本市场。在中国香港上市的时间可控性高，融资额大，上市后再融资非常便利，可使用的融资手段众多，包括配售、供股、可转债、认股证、高息债、杠杆融资等。在中国香港资本市场，上市公司的再融资规模往往都超过了其首次公开发行的融资额。

中国香港市场的上市企业行业综合性强，传统行业较多，在内地难以上市的房地产、餐饮连锁及准金融类企业（城商行、小贷公司等）都选择了在中国香港上市，相比之下，高科技和新兴行业占比较低，港交所目前正力图通过改革吸引更多高科技和新兴行业的公司到中国香港上市。

2018年，港交所进行重大改革，核心内容如下：

第一，接受同股不同权企业上市。对不同股权架构（同股不同权）的发行人，相关拟上市公司上市最低预期市值需要达到400亿港元，如果市值少于400亿港元，则需要在最近一个财政年度收入不低于10亿港元。

第二，对于无收入的生物科技公司，港交所新增规定，拟上市公司预期市值不少于15亿港元，且要符合多项要求，包括从事核心产品研发至少12个月，至少有一项核心产品已经通过概念阶段进入第二期或第三期临床试验，等等。

第三，不同投票权只可以给予上市公司在上市时或者上市后的董事。此外，不同投票权不可超过普通股投票权的10倍。

第四，针对将中国香港作为第二上市地的创新产业公司，包括在纽交所、纳斯达克以及伦交所等地上市，需在最近至少两个财年有良好的合规记录，在香港作为第二上市地时，预期市值最低100亿港元。

（一）香港证券市场

香港证券市场主要上市条件，如表8-5所示。

表8-5 香港证券市场主要上市条件

项目	香港主板	香港创业板
市场目的	包括为较大型、基础较佳以及具有盈利记录的公司筹集资金	为有主线业务的增长公司筹集资金,行业类别及公司规模不限
盈利要求	A 盈利、市值测试: (1)三年盈利≥5000万港元且最近一年盈利≥2000万港元,之前两年合计≥3000万港元 (2)预计上市时市值≥5亿港元 B 市值、收入测试: (1)预计上市时市值≥40亿港元 (2)最近一年收入≥5亿港元 C 市值、收入、现金流测试: (1)预计上市时市值≥20亿港元 (2)最近一年收入≥5亿港元 (3)前三年累计现金流≥1亿港元	不设盈利要求
营业记录	具备不少于三个会计年度的营业记录	须显示公司有紧接递交上市申请前24个月的活跃业务记录,如营业额、总资产或上市时市值超过5亿港元,发行人可以申请将"活跃业务记录"减至12个月
有关营业记录规定的弹性处理	联交所只对若干指定类别的公司(如基建公司或天然资源公司)放宽三年业务记录的要求,或在特殊情况下,具有最少两年业务记录的公司也可放宽处理	联交所只接受基建或天然资源公司或在特殊情况下公司的"活跃业务记录"少于两年
主营业务	并无有关具体规定,但实际上,主营业务的盈利必须符合最低盈利的要求	须主要经营一项而非两项或多项不相干的业务,不过,涉及主营业务的周边业务是允许的

续表

项目	香港主板	香港创业板
管理层、拥有权或控制权	至少前三个会计年度的管理层维持不变，至少经审计的最近一个会计年度的拥有权和控制权维持不变	除非在联交所接纳的特殊情况下，否则申请人必须于活跃业务记录期间在基本上相同的管理层及拥有权下运营
最低市值	新申请人预期在上市时市值不低于5亿港元；采用"市值、收入、现金流测试"标准的，上市时市值至少为20亿港元；采用"市值、收入测试"标准的，上市时市值至少为40亿港元	上市时最低市值为1.5亿港元
管理层股东及高持股量股东的最低持股量	无相关规定	在上市时管理层股东及高持股量股东必须符合共持有不少于公司已发行股本的35%
股东人数	于上市时最少有100名股东，而每100万港元的发行额须由不少于三名股东持有	于上市时公众股东至少有100名。如公司只能符合12个月"活跃业务纪录"的要求，于上市时公众股东至少有300名
主要股东的售股限制	上市后6个月内不得售股，其后6个月内仍要维持控股权	控股股东必须接受为期24个月的售股限制期
竞争业务	公司的控股股东（持有公司股份35%或以上者）不能拥有可能与上市公司构成竞争的业务	只要于上市时并持续地做出全面披露，董事、控股股东、主要股东及管理层股东均可进行与申请人有竞争的业务（主要股东则不需要做持续全面披露）
信息披露	一年两度的财务报告	按季披露，中期报和年报中必须列示实际经营业绩与经营目标的比较

（二）H股与红筹股

内地企业在中国香港上市主要有两种模式。

（1）H股。指中国（不包括香港、澳门、台湾地区）的股份公司，直接向香港联合交易所申请发行上市外资股（H股）股票，并在香港联交所上市交易的上市模式。此种上市模式，需要获得中国证监会的批准。

（2）红筹股。指公司注册在开曼、百慕大或英属维尔京群岛等地，适用当地法律和会计制度，但公司主要资产和业务均在我国大陆。红筹股一般有两种模式：一是股权模式，另一种是VIE模式。

（三）中国香港上市的优势与劣势

1.中国香港上市的优势

（1）中国香港优越的地理位置。中国香港和中国内地的深圳接壤，两地只有一线之隔，是海外市场中最接近中国内地的一个，在交通和交流上都有很大的优势。

（2）中国香港与中国内地特殊的关系。中国香港在1997年主权回归祖国，人们的生活习性和社交礼节上都与内地居民差别不大。随着普通话在中国香港的普及，港人和内地居民在语言上的障碍也已经消除。因此，从心理情结来说，中国香港是最能为内地企业接受的市场。

（3）中国香港在亚洲乃至世界的金融地位也是吸引内地企业在其资本市场上市的重要筹码。虽然中国香港的经济经历了1998年的经济危机，但其金融业在亚洲乃至世界都一直扮演着重要角色。中国香港的证券市场是世界十大市场之一。

（4）在中国香港实现上市融资的途径是多样的。在中国香港上市，除了传统的首次公开发行（IPO）之外，还可以采用反向收购（Reverse Merger），俗称"买壳上市"的方式获得上市资金。

2. 中国香港上市的劣势

（1）资本规模方面。与美国相比，中国香港的证券市场规模要小很多，它的股市总市值大约只有美国纽约证券交易所（NYSE）（以下简称"纽交所"）的 1/30，纳斯达克（NASDAQ）的 1/4，股票年成交额也是远远低于纽约证券交易所和纳斯达克。

（2）市盈率方面。中国香港证券市场的市盈率很低，大概只有 13，而在纽约证券交易所，市盈率一般可以达到 20 以上，在 NASDAQ 也有 30 以上。这意味着在中国香港上市，相对美国来说，在其他条件相同的情况下，募集的资金要少很多。

（3）股票年换手率方面。中国香港证券市场的换手率也很低，大约只有 55%，比 NASDAQ 300% 以上的换手率要低得多，同时也比纽约所 70% 以上的换手率要低。这表明在中国香港上市后要进行股份退出相对来说要困难一些。

（四）适合在中国香港上市的企业

对于一些大型的国有或民营企业，不希望排队等待审核在国内上市的，到中国香港的主板上 IPO 是不错的选择。对于中小民营企业来说，虽然可以选择中国香港创业板或者买壳上市，但是这两种方式募集到的资金都是有限的，相比之下，这些企业到美国上市会更有利一些。

二、美国

美国拥有多层次的资本市场（主板、创业板、OTCBB 场外交易、粉红单市场、灰单市场），多种上市标准（NASDAQ 有 3 种标准），能满足各类企业不同的资本运作需要。如果企业质量好，盈利能力强，在美国上市所能融到的资金要远比其他市场多，阿里巴巴纽交所上市（NYSE：BABA）的融资额就高达 250.3 亿美元。

美国股市有较高的换手率和市盈率，大量的游资和风险资金。在行业方面，美国股市更青睐高科技、创新型企业，只要有一个能赚钱的"Idea"（思路）就能融到钱，比如京东在纳斯达克上市（NASDAQ：JD）时仍亏损几十亿元人民币，但由于其盈利模式的特殊性和成长性，仍能融到近18亿美元的宝贵资金。

存在融资便利的同时，中美在地域、文化、法律上的差异，以及中资企业在美国获得的认知度有限、上市费用高昂也是企业选择在美国上市前不得不考虑的因素。由于美国资本市场监管的严苛性（特别是萨班斯法案出台后）和公司估值的差异，曾迫使大批中资企业在美国退市，有些企业退市后选择了重新在国内A股上市，也就是我们常说的红筹回归，比如暴风科技、分众传媒等。通过适时选择上市地，这些企业的估值得到数倍乃至数十倍的提高，实现了资本和实体的高效结合。所以说上市不是目的，是实现企业商业利益最大化的一种有效途径。

（一）美国证券市场

美国资本市场相对比较成熟，纽约股票市值几乎占全世界的1/2。美国公开上市市场包括：纽约证券交易所、纳斯达克全国板股市以及纳斯达克小板股市。美国主要公开上市市场上市条件比较，如表8-6所示。

表8-6 美国主要公开上市市场上市条件比较

项目	纽约股票交易市场（NYSE）	美国股票交易市场（AMEX）	纳斯达克全国板股市（NASDAQ）
市值（总股本乘以股票价格）	1亿美元	3000万美元	N/A（不适用）

续表

项目	纽约股票交易市场（NYSE）	美国股票交易市场（AMEX）	纳斯达克全国板股市（NASDAQ）
财务指标	三选其一：（1）收益标准：公司前三年的税前利润必须达到1亿美元，且最近两年的利润分别不低于2500万美元；（2）市值及现金流标准：市值5亿美元，最近1个会计年度收入至少1亿美元，最近3年流动资金至少1亿美元；（3）市值及收入标准：市值7.5亿美元，最近1财务年度的收入至少7500万美元	上个会计年度需最低75万美元的税前所得	对非美国公司，财务标准满足下列条件中的一条：（1）不少于1500万美元的净资产额，最近3年中至少有一年税前营业收入不少于100万美元；（2）不少于3000万美元的净资产额，不少于2年的营业记录；（3）股票总市值不低于7500万美元。或者公司总资产、当年总收入不低于7500万美元
最少公众流通股数	250万	100万 或 50万	110万
流通股市值	1亿美元	300万美元	800万美元
申请时最低股票价格	N/A（不适用）	3美元	5美元
公众持股人数每人100股以上	5000人	400人	400人
经营年限	连续3年盈利	2年经营历史	N/A（不适用）

（二）美国证券市场的优势与劣势

1. 美国证券市场的优势

（1）美国证券市场的多层次、多样化可以满足不同企业的融资要求。在美国场外交易市场（OTCBB）柜台挂牌交易对企业没有任何要求和限制，只需要3个券商愿意为这只股票做市即可，企业可以先在OTCBB买壳交易，筹集到第一笔资金，等满足了纳斯达克的上市条件，便可申请升级到纳斯达克上市。

（2）美国证券市场的规模是中国香港、新加坡乃至世界任何一个金融市场所不能比拟的，在美国上市，企业融到的资金无疑要比其他市场要多得多。

（3）美国股市极高的换手率，市盈率，大量的游资和风险资金，股民崇尚冒险的投资意识这些鲜明特点对中国企业来说都具有相当大的吸引力。

2. 美国证券市场的劣势

（1）中美在地域、文化和法律上的差异。很多中国企业不考虑在美国上市的原因是，中美两国在地域、文化、语言以及法律方面存在着巨大的差异，企业在上市过程中会遇到不少这方面的障碍。因此，华尔街对大多数中国企业来说，似乎显得有点遥远和陌生。

（2）企业在美国获得的认知度有限。除非是大型或者是知名的中国企业，一般的中国企业在美国资本市场可以获得的认知度相比在中国香港或者新加坡来说，应该是比较有限的。因此，中国中小企业在美国可能会面临认知度不高、追捧较少的局面。但是，随着"中国概念"在美国证券市场越来越清晰，这种局面近年来逐渐改变。

（3）上市费用相对较高。如果在美国选择IPO上市，费用可能会相对较高，但如果选择买壳上市，费用则会降低不少。

三、英国

对于在境外上市的中资企业而言，中国香港和美国似乎成了首选之地，而作为老牌金融中心的伦敦，却没有得到应有的关注。

在伦敦，仅就证券业务来讲，就有近60家中国公司，还有从事债券、外汇交易、基金等活动的其他中国公司。同时，伦敦是最大离岸人民币外汇交易中心，"沪伦通"也已开通。在中英开启"黄金十年"的大背景下，中英金融界之间有非常好的合作和互利机会。

伦敦证券交易所（以下简称"伦敦证交所"）有雄厚的国际资本和很强的流动性，且对外国公司高度重视，充分国际化，发行人遍布全球115个国家。伦敦证交所对公司治理机制和上市后监管要求严格。在伦敦证交所上市的企业中，石油行业巨头云集，包括美孚、壳牌、中国石化、英国石油等。

伦敦证交所主要上市条件，如表8-7所示。

表8-7 伦敦证交所主要上市条件

项目	主板	另类投资市场（AIM）
市场定位	为大型、成熟公司的融资市场	满足海外初创的、高成长企业的融资需求
业务记录	一般要求3年的经营记录	无交易经营记录要求
最低市值	需要最低市值70万英镑	不设最低市值
重大收购和出售	需要股东提前批准交易	无须股东提前批准交易
最低公众持股	25%	没有规定最低比例

英国AIM市场的全称是英国另类投资市场(Alternative Investment Market，简称AIM)。AIM市场是由伦敦证券交易所在1995年6月成立的，是第一家欧洲的二板市场。它主要为新创建的小企业提供融资服务。挂牌上市的企业可以是高科技企业，也可以是传统的制造行业，或者是第三产业的服务公司，而且AIM市场对公司的资金实力、企业规模、

盈利状况等没有任何要求。

四、澳大利亚

澳大利亚是英联邦国家，它的证券上市规则、交易体系和法规监管与伦敦交易所非常相似，但其上市门槛比伦敦的主板及AIM都低。企业在澳大利亚上市后，经过一两年的发展，再到伦敦的二板甚至主板或中国香港进行二次上市，就会更加简单。由于澳大利亚证券市场是国际主流市场的一部分，能在澳大利亚上市的公司通常被看作是一个符合国际运行惯例的上市公司。

澳大利亚是仅次于美国和卢森堡的全世界基金注册数排第三位的国家，拥有众多的机构投资者，2017年约有2.5万亿美元投资在二级市场，因此可以融资的金额可观。随着中澳之间经贸的大发展，在澳大利亚上市的中资企业数量也在快速地增长。

另外，需要关注的是澳大利亚证交所的REITs市场，其被公认为世界排前列的REITs市场之一。在澳大利亚证券交易所，上市的REITs市场已经存续10年之久。由于REITs市场活跃着大量深谙投资之道的投资者，使其在澳大利亚股票市场的比例占到约5%。在ASX上市的REITs市场是世界上仅次于美国的第二大REITs市场，占全球上市地产公司的近15%。REITs市场对国内和全球市场的重要意义，在于确保了在REITs上市的公司可以吸引市场和投资者的注意。

澳大利亚证券交易所主要上市条件，如表8-8所示。

表8-8 澳大利亚证券交易所主要上市条件

项目	澳大利亚证券交易所（ASX）	澳大利亚国家证券交易所（NSX/SSX）
市场定位	吸引国内及海外优质公司	具有发展潜力的中小型企业

续表

项目	澳大利亚证券交易所（ASX）	澳大利亚国家证券交易所（NSX/SSX）
业务记录	须具备不少于3个财政年度的营业记录	公司需有两年营业记录
盈利要求	在过去3个完整财政年度基于持续运营的累计盈利（税前并不包括非正常收益）必须至少为100万澳元	—
最低市值	在被批准上市时，拟上市公司必须至少持有价值200万澳元的有形净资产（扣除筹集资金所需花费），或者拥有至少1000万的市价总值（根据招股说明书的要约价格来确定）	50万澳元市值总值
主要股东限售	控股股东禁售24个月	控股股东禁售12个月
最低公众持股	至少500名证券持有者，每位所持有证券的价值至少为2000澳元；或者至少400名证券持有者，每位所持有证券的价值至少为2000澳元，并且该拟上市公司被非公司方（即为真正的"公众"持股者）持有的证券少于其总证券的25%	至少50名投资人

第三节　中国存托凭证（CDR）简析

一、中国存托凭证

2018年3月，国务院发布《关于开展创新企业境内发行股票或存托凭证试点的若干意见》（国办发〔2018〕21号），市场传言已久的发行制度改革终于揭开面纱。这是中国资本市场重要的发行制度改革之一。

中国存托凭证（Chinese Depository Receipt，CDR）是指在中国香港及境外上市公司将部分已发行上市的股票托管在当地保管银行，由中国境内的存托银行发行，在境内 A 股市场上市，以人民币交易结算，供国内投资者买卖的投资凭证，从而实现股票的异地买卖。

2018 年 5 月 11 日，证监会发布了《关于存托凭证发行及交易管理征求意见稿》，并开始向社会征求相关建议。之后，证监会接连公布了《存托凭证发行与交易管理办法（试行）》等 9 份规章及规范性文件。此次证监会连发九份规范性文件，意味着我国 CDR 发行模式、管理模式、交易模式都有了明确的制度规范，在中国推行 CDR 过程中有着里程碑的意义。

2018 年 6 月 9 日，CDR 基金正式对社会配售，计划募集 3000 亿元的资金。这一举动在社会上引起了轩然大波，大家对 CDR 基金的评价褒贬不一。CDR 基金投资将要在国内上市的 CDR，锁定期三年。虽然锁定期比较长，但是它确实是 CDR 投资的先行者，应该给予高度关注。

从 CDR 的功能来看，境外上市企业在境内发行 CDR，变相促进了中资概念股回归 A 股，能够进一步增强中国资本市场与全球资本市场的联动，这是对市场的利好。CDR 试点企业标准，如表 8-9 所示。

表 8-9　CDR 试点企业标准

项目	标准
定位	符合国家战略，具有核心竞争力，市场认可度高
行业	互联网、大数据、云计算、人工智能、软件和集成电路、高端装备制造、生物医药
规模	已在境外上市的大型红筹企业，市值不低于 2000 亿元人民币
	尚未在境外上市的创新企业，最近一年营业收入不低于 30 亿元人民币且估值不低于 200 亿元人民币，或营业收入快速增长，拥有自主研发、国际领先技术，在同行业竞争中处于相对优势地位

续表

项目	标准
评判维度	商业模式、发展战略、研发投入、新产品产出、创新能力、技术壁垒、团队竞争力、行业地位、社会影响、行业发展趋势、企业成长性、预估市值

二、发行 CDR 对于资本市场的重要经济意义

发行 CDR 对于资本市场的重要经济意义，有以下几个方面：

（1）发行 CDR 有助于帮助"独角兽"回归 A 股，完善我国资本市场的融资体制。

目前，人工智能、"互联网+"、大数据等高科技发展受到高度重视。在资本市场初期，受限于我国的融资体制，制度不完善，一大批创新企业远赴境外上市，而后成长为优秀的互联网巨头公司。此次发行 CDR，可以给那些曾经在海外上市的"独角兽"企业一个回归我国资本市场的途径。现在"独角兽"企业是世界各个国家争夺的重点，它们是新经济的代表，是优秀科技创新公司，目前至少有 5000 亿美元的市场。发行 CDR 不仅能完善我国的资本市场体制，还会为中国经济带来巨大增长潜力。

（2）发行 CDR 有助于注册制改革的推进。

我国资本市场成立至今，我国的证券股票的发行监管制度从地方审批制开始，经历了额度管理制、指标管理制、通道制，到现在的保荐制，越来越成熟健康。但随着新经济的兴起，新业态、新技术的发展，现有的股票发行制度已经不能适应企业融资的需求和目前我国的经济发展形势，实行上市注册制是大势所趋。注册制最大的特点就是市场化，让市场对资源配置起决定性作用。管理层加快 CDR 政策落地实际上也是为注册制改革的推出做出的试探和实践，为最终推出注册制提供可以借鉴的经验。

（3）发行 CDR 有助于实现我国资本市场的进一步对外开放。

发行 CDR 可以吸引更多优质的在境外上市的"独角兽"企业来中国资本市场融资，加快我国资本市场的对外开放进程。近年来我国不断加快金融市场对外开放的步伐，推进人民币全球化。放宽金融业对外开放，对于金融机构有正面意义：首先，有助于企业吸收国外的优秀理念，让整个市场变得更专业化；其次，进一步开放金融市场将会让我国的金融机构与国外的金融机构有更多合作、互动的机会，这有助于提高我国金融机构的整体竞争能力、规范化程度和国际化水平，从而增强金融体系服务实体经济的能力。

总体而言，虽然发行 CDR 会面临一定的问题，但是 CDR 的发行带给资本市场的利大于弊，发行 CDR 可以进一步扩宽我国资本市场的融资渠道，可以为我国资本市场的深化改革做出重大贡献，推动我国产业结构转型，加快引进新兴经济，淘汰落后产能，从而实现我国资本市场的可持续健康发展。

第四节　科创板与注册制

一、"科创板"横空出世

早在 2018 年国家领导人表示，将在上海证券交易所设立科创板并试点注册制，支持上海国际金融中心和科技创新中心建设，不断完善资本市场基础制度。

2019 年 3 月 1 日，中国证监会出台《科创板首次公开发行股票注册管理办法（试行）》《公开发行证券的公司信息披露内容与格式准则第 41 号——科创板公司招股说明书》等文件，上海证券交易所出台

《上海证券交易所科创板股票发行上市审核规则》《上海证券交易所科创板股票上市规则》等文件。紧接着，上海证券交易所出台《上海证券交易所科创板企业上市推荐指引》《上海证券交易所科创板股票发行上市审核问答》等文件。

上海证券交易所科创板配套规则文件的完整出台，意味着科创板审核体系基本搭建完毕。科创板规则相较A股其他板块的革新程度，特别在申请科创板上市的门槛与条件方面，受到众多企业家、投资者、证券服务机构等资本市场参与者的高度关注。

二、科创板推荐行业限定

科创板定位于面向科技创新行业。主板、中小板、创业板对于申报上市的企业原则上无行业限制，但根据实践经验，农业、餐饮业、类金融、互联网等行业受到谨慎审核。另外，创业板要求发行人应当主要经营一种业务。

科创板定位于面向科技创新行业，保荐机构推荐企业在科创板上市，应当遵循推荐要求。

（一）推荐原则

推荐原则包括：①坚持面向世界科技前沿，面向经济主战场，面向国家重大需求；②尊重科技创新规律和企业发展规律；③处理好科技创新企业当前现实和科创板建设目标的关系；④处理好优先推荐科创板重点支持的企业与兼顾科创板包容的企业之间的关系。

（二）优先推荐行业

优先推荐行业包括：①符合国家战略、突破关键核心技术、市场认可度高的科技创新企业；②属于新一代信息技术、高端装备、新材料、新能源、节能环保以及生物医药等高新技术产业和战略性新兴产业的科技创新企业；③互联网、大数据、云计算、人工智能和制造业深度融合的科技创新企业；④保荐机构在优先推荐上述企业的同时，可以按照推荐指引的要求，推荐其他具有较强科技创新能力的企业。

（三）重点推荐行业

重点推荐行业包括：①新一代信息技术领域，主要包括半导体和集成电路、电子信息、下一代信息网络、人工智能、大数据、云计算、新兴软件、互联网、物联网和智能硬件等；②高端装备领域，主要包括智能制造、航空航天、先进轨道交通、海洋工程装备及相关技术服务等；③新材料领域，主要包括先进钢铁材料、先进有色金属材料、先进石化化工新材料、先进无机非金属材料、高性能复合材料、前沿新材料及相关技术服务等；④新能源领域，主要包括先进核电、大型风电、高效光电光热、高效储能及相关技术服务等；⑤节能环保领域，主要包括高效节能产品及设备、先进环保技术装备、先进环保产品、资源循环利用、新能源汽车整车、新能源汽车关键零部件、动力电池及相关技术服务等；⑥生物医药领域，主要包括生物制品、高端化学药、高端医疗设备与器械及相关技术服务等；⑦符合科创板定位的其他领域。

（四）不得推荐行业

国家产业政策明确抑制行业的企业，不得推荐危害国家安全、公共安全、生态安全、生产安全、公众健康安全的企业。

三、科创板上市的具体条件、市值、财务指标

（一）科创板上市的具体条件

发行人申请在科创板上市，应当符合的条件：

（1）符合中国证监会规定的发行条件。

（2）发行后股本总额不低于3000万元人民币。

（3）公开发行的股份达到公司股份总数的25%以上；公司股本总额超过4亿元人民币的，公开发行股份的比例为10%以上。

（4）市值及财务指标符合本规则规定的标准。

（5）上交所规定的其他上市条件。

（二）科创板上市的市值

发行人申请在上交所科创板上市，市值及财务指标应当至少符合下列标准中的一项：

（1）预计市值不低于10亿元人民币，最近两年净利润均为正且累计净利润不低于5000万元人民币，或者预计市值不低于10亿元人民币，最近一年净利润为正且营业收入不低于1亿元人民币。

（2）预计市值不低于15亿元人民币，最近一年营业收入不低于2亿元人民币，且最近三年累计研发投入占最近三年累计营业收入的比例不低于15%。

（3）预计市值不低于20亿元人民币，最近一年营业收入不低于3亿元人民币，且最近三年经营活动产生的现金流量净额累计不低于1亿元人民币。

（4）预计市值不低于30亿元人民币，且最近一年营业收入不低于3亿元人民币。

（5）预计市值不低于40亿元人民币，主要业务或产品需经国家有关部门批准，市场空间大，目前已取得阶段性成果。医药行业企业需至少有一项核心产品获准开展二期临床试验，其他符合科创板定位的企业需具备明显的技术优势并满足相应的条件。

所称净利润以扣除非经常性损益前后的较低者为准，所称净利润、营业收入、经营活动产生的现金流量净额均指经审计的数值。

符合《国务院办公厅转发证监会关于开展创新企业境内发行股票

或存托凭证试点若干意见的通知》（国办发〔2018〕21号）相关规定的红筹企业，可以申请发行股票或存托凭证并在科创板上市。

营业收入快速增长，拥有自主研发、国际领先技术，同行业竞争中处于相对优势地位的尚未在境外上市的红筹企业，申请在科创板上市的，市值及财务指标应当至少符合下列标准之一：

（1）预计市值不低于100亿元人民币。

（2）预计市值不低于50亿元人民币，且最近一年营业收入不低于5亿元人民币。

发行人具有表决权差异安排的，市值及财务指标应当至少符合下列标准中的一项：

（1）预计市值不低于100亿元人民币。

（2）预计市值不低于50亿元人民币，且最近一年营业收入不低于5亿元人民币。

发行人首次公开发行股票经中国证监会同意注册并完成股份公开发行后，向上交所提出股票上市申请的，应当提交下列文件：

（1）上市申请书。

（2）中国证监会同意注册的决定。

（3）首次公开发行结束后，发行人全部股票已经中国证券登记结算有限责任公司（以下简称"中国结算"）上海分公司登记的证明文件。

（4）首次公开发行结束后，具有执行证券、期货相关业务资格的会计师事务所出具的验资报告。

（5）发行人、控股股东、实际控制人、董事、监事和高级管理人员根据本规则要求出具的证明、声明及承诺。

（6）首次公开发行后至上市前，按规定新增的财务资料以及有关重大事项的说明（如适用）。

（7）上交所要求的其他文件。

四、企业到科创板上市注册须"六步走"

第一步，股东大会决议阶段。拟上市公司董事会就本次股票发行的具体方案，募集资金使用的可行性及其他必须明确的事项做出决议，并提请股东大会批准。

第二步，提请注册文件阶段。发行人委托保荐人通过上交所发行上市审核业务系统报送发行上市申请文件。

第三步，上交所受理阶段。上交所收到发行上市申请文件后5个工作日内，对文件进行核对，做出是否受理的决定，上交所受理发行上市申请文件当日，发行人在上交所预先披露招股说明书。上交所受理发行上市申请文件后10个工作日内，保荐人应以电子文档形式报送保荐工作底稿。

第四步，上交所审核问询阶段（6个月）。交易所按照规定的条件和程序，在3个月内做出同意或者不同意发行人股票公开发行上市的审核意见。根据需要，交易所还要向交易所科技创新咨询委员会进行行业问题咨询、调阅资料、现场检查等，在这个过程中，企业回复交易所审核时间总计不超3个月。

第五步，证监会履行发行注册程序。证监会在20个工作日内对发行人的注册申请做出同意注册或者不予注册的决定。证监会主要关注交易所发行审核内容有无遗漏，审核程序是否符合规定，以及发行人在发行条件和信息披露要求的重大方面是否符合相关规定。证监会可以要求交易所进一步问询。

第六步，挂牌上市阶段。证监会做出注册决定，发行人股票上市交易，未通过交易所或证监会审核的，自决定做出之日起6个月后可再次提出上市申请。我国当前的多层次资本市场，对于众多的新兴产业领域的企业而言，某种意义上可谓是高不成、低不就。受制于规模和盈利水平不达标，它们往往在主板登陆无门；而创业板高门槛的审核制也把很多以创新能力和发展潜力见长的企业挡在门外；新三板不佳的流动性则无力满足很多创新企业急迫的融资需求。科创板的出现，寄托了人们进一步弥合资本市场与创新需求之间差距的厚望。

相对于更早设置的新三版、创业板，科创板的横空出世，不只是名称的差异，它本身就是创新的产物，而能否在制度设计上有突破性的"创新"，则是这份愿望达成的关键。

熟悉中国资本市场的人记忆犹新，当年中小企业板、创业板建立之初，也被市场抱以热切的期望。建立中小企业板，是为了支持中小企业利用资本市场机制获得发展；创业板的目标则是支持高新技术企业上市，成为推动我国高新技术产业大发展的一个"孵化器"。但实际运行效果与最初的设想相差巨大，其原因主要是与主板市场一样采用审核制的上市机制。这种制度安排与创新型企业自身的特质并不匹配，以致把大量的企业挡在门外，而那些已上市的企业，则更多地通过减持股票获利。

科创板的创新被聚焦在注册制上。一个清晰的逻辑是，它不可能是某一环节的单兵突进，必然是涉及方方面面，对企业、券商、交易所以及每一个投资人都有新的要求。

科创板试点注册制确实简化了企业上市流程，但标准也在变化，比起规模、营收数字、收入增速和盈利水平，创新能力和发展潜力则成为新的要件。在注册制之下，上市时机和上市发行价的确定都要由公司以及中介服务机构做出决定，中介机构的推荐及定价是否合理，无疑对于券商投行业务能力提出了更高要求。

更重要的是，注册制并不是没有审核，严格的信息披露制度是注册制的核心。注册制下，监管部门的工作重点不再是对上市企业的资质进行审查，而是对企业信息披露的质量进行监管。在这一新的逻辑之下，监管部门对信息披露质量、频率的严格监管是注册制得以良性运转的重要保障。

那么何为注册制？为什么注册制对资本市场如此重要？

五、注册制

从国内外经验看，美国和中国香港地区的注册制实施了多年，已经进入比较成熟的阶段，我们将通过分析和比较两者的特点，寻找其借鉴意义。

（一）美国资本市场注册制

美国注册制起源于各州，美国证券交易委员会（SEC）成立后又构建联邦层面审核制度。1956年颁布《统一证券法》后，证券在州注册义务基本被豁免，SEC成为现行注册制审核主体。

美国资本市场注册制实质上是SEC和发行人对信息披露进行书面"提问——回复"的沟通过程，原则上发行人只要达到《萨班斯法案》的公司治理标准即可公开发行证券。

发行人提交注册文件后，SEC会就披露信息提出数轮书面意见，其中首轮意见或问题有80~100个，发行人就此进行信息披露的新增、修改或不适用情况的答复，直至SEC不再有新的意见后则注册成功。在此过程中，SEC只进行形式审核，即仅仅审查公司信息披露情况，不需要对公司现有价值进行过多评判，把评判公司股票价值的权利和责任交到市场手上。

美国注册发行流程图，如图8-1所示。

若 SEC 有疑问或新的意见

注册前准备阶段工作 → 发行人提交招股书 → SEC 提出信息披露及反馈意见 → 发行人反馈信息 → SEC 宣告招股书生效

图 8-1 美国注册发行流程图

与此同时，中介机构和执法体系共同保障了证券在发行、交易过程中的诚信和透明，共同保护投资者权益。美国的证券发行门槛较低，但其拥有发行后完善的体系和市场机制。

1. 美国资本市场注册制的特点

美国资本市场注册制有以下特点：

（1）整个证券市场具有相当完善的进入退出机制。

近年来纽交所和纳斯达克年均退市率保持在6%和8%左右，其中主动退市的比例与强制退市的比例相当。相比之下，A股退市比例在1%~2%，远低于美股。通过有效的退市制度，美股市场才能保证低门槛注册进入的证券充分竞争、优胜劣汰，保持资本市场的活力。

（2）司法制度的有效实施是美股注册制有序运行的根本保障。

集体诉讼是美国资本市场上一项最普遍和重要的投资者权益保护手段，由一个或多个权益受侵害的投资人代表全体进行诉讼，能够解决个体诉讼成本与权益不平衡的问题，通过加大违法成本来打击证券犯罪。《萨班斯法案》也强调了对投资者权益的保护机制，延长了对证券欺诈的追诉期，并加强了投诉举报等流程。

（3）中介机构关注声誉和长期利益，如客户发生证券欺诈需要承担连带责任。

美国上市项目中，中介机构（承销商、审计人员、律师等）各司其职，承销商负责项目的总体协调和销售，律师负责法律问题以及披露文件和交易文件的起草，会计师负责财务的审计，三者相互制约，严格遵守职业道德。若客户因证券欺诈被查处，相关中介机构必须负连带责任。

以20世纪60年代的巴克雷斯建筑公司审计案（Escottv Barchris Construction Corp）为例，当时巴克雷斯建筑公司遭遇资金瓶颈，为筹集营运资金而发行了总金额达174万美元的公司债，但因为账款回收困难而宣告破产，除公司董事、高级管理人员、会计被起诉外，公司承销商也因尽职调查不充分等原因成为被告。这一"美国承销商民事法律责任第一案"，也为后期证券发行相关中介机构敲响警钟，使其为声誉和长远利益考虑，对发行人的信息披露进行严格审查。

2. 美国资本市场注册制的优势

美国资本市场注册制的优势表现在以下几个方面：

（1）注册制审核流程简单透明，上市进程快，且将定价、配售等权力交到市场手中，让投资者自己判断上市公司的价值，通过完善的退市制度保证资本市场证券优胜劣汰，激发资本市场的活力。

（2）注册制配套的法律体系健全，对投资者保护较为全面，并采用中介机构承担责任的制度，减少了证券欺诈发生的可能性，保证市场稳定有效地运作。

（3）注册制实施下提高了对投资者专业程度的要求，较大程度地降低了个人投资者在市场中的比例，以机构投资者为主的投资者结构有助于鉴别证券质量、维护市场稳定。

（二）中国香港地区双重存档制

目前香港地区实行的注册制是形式审核和实质审核相结合的独特的"双重存档制"。根据香港《证券及期货条例》及其配套规则的规定，证券发行上市的申请人必须在向联交所提交申请书后一个营业日内将副本交予香港证监会存档。其中联交所通过上市委员会以《上市规则》《公司条例》为基础标准进行招股书的实质审核,重点对公司的市值、盈利、收入等指标进行评估;香港证监会则依据《证券及期货条例》及附属条例进行招股书的形式审核,主要负责审核公司招股书的披露质量,并通过联交所接收发行人材料和反馈信息披露相关意见。

香港地区注册发行流程图,如图8-2所示。

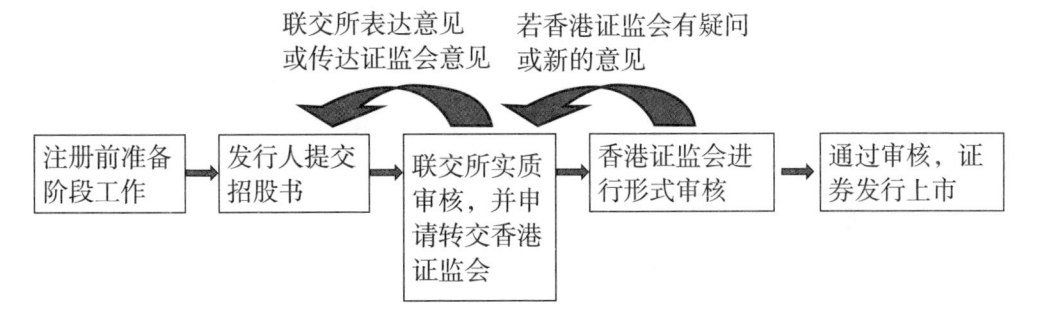

```
注册前准备     发行人提交    联交所实质    香港证监会进   通过审核,证
阶段工作   →  招股书     →  审核,并申   →  行形式审核  →  券发行上市
                          请转交香港
                          证监会
```
联交所表达意见／或传达证监会意见　若香港证监会有疑问／或新的意见

8-2 香港地区注册发行流程图

(三)美国与中国香港注册制的区别

1. 具体的审核内容不同

美国注册制只进行形式审核,只对注册信息的披露情况进行审核,提出反馈意见,而所披露信息是否属实、公司的价值判断等并不由SEC负责;香港地区注册制采用形式与实质审核相结合的方式,在形式审核上还需进行价值评判,禁止质量较差证券的场内发行交易。

2. 监管体系完善程度不同

美国注册制下,SEC在进行发行审核时不对公司价值进行评估,将其完全交由市场来决断,但证券发行后需要严格遵守退市制度,市场将通过退市制度淘汰低质量证券;而港股注册制退市制度尚未完善。目前港股市场价格低于1元的股票已达1200只左右,占港交所总上市公司的52%,其中约200只股票价格在0.1港元/股以下,这一现象的存在极易导致股价极端波动和市场失当行为,然而退市制度不完善导致这些低价值股仍然存在于市场中,危害香港资本的稳定性。

3. 投资者保护机制不同

美国注册制下,集体诉讼等司法程序被高度重视和合理利用,相关中介机构必须承担客户违法犯罪的连带责任,极大地提高了犯罪成本,对投资者权益的保护起到重要作用。相比之下,香港注册制仍缺乏高效的投资者诉讼机制和中介机构处罚机制,投资者保护机制有待加强。

六、美国与中国香港注册制的借鉴意义

对于刚刚启动试点的中国内地来说,美国与香港地区的制度设计有着不同的借鉴意义。

(1)当前阶段,香港地区的双重审核形式值得借鉴。

当前我国以投资者保护为主的配套机制还没有完全建立起来,仍需要监管部门从上市源头控制风险,因此,短期内可以学习香港地区的"双重存档制"。中国内地注册制的初期尝试可以对公司盈利、市值等公司价值判断的硬性指标放宽一些,参考实行"实质与形式并存"的审核模式,以降低大批量的低质量企业涌入资本市场的风险。

(2)长远而言,美国的注册制框架及投资者保护等相关制度更值得学习。

美国的注册制是建立在完善的法律法规机制之上的,并且对审计、承销商等中介机构的信誉具有极高的要求。我们认为,我国注册制发展中后期应该借鉴美国注册制框架的一些优势。

第一,中国目前核准制的审核主体是证监会,由证监会对证券进行价值评判和发行定价,可以逐渐将审核的核心从价值核准转移到信息披露,并且将定价的权力交给市场。

第二，逐渐建立起与注册发行配套的市场监管体系，进一步明确证监会和交易所的责任与义务，对退市等制度进行完善优化。

第三，通过良好的市场引导优化投资者结构，提高资本市场的稳定性。

第四，重视中介机构在发行人注册发行上市过程中的作用，将证监会的部分核查责任转交到中介机构手中，对中介机构相关失误和错漏进行问责，加强行政、刑事责任的处罚力度，提高证券犯罪成本。

七、科创板实行注册制的原因

IPO注册制，就是证监会不审核A股发行上市，由交易所根据相关规则进行形式审查，由发行人、中介机构负责信息披露文件，由投资者自行判断公司投资价值。审核制的核心是审核，审核公司是否满足各种实质条件，特别是财务指标条件。注册制的核心是披露，披露一切对公司投资价值有影响的信息，如果披露不实，就要承担赔偿责任。

IPO实施注册制，是我国证券市场改革的方向。经过十多年的讨论，现在已经在科创板试行。

十来年，注册制是只听楼梯响，不见人下来。究其原因，主要是存量太大，阻力太大，市场风险太大。此次科创板实行注册制，主要考虑到科创板是A股的增量，没有存量的压力，阻力小，上市的又是创新型的公司，财务指标灵活，更强调信息披露的准确性、完整性，天然适合注册制。

期待我们的注册制，行稳致远！

后　记

　　金秋时节，得知本书已基本完成编辑，定稿了，总算修成一个正果，不免惬意自得；看到出版社的反馈"这本书好"，更是窃窃自喜；现在，即将有一本自己一字一句写出来的书籍可以呈于案头，赠予亲友，惠于社会，怎不感恩于怀？

　　"生而知之者上也，学而知之者次也，困而学之又其次也，困而不学，民斯为下矣"。我之所以曾经由资本的"江湖"，毅然决然地投入学术的"庙堂"，也是基于强烈的"困而学之"。因为自1991年研究生毕业，不论是在信托公司、证券公司或自己创业设立的投资公司，都是换岗不换行，在不同牌号的组织下面从事同一业务——投资银行。做得越久，越发觉得企业的艰辛，企业家的困惑。特别是面对社会资本化的澎湃大潮，空洞的资本理论、传道者角色各异的诉求、似是而非的信息，怎不使众多的企业家扼腕长叹？如何让智慧的光芒照耀祖国大地每个角落的精灵？"预见方能遇见"，在艰辛探索中，北京大学的神圣大门为我打开；2009年，经济学泰斗厉以宁老师同意任命我为投资银行与资本市场研究所所长，2015年年初，汇丰商学院正式成立金融与资本研究中心，由副校长海闻兼任主任，我作为执行主任，主持工作。沐浴着北京大学的春风，倾听着厉以宁老师、海闻老师的教导，十多年来，对全国众多的企业家"传道、授业、解惑"，每次讲座结束，听到学员们最多的反馈就是"听君一席话，胜读十年书"，这也常常使我感到惭愧，因为我深知，也没有讲什么高深的学问，只是站在他们的角度，思学员之所困，讲学员之所难，仅此而已；由此，也受到启发，何不把讲义汇编、整理成书，或许对更多的企业家有所裨益？所以，近两年来，利用空闲时间，思考写作，形成本书。

当然，我也深知，本书是在几十年持续实践过程中，教学相长，总结提炼而成，"行到明觉精察处即为知"；但是，经验不等于理论，真相不一定是真理，同时，自觉理论功底有限，存在许多有待完善提升的地方，只能是"丑媳妇见公婆"后，再行梳妆打扮吧。

在此，衷心感谢博士生导师冯涛教授，在冯教授的引领下，我迈入经济学殿堂，同时，冯涛教授、王忠民教授与周祺林教授，多年来不但一如既往地关心指导，更为本书拨冗作序。感恩我们在北大满怀激情的岁月，聆听着大师的教诲，践行着北大的使命，与邢志清、杨思卓、李军、陈兆杰、潘守培、郝新军、高贤峰等老师时常在一起交流、观摩、切磋，本书汲取了他们许多智慧的养分。温加慧编辑、张衡编辑等，对本书进行了细致的润色修改，对他们的认真敬业深表敬意。本书最后一章由我的助理孙发执笔，我们共同完成，感谢孙发老师的专业合作与支持。在多年北大及全国各地纷繁的教学科研工作中，施斌庆、聂忠伟、陆向龙、郑艳国等同伴给予了大量的关心支持，他们为本书顺利出版提供了保障。

特别感谢我爱人王红昕博士，她不但里里外外承担了大量的教学与事务工作，支持本书的写作，更是本书第一读者与编辑，提出许多中肯意见，对许多表述文字做了校正提高。

庆幸在这个伟大的时代，与伟大的企业家在一起，他们的持续努力与创造，为我们提供了前进的动力与方向。以企业家为师，与企业家为伍，为企业家持续发出光与热。

邱金辉

2020年10月